Exit Gender

w_orten
& meer

Inhalt

1 Einleitung
– Warum dieses Buch?

⋆ Warum müssen Parfüms, Hosen und Schlafsäcke in zwei Geschlechter eingeteilt werden? Warum könnte es nicht stattdessen Schlafsäcke für kleinere und für größere Personen, für Personen mit stärkerem und geringerem Kälteempfinden in verschiedenen Abstufungen geben? Warum kann es nicht Hosen geben, sortiert nach Länge, Größe und Schnitt, Stoff und Design anstatt nach Gender? Warum kann es nicht Parfüms geben, die nach Geruchsnuancen differenziert werden und nicht zunächst nach Gender vorsortiert werden müssen? Wann, wo und warum erleben Menschen Gendereinteilungen als Stabilitiät und Sicherheit und nicht als Zwang und als Einschränkung ihrer Wahrnehmungs-, Entscheidungs- und Wahlmöglichkeiten?

Das Schreiben von Exit Gender hat mit unserem Wundern, Nachdenken und Kommunizieren dazu begonnen, warum Gender so unauflösbar und essentiell für menschliches Leben erscheint und wie sich genau darin gleichzeitig immer wieder strukturelle Gewalt zementiert. Aus unserer Verzweiflung und unserem Hadern mit der Langlebigkeit von Genderismus, aus unserem Wunsch heraus nach politischer Handlungsfähigkeit und persönlicher Anwesenheit und unserem Bedürfnis nach einer Gesellschaft ohne Gewalt, haben wir das Konzept und die Politikform Exit Gender entwickelt. In diesem Buch teilen wir mit dir unsere Fragen und Überlegungen, unsere Ansätze und unsere Handlungsversuche dazu.

* Warum gibt es Genderismus/Sexismus schon so lange und immer noch – trotz zahlreicher Gegenmaßnahmen in Form von Frauenförderprogrammen, Frauenhäusern, Frauenbeauftragten, Gleichstellungs- und Mainstreamingbestrebungen, Gender Studies Studiengängen, Männer-Anti-Gewalt-Trainings und Frauenquoten für öffentliche Positionen? Warum gibt es Genderismus, wo es doch zugleich auch so viele Bestrebungen gibt, genderistischer Gewalt verändernd entgegenzutreten? Wie soll Gendergerechtigkeit über Gender-Mainstreamingprogramme hergestellt werden, wo eine Unterscheidung von Menschen nach Gender doch bereits eine Differenz zwischen Menschengruppen festschreibt und Bewertungen impliziert?

Exit Gender ist unser Versuchen, uns nicht an strukturelle Gewalt zu gewöhnen, strukturelle Gewalt nicht zu akzeptieren. Exit Gender ist unser immer wieder neues Handeln-Wagen, um nicht in eine Grundsätzlichkeit genderistischer Gewalt einzuwilligen. Exit Gender ist für uns eine Interventionsform in strukturelle Gewalt, die auf Gender basiert und Gender immer wieder aufruft.
Maßgeblich ist für unser Selbstverstehen, dass politische Veränderungen für eine Gesellschaft ohne strukturelle Gewalt auch selbst gewaltfrei und respektvoll sind.
Gender, egal in welcher Form, in welchem Selbstverständnis und in welcher Realisierung und Funktion, trägt als Kern Gewalt in sich: die Gewalt einer sozialen Zuschreibung über eine Kategorie, die überhaupt erst durch Gewalt hergestellt ist.

* In Bezug auf Rassismus wurde vielfach beschrieben und bewiesen, dass es die Kategorie ›Rasse‹ nur gibt, weil es Rassismus gibt – dass also die Kategorie ein gewaltvoller und sich häufig naturalisierender Effekt der Diskriminierungsstruktur Rassismus ist, über die Menschen in Gruppen einsortiert werden – wieso wird dies nicht für Genderismus als eine weitere strukturelle

Gewaltform, sowie die davon abgeleitete Kategorie Gender, ebenso an- und wahrgenommen?

Gender wollen wir mit und in Exit Gender versuchen loszulassen – für uns selbst und für das Wahrnehmen von anderen und Welt. Denn nicht nur Menschen, sondern auch viele Dinge sind gegendert. Alles zusammen macht Gender zu einem scheinbar unauflösbaren System, zu unhinterfragbaren Identitäten, zu einer gelebten Selbstverständlichkeit, Wahrnehmungsfolie, Wahrheit. Genau darin liegt eine große gewaltvolle Macht. Diese wollen wir mit Exit Gender herausfordern. Gleichzeitig mit dem Loslassen von Gender wollen wir aber die Gewaltstruktur – Genderismus – nicht verdecken oder ignorieren. Wir wollen auf der einen Seite also versuchen, Gender im eigenen Agieren und Wahrnehmen loszulassen. Auf der anderen Seite wollen wir genau hinspüren und benennen, wenn es sich in einer Situation, einem Verhalten oder einer gesellschaftlichen Situation um strukturelle Gewalt handelt. Diese wollen wir explizit als strukturelle Gewalt – also als Genderismus – benennen und nicht den für uns verharmlosenden Umweg über Genderzuschreibungen machen, wie wir es häufig in diesem Buch ausführlich darlegen. Denn so normalisiert sich sonst die strukturelle Gewalt, die in der Kategorie neutral gesetzt wird. Beide Handlungsansätze zusammen machen für uns Exit Gender aus. Dies ist ein ambitioniertes Unterfangen – so ambitioniert, wie unser Wunsch grundlegend in strukturelle Gewalt zu intervenieren und ein anderes Leben leben zu wollen. Eine grundlegende Veränderung braucht grundlegende Herausforderungen. Wenn es einfach wäre, wenn es ohne Widerwille und Abwehr funktionieren könnte, dann wäre es vermutlich nicht die grundlegende diskriminierungskritische Veränderung, die wir uns wünschen.

Wir glauben, dass es Genderismus so lange geben wird, wie die Kategorie Gender nicht an sich hinterfragt, sondern immer wieder aufgerufen und verfestigt wird.

Wir haben uns selbst lange Zeit in unserem Leben als ›Frau‹ verstanden und feministisch gehandelt. Dann lange als ›Lesbe‹, als ›Dyke‹, als Trans*, Dyke_Trans* oder Trans-Dyke. In allen damit verbundenen Identitäten und Politiken haben wir uns verortet – und gleichzeitig doch auch immer ein Unwohlsein gehabt, häufig nicht mal wortbar, noch häufiger runtergeschluckt. Ein Stück weit waren und sind uns diese politisch geformten Identitäten ein politisches Zuhause, gleichzeitig sind wir doch auch nie vollkommen angekommen in und mit ihnen. Das liegt vielleicht daran, dass sie alle in unterschiedlichen Weisen Gender voraussetzen – egal, ob sie es positiv, empowernd und in vielen unterschiedlichen Genderungen machen. Gender als Kategorie bleibt in ihnen bestehen. Auch als maßgebliche Identität eigenen Erlebens und des Einlesens durch andere und von anderen. Damit wird ein Rahmen akzeptiert, der an sich bereits ein gewaltstrukturelles Problem darstellt, nämlich die Annahme und Akzeptanz von Gender als natürlicher, unhinterfragbarer und selbstverständlicher Kategorie.

Wie verstehen wir uns heute in Bezug auf Gender?
Wir versuchen, statt eine neue Genderidentität zu vertreten, Gender als Identität loszulassen und uns stattdessen auf Menschen zu beziehen oder, wo notwendig, auf die Gewaltstruktur, also auf Genderismus. Das ist ein Prozess, der nie abgeschlossen ist in seiner politischen Bewegung und den Formen, wie wir ihn äußern und leben. Warum wir das machen und was es für uns konkret bedeutet, teilen wir in diesem Buch.

* Wenn die Vorstellung von einem natürlichen Geschlecht (›sex‹) eine Naturalisierung einer sozialen Konstruktion (›gender‹) ist, wie Judith Butler (1990) es bereits vor 30 Jahren formuliert hat, was bleibt dann noch von Geschlecht übrig, was nicht sozial, also konstruiert wäre? Ist dann nicht auch die Kategorie Geschlecht an

sich eine Konstruktion und nicht nur ihre sozialen Realisierungen in Weiblichkeit und Männlichkeit?

Wir benutzen in diesem Buch durchweg den Begriff ›Gender‹ und trennen nicht zwischen Gender und Geschlecht. Wir verstehen Gender als grundsätzlich konstruiert. Es gibt für uns keinen natürlichen Kern und keine Essenz, die dann Geschlecht heißen könnte. Aus demselben Grund nennen wir die Gewalt- oder Diskriminierungsstrukturen, die aus der Natürlichsetzung von Gender resultieren, Genderismus und nicht Sexismus.

Der Begriff Genderismus und seine Füllung ermöglicht ein umfassendes Verständnis der vielschichtigen Konstruktion von Gender, wie er in AK Feministische Sprachpraxis (2011) begründet und in Hornscheidt (2014) weiter ausdifferenziert worden ist.

Unser Ansatz ist konstruktivistisch. Das heißt, wir verstehen das, was wir als Wirklichkeit erleben, als eine gesellschaftlich wirkmächtige Konstruktion. Das macht- und gewaltvolle Konstruiert-Sein von Identitäten ist Menschen häufig nicht bewusst – soll es gesellschaftlich auch gar nicht. Denn dann würden Zuschreibungen und

Einlesungen, die an Gender gebunden sind, sehr viel grundlegender herausgefordert.

Zur gesellschaftlichen Natürlichsetzung von Gender gehört neben der grundlegenden Annahme, dass es Gender gibt, vor allem die Überzeugung, dass Gender über zwei Genderungen – Weiblichkeit und Männlichkeit – realisiert wird. Dies nennen wir Zweigenderung. Zweigenderung ist eine zentrale Realisierungsform von Genderismus.

Je manifester eine gesellschaftliche Übereinkunft wie Zweigenderung ist, desto stärker wird sie als allgemeine oder objektive Wirklichkeit erlebt. Umso schwieriger wird es zu hinterfragen, ob sie denn wirklich so natürlich ist, so alternativlos, wirklich ›einfach so da ist‹ und unabänderlich gegeben.

Die Grundlage von Zweigenderung ist Genderung überhaupt – die Idee und Vorstellung, dass es Gender gibt – egal, wie es gefüllt, wie es ausdifferenziert und wie es benannt wird. Gender wiederum ist hergestellt als unvermeidlich, unumstößlich, selbstverständlich. Mit unserer konstruktivistischen Haltung begreifen wir keine Gender-Kategorie und keine Gender-Identität als einfach so da und gegeben. Wir fragen stattdessen: * Was verstehen Menschen als die eigene Identität? Welche Rolle spielt darin Gender? Wie normalisieren sich Vorstellungen von Gender, die gleichzeitig gewaltvoll sind? Was für gesellschaftliche Konsequenzen hat es, wenn die Kategorie Gender als unverbrüchlich und unhinterfragbar gesetzt wird? Was für einen Einfluss hat Gender auf individuelles Wahrnehmen, Erleben und Sein? Welche Dimensionen von Gewalt werden darüber verinnerlicht und zur eigenen Normalität?

Dass Gender nicht nur in seinen Ausdifferenzierungen und Füllungen konstruiert ist, sondern auch die Kategorie Gender an sich konstruiert ist, heißt nicht, dass es nicht machtvolle Übereinkünfte gibt, die danach streben, die Vorstellung von Gender als objektive Wirklichkeit aufrechtzuerhalten. Dies ignorieren wir hier nicht, sondern wollen dazu inspirieren, Gender an sich auf seine immensen Macht- und Gewaltwirkungen hin zu betrachten. Auf diese Weise tragen wir mit dem Ansatz Exit Gender zugleich zu dem großen Spektrum queer- und trans*-feministischer Politiken bei.

* Bis heute gibt es trotz intensiver Versuche keine naturwissenschaftlich ›objektiven‹ Möglichkeiten, im internationalen Wettkampfsport Individuen eindeutig Genderidentitäten zuzuordnen. Zuordnungen variieren über die Bestimmung von Genen, Hormonen, Körperstatur, Stimme, Organen und Gehirngröße. Warum aber bleibt trotzdem weiterhin die allgemeine Annahme bestehen, dass Gender eine selbstverständliche, klare und unabdingbare Kategorie sei? Warum werden Menschen in Sportwettkämpfen nicht nach relevanten Faktoren in Gruppen eingeteilt, wie Beinlänge bei Laufwettkämpfen und Muskelvolumen bei Boxwettkämpfen? Warum wird nicht die vom Internationalen Olympischen Komitee festgesetzte Differenzierung, ob Menschen einen Testosteron-Gehalt im Blut von über oder unter 10 haben, als einzige Kategorie genommen – statt einem vollkommen unpräzisen Umweg über Gendereinteilungen?

Exit Gender ist nicht nur ein konstruktivistisches, sondern vor allem auch ein machtkritisches Konzept.

Wir fragen:

Welche Normalitäten entstehen genau dadurch, wenn etwas nicht daraufhin befragbar erscheint, dass es konstruiert ist – dass es getragen ist durch komplexe gesellschaftliche Strukturen und gewachsen über lange historische Zeiträume? Welche Gewalt wird durch diese unhinterfragbar erscheinenden Normalitäten unkenntlich gemacht, dem Zugriff einer kritischen politischen Perspektive entzogen?
Exit Gender ist ein politisches Konzept mit dem Ziel genderistische Gewalt zu überwinden. Dies sehen wir erst dann verwirklicht, wenn die Kategorie Gender als soziale Wirklichkeit obsolet geworden ist, keine Relevanz mehr hat.
Genderismus ist überwunden, wenn Menschen nicht mehr über Gender eingeteilt werden und auf dieser Grundlage die immense alltagspraktische, ideologische, politische und persönliche Relevanz der Kategorisierung Gender umfassend überdacht wurde.

Dieses Ziel verfolgen wir im politischen Bewegen weg von Gender. Wir schaffen damit keine neue Identität, sondern ein Handlungskonzept. Dieses besteht aus zwei unterschiedliche Handlungsstrategien: Exgendern und Genderismus benennen.

Exgendern

Exgendern meint jegliches Handeln, welches Gender loslässt, Genderbilder nicht wieder aufruft und Gender-Zuschreibungen sein lässt.

Genderistische Gewalt als strukturelles Phänomen schreibt sich in Individuen und individuelles Handeln ein und wird zu einem naturalisierten Teil von Genderidentitäten. Indem wir Menschen exgendern in unserem Wahrnehmen, unserem Einlesen und unserem Sprechen, versuchen wir, persönliche Genderzuschreibungen loszulassen. Gleichzeitig ist es wichtig, dass ein Aufgeben von Genderungen nicht zu einem Entwahrnehmen von Genderismus führt – indem so getan wird, als würde Genderismus keine Rolle spielen.

Für exgendernde Formen des Handelns verwenden wir in diesem Buch mehrere Begriffe. Sie alle drücken ein Verlassen der Kategorie Gender aus: Gender loslassen, Gender überwinden, genderlos, genderfrei, exgendernd Handeln.

*Ex*gendern ist etwas anderes als *ent*gendern: Entgendern findet immer dann statt, wenn Menschen eine (mögliche) Genderidentität abgesprochen wird. Dies ist häufig der Fall, wenn Menschen über eine andere Gewaltstruktur wahrgenommen und eingelesen werden, wenn sie zum Beispiel primär als Personen, die beHindert werden oder rassistisch diskriminiert werden, wahrgenommen werden. Hier findet häufig eine Entgenderung dieser Person statt – sie werden ausschließlich über eine zentral gesetzte Diskriminierung wahrgenommen. Diese Personen werden dann diskriminierend entgendert. Ein fast symbolisches Beispiel dafür ist, dass es neben Frauen- und Männertoiletten häufig nicht gegenderte Behindertentoiletten gibt. Es ist also wichtig, zwischen Entgenderungen und Exgendern zu differenzieren. Nach unserer Definition ist entgendern diskriminierend und exgendern anti-diskriminierend.

Für Menschen, denen Gender abgesprochen wird, ist Genderidentität ein dringend zu erfüllendes Menschenrecht. So, wie es zugleich ein dringend umzusetzendes Menschenrecht ist, als Mensch, jenseits von Genderzuschreibungen oder anderen diskriminierenden Zuschreibungen, die als Essenz gesetzt werden, existieren zu können.

Diese beiden Politiken für Menschenrechte als Recht gegenderter Menschen und als Recht exgendernd handelnder Menschen schließen sich nicht aus, sondern ergänzen sich gegenseitig. Sie verweisen darauf, wie komplexe strukturelle Gewalt das Leben von Menschen zurichtet. Gleichzeitig ist es wichtig, die genderistischen Strukturen, die oft über individuelles Handeln zum Ausdruck kommen, nicht zu ignorieren.

Genderismus benennen

Unser zweiter strategischer Schwerpunkt ist, genderistische Gewaltstrukturen wahrzunehmen und sie als solche zu benennen.

So wird eine Kritik an diesen Gewaltstrukturen möglich, die sich nicht am Individuum abarbeitet, sondern die gesellschaftlichen Herstellungs- und Re_Produktionsprozesse von Gewalt bearbeitet. Dabei möchten wir die strukturelle Verankerung von Genderismus sprachlich explizit machen und die Verinnerlichung und Individualisierung von struktureller Gewalt als Effekte ebendieser Gewalt benennen.

Welche der beiden Strategien (Menschen zu exgendern oder Genderismus zu benennen) jeweils konkret zur Anwendung kommen, hängt ab von den konkreten Situationen und einer Reflexion gewaltvoller Gesellschaftsstrukturen und ihrer Effekte. Denn – und dies betonen wir in diesem Buch immer wieder – allein das exgendernde Wahrnehmen von Personen hat nicht automatisch zur Folge, dass genderistische Strukturen aufgelöst werden. Umgekehrt können genderistische Strukturen auch nicht allein durch ihre Wahrnehmung und Benennung überwunden werden, solange nicht auch zugleich Personen auf einer individuellen Ebene exgegendert und Gender darüber entnaturalisiert wird. Für beide Strategien und ihr Zusammenwirken bieten wir in diesem Buch diverse Erläuterungen, Strategien, Argumentationen, Übungen und literarische Erzählungen an.

Die beiden Exit Gender ausmachenden Strategien ›Exgendern‹ und ›Genderismus benennen‹ sind häufig gar nicht voneinander trennbar. Im politischen Feld der Genderidentitäten können beide von Relevanz sein.

Dass Genderungen gesellschaftlich als Identitäten verstanden werden, hat den Effekt, dass Menschen kontinuierlich Genderidentitäten zugeschrieben werden – unabhängig davon, wie affirmativ oder subversiv sich Personen zu Gender verhalten. Oft erfolgt die Selbst- oder Fremdzuschreibung von Genderidentitäten an Menschen, die Zweigenderungsnormen kritisch verhandeln, sogar besonders explizit. Auf eine Äußerung von dir wie: »Nein, ich bin nicht Herr B., ich verstehe mich als genderfluid und möchte nicht mit ›Herr‹ angesprochen werden bitte«, kannst du in unserer Erfahrung häufig Reaktionen hören wie: »Oh, das tut mir aber leid, ich dachte Sie wären ein Mann – das konnte ich nicht sehen.« Wenn du Gendernormen herausforderst, werden diese gerade dann von anderen besonders explizit mit dir verhandelt. Gender-Kategorisierungen erfolgen nicht auf Grundlage einer klar definierbaren, unflexiblen Menge an Handlungen und Verhaltensweisen, sondern sind komplex und variieren je nach Einlesungskontext. Genderzuschreibungen sind nicht einfach zurückführbar auf einzelne Handlungen oder einzelne visuelle oder medizinische Einlesungen. Sie bestehen stattdessen aus einem Zusammenspiel vieler Verhaltens-, Diagnostik- und Aussehensnormen. Die unterschiedlichen, gesellschaftlich autorisierten Wahrnehmungs- und Ausdrucksformen von Gender spielen komplex zusammen und machen so Gender als Identität in der individuellen Performance ›glaubhaft‹. Dabei stehen, je nach Situation, sich mal mehr und mal weniger unterscheidende Ausdrucksweisen im Zentrum. Von Haarschnitten über Kleidungsstile, Körperformen, Stimmlagen, Vorlieben wie Sportarten und Kompetenzen wie Reparieren, viele Sprachen sprechen, Kochen und so weiter. Zweigendernde Zuordnungskriterien variieren in unterschiedlichen Einlesungssituationen, historischen und regionalen Varianten, in Abhängigkeit von weiteren Diskriminierungsstrukturen wie Rassismus und BeHindert-Werden und den Einlesungen, die sie herstellen. Die Beispiele oben sind mögliche, höchst dynamische und flexible Indikatoren für eine Genderidentität und können in ihrer Zusammensetzung und ihrem Zusammenspiel immer auch stark variieren. Konstant bleibt lediglich, dass sie auf jeden Fall eins von zwei Gendern anzeigen. Eine Person, die lange Haare und einen Bart trägt, beruflich in einem hippen Restaurant in Berlin-Mitte kocht und in der Freizeit gerne ins Ballett geht, gilt in zweigendernden Logiken nicht als ›genderlos oder keinem Gender zuordenbar‹, sondern tendenziell als femininer Mann. Wenn Personen einzelne Zuordnungskriterien zu Genderidentitäten erfüllen und andere nicht, wird das Konzept von Genderidentität nicht komplett in Frage gestellt, stattdessen werden einzelne Kriterien unterschiedlich gewichtet. Auf diese Weise kommt in der Auswertung der Kriterien am Ende die Zuschreibung einer mehr oder weniger eindeutigen Genderidentität heraus.

Das obige Beispiel nimmt Kriterien für Genderung aus den Bereichen Aussehen (Haare und Bart), Beruf (kochen im Restaurant), Vorlieben (Ballett).

Was müsste sich hier verändern, damit deine spontane Genderung der Person sich verändert? Wann und mit welchen Indizien oder Faktoren wäre eine Genderveruneindeutigung für dich herstellbar in dem Beispiel? Welche Vorstellungen zu Rassismus und BeHindert-Werden hast du im Kopf?

Mach diese Übung gerne gleichzeitig mit anderen und diskutiert eure Überlegungen.

Genderidentitäten werden so selbstverständlich angenommen, dass jede Performance potentiell als gender-konform oder gender-nicht-konform einlesbar ist. Sie wird aber in jedem Fall auf Gender bezogen. Gleichzeitig bedeutet das für unseren Ansatz auch: Es gibt keine Exit-Gender-Performance von sich selbst. Es gibt nur ein Loslassen in der Wahrnehmung von Gender. Weil also prinzipiell jede Handlung als entweder ›männlich‹ oder ›weiblich‹ auslegbar ist und also über alle Handlungen Menschen als ›Männer‹ oder ›Frauen‹ klassifiziert werden können, sind die Konstruktionen und Aneignungen ›queerer‹ Genderidentitäten für viele Menschen wichtig, um in Zweigenderung zu intervenieren. Dies kann sich ausdrücken in Verneinungen von Männlichkeit und/ oder Weiblichkeit und kann dann lauten: »Ich bin keine maskuline Frau, ich bin Dyke«, »Ich bin keine Frau, ich bin Femme«, »Ich bin weder Mann noch Frau, ich bin non-binär«, »Ich bin kein Mann, ich bin transmännlich.«

Solche und ähnliche queere Genderidentitäten fordern also zweigendernde Identitätsvorstellungen heraus, jedoch nicht Gender als Identitätskategorie.

Diese Feststellung ist ein wichtiger analytischer Ausgangspunkt von Exit Gender.

Exit Gender stellt keine neuen Selbstdefinitionen über Gender(ung) auf.
Keine Genderidentität für sich zu beanspruchen, hat auf einer Selbstdarstellungsebene die Konsequenz, dass auch keine ›Accessoires‹, (›Repräsentations‹-)Gegenstände oder sonstige Insignien gewählt werden können, die aus sich heraus irgendwie Exit Gender Ver_Ortungen zum Ausdruck brächten. Denn ebenso, wie Exit Gender keine Identität ist, gibt es auch keine Kleidung, keine Frisuren, keine Körperbehaarung, keinen Schmuck, kein Piercing, kein Tattoo, keine Stimmlage, keine Gestik oder Mimik, keine sonstige Kreation eines (Körper-)Zustandes, der irgendwie und aus sich heraus Exit Gender wäre.

Exit-Gender zu handeln findet hingegen auf einer argumentativen Ebene, auf einer Wahrnehmungsebene, auf einer Ebene von Kommunikation und Austausch statt und nicht auf einer Ebene von Körpersymboliken.

Die einzige Möglichkeit, um nachhaltig in gegenderte Identitätszuschreibungen zu intervenieren, ist es, Genderungen auf einer Wahrnehmungs- und sprachlichen Kommunikationsebene herauszufordern. Dies geschieht, indem Menschen bei sich selbst Zuschreibungen von Genderidentitäten bewusster reflektieren und darüber nachdenken, warum sie es machen. Es kann in bestimmten Fällen auch möglich sein, dies in der Interaktion mit anderen anzusprechen: »Ach, wie spannend, dass du die Person, die so einen coolen Vortrag gehalten hat über Erderwärmung, die ganze Zeit als ›Transperson‹ wahrgenommen und bezeichnet hast. Inwiefern ist das für dich relevant für die Situation gewesen?« Wichtig ist uns, bei sich selbst anzufangen und eigene Wahrnehmungen respektvoll mit anderen zu teilen und offen zu sein für die Wahrnehmungen und Prozesse anderer.

Dies bedeutet, dass das Tragen von Kurzhaarfrisuren und Beinbehaarung in bestimmten Situationen auch eine wichtige politische Intervention in konventionelle Weiblichkeitsvorstellungen sein kann. Es bedeutet aber auch, dass Interventionen in konventionelle Weiblichkeitsvorstellungen nicht automatisch Zweigenderung und schon gar nicht Gender als übergeordnete Kategorie aushebeln – dazu ist Gender als Zuordnungskategorie viel zu stark manifestiert.

Exit-Gender-Handeln ist also in erster Linie solches Handeln, das nicht auf eine Vervielfältigung von Genderkategorien abzielt, sondern Gender mit all seinen denkbaren Kategorisierungen überwinden möchte.

Aktuell werden alle Handlungen von Menschen potentiell auch als gegendert wahrgenommen. Ausnahmen gibt es nur, wenn sprachlich explizit zum Ausdruck gebracht wird, dass Personen Gender nicht als Zuordnungskategorie für sich annehmen. Für uns ist sprachliches Handeln und das darüber ermöglichte Verändern des eigenen Wahrnehmens momentan die zentrale politische Strategie, um Gender-Kategorien grundlegend in Frage zu stellen und um der Zuschreibung von Genderidentitäten ausdrücklich zu widersprechen.

Die 2018 verfassungsrechtlich angemahnte und mittlerweile gesetzlich verstetigte Notwendigkeit, neben den zwei juristisch anerkannten Genderpositionen ›Frau‹ und ›Mann‹ eine weitere Personenstands-Option ›divers‹ zu schaffen, ist ein wichtiger Baustein hin zu einer Anerkennung, dass Zweigenderung ein gewaltvoll ausschließendes System ist. Die Reglementierungen für Personen, die die Kategorie ›divers‹ für sich in Anspruch nehmen wollen, sind westlich-schulmedizinisch bestimmt und extrem exklusiv. ›Divers‹ eröffnet, im Moment zumindest, noch keine Infragestellung von Zweigenderung, sondern ergänzt diese um eine Option, die als westlich-schulmedizinisch definierte Abweichung von Weiblichkeit und Männlichkeit beschrieben wird.

Zugleich wird mit der Erweiterung des Personenstandes um eine dritte Gender-Option die Kategorie Gender an sich beibehalten und nicht infrage gestellt. Ihre

Anzahl und wird lediglich ausgeweitet. Dies unterstützt eine gesellschaftliche Vorstellung, über die Gender bereits seit Jahrhunderten zementiert wird: Die Idee, dass Gender eine Identität sei, die unhinterfragbar ist und spätestens bei Geburt zugeteilt werden muss.

Eine dritte Option und damit die Fortführung von Gendereinteilungen, macht Sinn für einen Staat, der Gender als Ordnungs- und damit Machtinstrument in einer existentiellen Form benutzt. Denn dieses Machtinstrument, dass sich auf alle Rollen, Ämter und die Organisation des Privatlebens bezieht, wird durch die Schaffung einer dritten Option nicht ausgehebelt.

Mit Exit Gender geben wir jegliche affirmativen Bezugnahmen auf Gender auf und damit auch die Idee, dass es an Gender irgendetwas natürliches oder ursprüngliches gäbe, das nicht sozial konstruiert und durch machtvolle soziale Normen aufrechterhalten wird.

Darüber hinaus verlässt Exit Gender damit auch die Logiken von sozialer Identität insgesamt. Denn diese werden, auch in negativen oder subversiven Bezügen auf Gender, weiter über Gender definiert. Dies ist der Fall, da über Identitätsvorstellungen Seinszustände und -Konzeptualisierungen (›ich bin‹) gestärkt und aufrechterhalten werden. Exit Gender versteht sich demgegenüber als Handeln (›ich handele‹).

Mit dem starken Fokus auf Handeln ist Exit Gender die Utopie einer vollzogenen praktischen Auflösung von Gender als Zuordnungs- und damit Unterdrückungskategorie für Menschen. Wenn diese Utopie verwirklicht wäre, wenn die Auflösung von Gender als Kategorie vollzogen wäre, wäre auch der Vorstellung von Genderidentität jegliche sinnstiftende Logik entzogen. Die Kategorie Gender wäre nicht mehr da, nicht mehr wahrnehmbar, nicht mehr von Relevanz.

Exit Gender ist ein politisches Experiment. Es ist genährt davon, dass wir verbunden und aktiv in den feministischen Politiken, in denen wir uns über Jahrzehnte bewegt haben, uns mit und durch diese weiter bewegen – weg von einer immer stärkeren Differenzpolitik, die mit Bewertungen wie ›richtig‹ und ›falsch‹, ›gut‹ und ›böse‹ arbeitet. Weg von einer immer stärker ausdifferenzierten Identitätspolitik, die letztendlich doch immer wieder essentialisierend wirkt in unserer Wahrnehmung. Weg von der Vorstellung, Diskriminierung könnte vollkommen überwunden werden trotz der Beibehaltung von Gender-Kategorien, die doch in sich bereits diskriminierend sind. Unser Suchen und Zweifeln, unser Wunsch nach einer grundsätzlichen gesellschaftlichen Veränderung hin zu einer Aufgabe von Gewalt hat uns immer stärker eine neue Option diskutieren lassen: die Aufgabe von essentialisierenden Identitätspolitiken und die Aufgabe der Kategorie Gender. Dies ist ein großes Experiment und eine politische Vision, die wir in diesem Buch teilen.

Exit Gender ist ein politisches, immer durchführbares individuelles Handeln.

Exit Gender umzusetzen durch die Strategien ›Exgendern‹ und ›Genderismus benennen‹ können wir nur über unser eigenes Handeln und Wahrnehmen – und das in jeder Situation immer wieder neu. Der Fokus der Handlungsstrategien, die wir hier vorschlagen, liegt damit auf dem eigenen persönlichen Handeln. Dies sehen wir als eine immens wichtige Grundlage für umfassendere gesellschaftliche Veränderungen an. Erst, wenn Menschen in einer Gesellschaft ihr Handeln und Wahrnehmen verändern, werden auch gesellschaftliche Strukturen, wie Gesetzestexte, Institutionen und öffentliche Räume darauf re_agieren.

Das Buch lädt dazu ein, die eigene Handlungsmächtigkeit wahrzunehmen und diskriminierungskritisch zu reflektieren. Das Buch inspiriert auf diese Weise also zu einem alltäglichen politischen Handeln. Wir verfolgen mit Exit Gender den Wunsch, genderistische Gewalt im eigenen Handeln loszulassen und auf diese Weise zu einem gewaltfreieren Leben von Menschen miteinander beizutragen.

Die nachfolgenden beiden Kapitel erläutern das Wechselverhältnis von Gewaltstrukturen und individuellem Erleben sowie die darauf bezogene Rolle von Exit Gender als intervenierendes und empowerndes Handeln.

Die weiteren Kapitel konkretisieren und differenzieren darauf aufbauend die Handlungsmöglichkeiten, die wir gerade wahrnehmen und versuchen umzusetzen. Ab Kapitel 6 geben wir Beispiele und Ausdifferenzierungen, wie Exit Gender sprachlich umgesetzt werden kann.

Literarische Texte in diesem Buch erzählen Geschichten darüber, wie es gestaltet sein könnte: ein Dasein ohne Gender. Sie machen dadurch auf einer weiteren Ebene die Ziele von Exit Gender deutlich.

In jedem Kapitel finden sich Anregungen für Übungen, die dazu einladen, das Gelesene für sich selbst umfassender zu reflektieren. Exit Gender kann so auf das eigene Leben angewendet und Ideen für Umsetzungen entwickelt werden. Das Buch lädt damit ein zu einem politischen Aktiv-Werden und zu selbstreflektierendem Handeln. Wir laden dich im Lesen des Buches ein, dich hinzubewegen zu einem exgendernden und strukturkritischen Wahrnehmen, Spüren, Denken und respektvollen Leben.

Danke!

Das Buch basiert auf unserem jahrelangen Reden und Leben mit Exit-Gender-Politiken. Wir sind allen, die diese Politiken mit uns diskutieren, konkretisieren und ausprobieren, uns in unserem VerSuchen zu einer diskriminierungsfreieren Wahrnehmung unterstützen, zutiefst dankbar. Ohne unsere sozialen Netzwerke und die Menschen, auf die wir uns nah beziehen in unserem Leben, hätten wir nicht die Worte und nicht die Kraft zu dem Infragestellen ganz grundlegender genderistischer Normen.

Dieses Buch ist ganz konkret auch dadurch gewachsen, dass Eliah es als Ganzes gelesen und kommentiert hat. Danke Eliah! Ohne dein unermüdliches, zugewandtes Mitdenken und -fühlen, Nachfragen und Teilen wäre das Buch nicht so geworden, wie es jetzt ist. Danke Judith und Asia, dass ihr Teile des Buches wohlwollend, wertschätzend kritisch kommentiert habt und uns dadurch die Möglichkeit gegeben habt, unsere Argumentationen noch mal genauer zu worten. Danke Ja'n für dein Lesen der Endversion mit viel Struktur und Überblick sowie das Entwerfen des wunderbar vielschichtigen und Exit Gender bildlich umsetzenden Covers. Danke an Zanko für die Endbearbeitung des Covers und das tolle Setzen des ganzen Buches.

Wir wünschen allen, die das Buch lesen, Inspirationen für neue Wege, um aus den strukturellen Gewaltkreisläufen auszusteigen. Wir freuen uns über Versuche und Fragen, neue Ideen und Inspirationen.

Gender – Was soll das ganze Theater? ist zuerst in der Reihe SuKuLTuR 2017 erschienen und ist von Lann geschrieben.
Eddiness erzählt Geschichte_n, Gender zieht aus, Im Hotel und *Weiblichkeit zurückgeben bei der Optimize-YourLife AG* sind Texte von Lio.
Versuchen mich zu erklären ist Teil eines Email-Wechsels von Lann, der hier anonymisiert wiedergegeben ist.
Alle anderen Texte sind von uns gemeinsam verfasst.

Wir erinnern uns noch, wie wir vorletztes Jahr in Brombeersträuchern standen, als uns der Titel einfiel: Exit Gender. Hier ist es nun!

2 Was ist Exit Gender?

Exit Gender ist eine politische Strategie, um Genderismus zu überwinden. In diesem Kapitel erklären wir unsere theoretischen Grundlagen zu Exit Gender. Wenn du direkt zu Beispielen und Anwendungen dieses Konzepts weiterlesen möchtest, kannst du dieses und das nächste Kapitel auch überspringen, um dann bei konkreten Fragen immer mal wieder hierhin zurückzukommen.

Exit Gender ergänzt die unterschiedlichsten intersektionalen feministischen, trans*feministischen und queerfeministischen politischen Bewegungen um einen weiteren Ansatz. Ihnen allen ist gemeinsam, dass sie versuchen, Strategien gegen Sexismus oder (in der erweiterten Form) Genderismus zu entwickeln. Wichtig ist uns, die

Verwobenheit unterschiedlicher Gewaltstrukturen wahrzunehmen, zu reflektieren und im eigenen politischen Handeln zu fokussieren. Feminismus bedeutet für uns immer auch ein Einstehen gegen alle Formen von Rassismus und BeHindert-Werden in ihrer komplexen Realisierung zusammen mit und über Genderismus.

Um zu verstehen, was Exit Gender ist und inwiefern Exit Gender einen anderen Schwerpunkt hat als bisherige politische Strategien, erklären wir in diesem Kapitel zunächst, was wir unter Genderismus verstehen. Genderismus auszudifferenzieren und konkret und präzise zu benennen, ist eine der beiden zentralen Strategien von Exit Gender.

Genderismus als gewaltvolle Diskriminierung über und durch Gender

Bedeutet Sexismus, dass Frauen diskriminiert, benachteiligt und schlechter bewertet werden als Männer? Oder stellt Sexismus eine Gruppe von Menschen als weniger wert, weniger geeignet für öffentliche Positionen, als emotionaler und mehr bedacht auf Äußeres/Schönheit, als stärker mit dem Sorgen um und Aufziehen von Kindern verbunden als eine andere Gruppe her – und schreibt diese bewertenden Differenzen als weiblich und männlich fest und bewertet und entlohnt sie unterschiedlich, legt unterschiedliche Rollenerwartungen mit massiven Auswirkungen auf Geltungsbereiche, Räume und finanzielle Ressourcen fest, gibt ihnen eine unterschiedliche Teilhabe an öffentlicher Macht und behält dies auch über Jahrhunderte trotz aller politischen Bewegungen und Kritiken recht konstant bei?

Den beiden Fragen liegen unterschiedliche Perspektiven zugrunde – die eine Perspektive setzt voraus, dass es Frauen und Männer gibt und ihnen unterschiedliche Eigenschaften und Bewertungen zugeschrieben werden. Die zweite Frage macht deutlich, dass durch die unterschiedlichen Zuschreibungen von Eigenschaften und Bewertungen unterschiedliche soziale Gruppen geschaffen werden – die Gender ausmachen. Exit Gender ist ein konstruktivistischer Ansatz und basiert auf der zweiten Perspektive.

Genderismus ist das strukturelle Gewaltsystem, welches Gender in seinen unterschiedlichen Variationen und Facetten, Füllungen und Ideologisierungen hervorbringt. Genderismus schafft also die Kategorie Gender. Wie dies genau verwirklicht wird, wie die Kategorie ausdifferenziert, gefüllt und belegt wird, ist höchst unterschiedlich und von Situationen, Kontexten und Personen abhängig. Zentral ist immer, dass es ein Machtverhältnis ist. Einzelne Aspekte der Füllung und Ausdifferenzierung der Kategorie Gender für unterschiedliche Kontexte festzustellen, ist durch feministische Wissenschaften und Gender Studies in den letzten Jahrzehnten unternommen worden und wird es noch immer. Dabei wird nicht unbedingt gleichzeitig Kritik an der Kategorie an sich formuliert, sondern meistens nur einzelne Aspekte der Füllung der Kategorie fokussiert. Wir legen unseren Überlegungen in diesem Buch einen Ansatz zu Grunde, der jegliche Form von Gender und Genderung als Teil einer umfassenderen Gewaltstruktur versteht. Diese benennen wir in Anlehnung an AK Feministische Sprachpraxis (2011) und Hornscheidt (2014) als Genderismus. Um Genderismus zu verstehen und zu verändern, ist es wichtig, Genderismus zunächst konkret fassen und benennen zu können.

Ein zentrales Moment von Genderismus in westlichen Gesellschaften ist momentan die Herstellung und Annahme von Zweigenderung. Zweigenderung ist die Idee und Ideologie, dass es genau zwei Gender – Weiblichkeit und Männlichkeit – gäbe. Zweigenderung ist damit zugleich die Diskriminierungsform, die Menschen, welche nicht in die Zwei-Gender-Logik passen, zum ›Sonderfall‹ macht, wobei auch das Nicht-Passen über Zweigenderung definiert wird – als Abweichung, als Lücke oder als Anomalie. Auf Zweigenderung basieren eine Reihe von konkreten genderistischen Diskriminierungsformen wie die folgenden:

- Androgenderung: Die Normsetzung von Männlichkeit als allgemeinmenschlich und von Weiblichkeit als exklusiv gegendert: Mann = Mensch; Frau = Gender
- Cisgenderung: Die Annahme, dass Menschen bei Geburt ein ›richtiges‹ von zwei Gendern zugeschrieben bekommen, welches sie ihr Leben lang behalten, mit dem sie sich identifizieren und als welches sie von anderen verstanden werden.
- Reprogenderung: Die Annahme, dass jedes Gender eine spezifische Rolle und Aufgabe in der Reproduktion habe und diese naturgegeben sei und auch Auswirkungen auf Care-Arbeit und Vorstellungen von Emotionen bei Menschen habe.
- Heterogenderung: Die Annahme, dass menschliches Begehren auf Genderungen bezogen sei und die Genderungen dadurch auch wieder herstellt. Die Primärsetzung von Heterogenderung als normatives Modell.

Diese unterschiedlichen Realisierungsformen sind hilfreich, um genauer überlegen zu können, wie sich Genderismus jeweils konkret manifestiert und welche diskriminierungskritischen Handlungen möglich wären, um Genderismus herauszufordern. Mit Hilfe dieser Ausdifferenzierung ist es auch möglich zu reflektieren, welche Position du selbst im Gefüge genderistischer Strukturen einnimmst und inwiefern diese Position eventuell teilprivilegiert ist.

Für Gruppen, die mit diesem Modell arbeiten wollen, um sich für die umfassende Wirkungsweise und Realisierung von Genderismus zu sensibilisieren, haben wir uns die folgende Übung ausgedacht:

Zu zweit überlegt ihr euch jeweils eine konkrete Situation oder ein konkretes Szenario, welches andro-, hetero-, repro- oder cisgendernd ist. Dies diskutiert ihr dann in der gesamten Gruppe miteinander.

Im Anschluss daran überlegt ihr, wiederum zu zweit, eine mögliche Intervention oder diskriminierungskritische Handlung in einer der zuvor aufgebrachten Situationen - wiederum getrennt nach den unterschiedlichen Realisierungsformen. Diese diskutiert ihr ebenso im Anschluss. Achtet in der gemeinsamen Diskussion darauf, ob es sich wirklich um die gerade besprochene Diskriminierungsform handelt oder vielleicht eine andere - oder ob mehrere der genderistischen Diskriminierungsformen gleichzeitig realisiert werden.

Diskutiert in einem weiteren Schritt, welche Vorstellungen und Voranannahmen zu rassifizierenden und beHindernden Menschen durch die Beispiele bedient oder ausgeschlossen werden. Diskutiert auch dies mit Hinblick darauf, wie Rassismus, BeHindert-Werden und Genderismus intersektional miteinander verwoben vorkommen in den Beispielen, euren Überlegungen und Vorstellungen.
Wird die Übung, differenziert nach den Realisierungsformen, Schritt für Schritt durchgeführt, kann sie mehrere Stunden dauern. Sie hilft zu einem umfassenderen und differenzierten Verständnis von Genderismus und empowert Personen dazu, sich handlungsfähig zu fühlen und für eine Welt ohne Genderismus einzusetzen. Die Übung ist natürlich auch mit zwei Personen oder alleine durchführbar. Grundlagen für mögliche Interventionen finden sich auf der Homepage des diskriminierungskritischen Vereins xart splitta unter xartsplitta.net/category/themensplitta/splittabox-zum-intervenieren (aufgerufen am 15.01.2019).

Exit Gender hinterfragt nicht nur einzelne Dimensionen von Genderismus, wie Zwei-, Cis-, Repro- und Heterogenderung, sondern auch die Kategorie Gender an sich. Exit Gender-Aktivismus ist dadurch mit anderen Formen antigenderistischer Politiken, die Andro- und Heterogenderung häufig fokussieren, kombinierbar und baut zugleich auf diesen auf.

Mit dem Konzept Exit Gender stellen wir das System an sich in Frage: die Einteilung von Menschen nach Gender – ganz unabhängig davon, ob es sich um zwei, drei oder noch mehr Gendereinteilungen handelt. Solange die Ausdifferenzierungen unter dem Label Gender verbleiben, können sie nicht die Gewalt der Struktur, die Gender ist, herausfordern und hinterfragen.

Im folgenden diskutieren wir zunächst, was es heißt, die Logik von Kategorien mit Exit Gender zu verlassen. Im Anschluss daran, was es heißt, damit auch Genderidentitäten als Modell aufzugeben.

Gender ist eine sozial konstruierte Kategorie

Exit Gender versteht jede soziale Kategorie als hergestellt und nicht ›einfach so da‹. Jede soziale, westlich geprägte Kategorie wie Gender, Race, Alter, BeHinderung, Klasse, sexuelle Orientierung, ist als Kategorie hergestellt, und in westlichen Kontexten eine häufig lang tradierte, heute stark globalisierte, äußerst machtvolle Kategorisierung. Dadurch, dass Menschen einzelne und Gruppen sozial machtvoll und hierarchisch in Frauen und Männer einteilen, in Schwarze und *weiße*, Behinderte und Nicht-Behinderte, legen sich machtvolle Schablonen auf das Leben und Selbstverständnis von Menschen – sowohl in der Selbst- wie auch in der Fremdwahrnehmung. Menschen werden so, getragen durch sprachliche Zuschreibungen, zu dem, durch das sie diskriminiert oder – wie bei Männlichkeit und *Weiß*-Sein beispielsweise – privilegiert werden. Menschen sind aber nicht ihre Diskriminierung, sie werden diskriminiert. Genauso wenig sind Menschen ihre Privilegierung, sie profitieren davon, privilegiert zu sein und haben in konkreten Situationen Privilegien. Diese Privilegien sind zumeist entnannt und ohne eigene Reflexion den Menschen auch nicht bewusst. Diese Möglichkeit, sich über die eigene privilegierte Situation nicht im Klaren zu sein, ist Teil des Profitierens auf Kosten anderer.

Schreibt sich die Diskriminierung sprachlich in Form von Substantiven in die Essenz von Menschen ein (›Behinderte‹, ›Schwarze‹, ›Lesben‹), verkörpern die so benannten Personen damit die eigene Diskriminierung, die sie zurichtet und ihnen Gewalt antut. Dass Gender als natürlich und ›einfach so da‹ aufgefasst wird, führt auch dazu, dass die Zugehörigkeit zu einer Kategorie wie ›Frauen‹ in vielen Zusammenhängen als Begründung fungieren kann. ›Frauen sind nun mal gefühlvoller/ängstlicher/lieben Shopping nun mal/lehnen sich gerne an eine starke Schulter an/wollen gar nicht so exponiert in Machtpositionen sein/machen sich nicht so viel aus beruflichen Netzwerken‹. Dabei ist eine Genderung in unserer Wahrnehmung ein Effekt von Zuschreibungen und nicht ihr Ursprung. Ein Beispiel hierfür: Frauen nehmen bis heute sehr viel weniger Führungspositionen in der Wirtschaft oder der Politik ein als Männer. Heißt das nun, dass Frauen für einen solchen Job weniger geeignet sind? Liegt es also in der ›Natur‹ der Kategorie Gender, dass Frauen und Männer schwerpunktmäßig unterschiedliche öffentliche berufliche Rollen einnehmen? Oder ist es ein Teil der Herstellung von Gender und Genderrollen Menschen unterschiedliche Fähigkeiten und soziale Funktionen zu geben? Dies sind zwei unterschiedliche Interpretationen mit weitreichenden Konsequenzen für die Bilder, die Menschen von sich und anderen haben. Es hat auch große Konsequenzen dafür, wie Politik gestaltet wird: Bestätigt sie die Annahme, es gäbe Frauen und Männer und noch weitere Gender und differenziert diese auf der Grundlage von Eigenschaften, Fähigkeiten, Charakteristika und körperlichen Differenzen? Oder werden alle diese Ebenen als Elemente einer Konstruktion von Gender und Genderrollen aufgefasst, die Macht stabilisierend wirken? Wir verstehen Gender als sozial konstruierte Kategorie und legen dementsprechend die zweite Erklärung und Wahrnehmung zugrunde.

Wir bezeichnen diese unterschiedlichen Realisierungen von Gender als Genderungen. Traditioneller werden diese auch als Vergeschlechtlichungen benannt.

Der Begriff Genderung bedeutet für uns, dass wir Gender als ein kontinuierliches interaktives soziales Handeln verstehen.

Wir erleben es so, dass Menschen Gender bei sich selbst und anderen wahrnehmen. Sie handeln entsprechend ihres gegenderten Selbstbilds und in Re_Aktion auf die Genderzuschreibungen von anderen. Beides, Wahrnehmen und eigenes Handeln, interagieren miteinander.
Was heißt das nun für dein eigenes Erleben und Han-

deln? Durch dieses kontinuierliche, zumeist unbewusste gendernde Agieren, wird die Illusion genährt, dass Gender einfach so unhinterfragbar als natürlicher Teil aller Menschen da sei.

Exit Gender ist ein aktives politisches Bewegen weg von der Idee, dass Gender einfach so existiert. Wenn Gender als sozial konstruiert und damit macht- und gewaltvoll zuschreibend, hierarchisierend, bewertend und ausschließend verstanden wird, ist es genauso auch möglich, Gender loszulassen.

Wenn dies umfassend geschehen ist, würde Exit Gender als Strategie überflüssig sein. Denn auch Exit Gender bezieht sich – im Prozess des Verlassens – immer noch auf das zu verlassende Gender. Dadurch wird Gender im Moment nochmal im Prozess seines Verlassens aufgerufen. Gäbe es keine sozial relevante Einteilung von Menschen nach Gender mehr, hätte sich Gender und somit auch die Idee von Exit Gender erübrigt. Gendern würde dadurch zu *einem* Handeln unter vielen, könnte dann im besten Fall ein Hobby sein, wie Wandern, Schwimmen, Kochen, Essen. Gender als Substanz in seiner substantivischen Form gäbe es dann nicht mehr, denn woraus sollte es bestehen? Gäbe es aber eigentlich ein direkt genderndes Handeln, welches nicht vermittelt ist über andere Handlungen wie Stricken, Schminken, Tanzen, Fühlen, Kinder kriegen, Maschinen bedienen und so weiter?

Schreib für dich auf, was für dich ganz klar gendernde Handlungen sind, die ausschließlich gendernd sind und nicht noch Handlungen an sich mit einem davon loslösbaren Inhalt.

Schreib dann auf, welche Handlungen du als komplett unverbunden mit Gender wahrnimmst. Denke darüber nach oder diskutiere mit anderen, was deine Überlegungen zu den beiden Fragen sind.

Gender wird ganz zentral darüber hergestellt, wie du dein eigenes Handeln und das von anderen wahrnimmst und im Zuge des Wahrnehmens genderst. Exit Gender ist eine politische Entscheidung, die die soziale und unauflösbar scheinende, macht- und gewaltvolle Konstruktion von Gender in westlichen Gesellschaften ernst nimmt und daraus ein politisches Handeln ableitet. Dabei wird Gender als gewaltvolles Konzept verstanden, welches grundlegende Ebenen genderbezogener Gewalt normalisiert. Dementsprechend versuchen wir mit Exit Gender die Kategorie Gender als unauflösbar herauszufordern und zu hinterfragen.

Es gibt nur wenige westliche oder von westlichen Vorstellungen geprägte Bilder vom Menschen, in denen Menschen nicht als ›Frauen‹ oder ›Männer‹ dargestellt werden oder sie nicht gemessen werden daran, inwieweit sie Weiblichkeit oder Männlichkeit erfüllen oder nicht erfüllen.

Exit Gender versteht die Kategorie Gender als ein machtvolles, zurichtendes System und weist darauf hin, wie stark das Leben und der Alltag von Menschen in westlich dominierten Gesellschaften von Gendervorstellungen und -normen bestimmt ist, die jeweils gewaltvoll sind und Menschen zurichten und in Rollen zwingen. Personen, die über Genderismus diskriminiert werden, haben weniger Chancen eigener Entfaltung als Menschen, die in Bezug auf Genderismus privilegiert sind.

Privilegierung zeigt sich darin, dass Menschen sich vor allem als Individuen verstehen können und nur sekundär einer Gendergruppe zugeordnet werden. Es gibt Literatur, Frauenliteratur und queere Literatur. Es gibt Fußballweltmeisterschaften und Frauenfußballweltmeisterschaften. In diesen Beispielen sind Männer die unnötig zu benennende menschliche Normalvorstellung und damit die privilegierte Gendergruppe. Alle anderen Gruppen sind spezifiziert und als gegendert benannt. Vorstellungen und Rollen privilegierter Gendergruppen und -personen sind also machtvoller, ›normaler‹, besser bewertet und allgemeinmenschlicher. Dies zeigt sich im Sprachhandeln auch, wenn sich auf Männer beziehende Formen in Diskussionen um das entsprechend auch so benannte ›generische Maskulinum‹ (zum Beispiel: LKW-Fahrer, Ermittler, Lehrer) noch immer machtvoll als allgemeinmenschlich verteidigt werden. Mit einer kritischen Perspektive wird dies sprachliche Androgenderung genannt. Die Verallgemeinmenschlichung der gendermäßig privilegierten männlichen Gruppe wird auch in zahlreichen weiteren Lebensbereichen klar, wie beispielsweise der medizinischen Diagnostizierung von Krankheiten und in pharmazeutischen Vorstellungen des Menschen. In beiden existentiellen Bereichen wird ›der Mann‹ als allgemeinmenschliche Norm genommen – mit lebensbedrohenden und sogar tödlichen Konsequenzen für Personen, die nicht gendermäßig privilegiert sind. Die sich aktuell etablierende ›Gender-Medizin‹ befasst sich entsprechend mit ›Frauen-Symptomen‹ von Krankheiten.

Auch kleinste Ansätze, die Genderrollen als hierarchisierend fassen, ohne die Kategorie an sich infrage zu stellen, wie Frauenförderprogramme und -quoten, werden momentan konservativ politisch mit Häme überzogen und versucht mundtot zu machen. Dies interpretieren wir so, dass allein schon soziale Genderrollen zu hinterfragen und auf einzelne Aspekte gewaltvoller Konstruktionen von Genderrollen hinzuweisen, für machtvolle gesellschaftliche Gruppen eine immense Verunsicherung darzustellen scheint. Wie viel stärker ist da erst die Bedrohung, wenn die Kategorie Gender an sich hinterfragt wird? Diese Vorstellung ist für die meisten Menschen momentan gar nicht möglich. Gender als Kategorie infrage zu stellen, scheint im Moment fast unvorstellbar.

Es ist egal, wie die konkreten Definitionen und Vorstellungen von Genderkategorien (also in dieser Gesellschaft von Weiblichkeit und Männlichkeit) aussehen und voneinander variieren – ob Gender eingeteilt wird über Aussehen, Stimme, Gene, Hormone, Reproduktionsrollen, Körperorgane, Gehirngrößen, Vorlieben, Fähigkeiten oder durch weitere Faktoren festgemacht wird – und von welchen Instanzen diese Zuordnung geschieht. Egal, wie es machtvoll definiert wird, Gender wird unabhängig davon immer als unhinterfragbar angenommen. Dass es häufig zu sozialen Auseinandersetzungen dazu kommt, welche Faktoren einzeln oder zusammen Gendersortierungen bestimmen (dürfen), nimmt nicht die Klarheit weg, dass es Gender auf jeden Fall gäbe – auch wenn die Füllung der Kategorie sowohl in Alltagsgesprächen als auch in Medien, Politik und in wissenschaftlichen Forschungen immer wieder neu variiert wird.

Dass Gender als unhinterfragte Kategorie angenommen wird, führt zu Vorsortierungen im menschlichen Denken, Wahrnehmen und Handeln. Menschen nehmen sich selbst und andere Personen nicht primär als Personen wahr, sondern als weibliche oder männliche Personen. Menschen legen also über ihre Wahrnehmung immer eine Genderfolie. Mit diesen Folien werden Personen eingelesen, werden ihr Aussehen, ihr Verhalten, ihre Äußerungen, ihre Bewegungen, ihr Sein in Welt wahrgenommen. Diese Genderfolie oder auch Genderbrille tragen westlich sozialisierte Menschen kontinuierlich und meist unbemerkt. Sie gestaltet sich zudem im Zusammenspiel mit weiteren Gewaltstrukturen wie Rassismus und BeHindert-Werden. Mit der Genderbrille nehmen Menschen sich selbst und Welt wahr. Dieses Bild führen wir ab Kapitel 6 des Buches mit exgendernden Sprachhandlungen weiter aus. Nicht das Aussehen bestimmt also die Genderzuordnung in dieser konstruktivistischen ›Sicht‹weise. Der ›Blick‹ ist nicht unverstellt, sondern findet durch eine gegenderte Folie oder Brille statt, die die Genderzuordnung wie automatisiert vornimmt und es verunmöglicht, ohne diese Brille überhaupt noch zu sehen. Sehen ist hier nur eine Metapher: Genderwahrnehmungen finden auch genauso akustisch statt (über Einordnungen von Stimme) und über geruchliche Zuschreibungen und Einordnungen.

Es fällt schwer, oder es erscheint häufig fast unmöglich, Menschen zunächst und zuerst als Menschen zu ›sehen‹. Es scheint ein grundlegendes Charakteristikum der verschiedensten Gesellschaften zu sein, Differenzierungen über sozial geschaffene Unterschiede herzustellen. Dies gilt ebenso wie für Genderismus auch für Rassismus und BeHindert-Werden. Oyèrónké Oyěwùmí (1997) zeigt in einer Studie zu den Igbo in Nigeria auf, dass Gender dort in vorkolonialen Zeiten keine sozial relevante Kategorisierung gewesen ist. Die Kategorie wurde erst durch westlichen Kolonialismus eingeführt und in der Gesellschaft verstetigt, mit weitreichenden gewaltvollen Konsequenzen. In Oyěwùmís Studie wird eindrücklich deutlich, dass Gender nicht per se eine notwendige Einteilung von Menschen sein muss und Gesellschaften auch ohne diese Differenzierung, unabhängig davon, ob sie biologisierend oder sozial definiert wird, möglich sind.

Wird die Vorstellung verlassen, dass Gender eine Kategorie ist, wird damit zugleich auch die Vorstellung von Gender als Identität infrage gestellt. Das diskutieren wir im folgenden.

Wieso wird hier Gender als mögliche Identität hinterfragt?

Gibt es so etwas wie eine Genderidentität ohne Gender? Was bin ich noch, wenn es keine Genderidentität mehr gibt? Kann ich Exit Gender sein? Was bin ich, wenn ich exgendernd und Genderismus benennend handle?

Exit Gender ist in dem hier vorgestellten Ansatz ein politisches Handeln.

Exit Gender ist keine Seinsform, wie Identitäten es sind, die auf die Frage »Was bin ich?« antworten. Exit Gender antwortet auf die Frage »Wie handele ich?«

Als politisches Handlungskonzept stellt Exit Gender die Idee von Gender als Seins-Bestimmung von Personen (»Ich *bin* eine Frau, die...«) und somit als neutrales, unpolitisches Identitätskonzept infrage.

Wenn Genderismus als strukturelle Gewaltform Gender als soziale Kategorie erschafft, dann kann es keine Genderidentitäten geben, die nicht zugleich auch über Genderismus – also ein strukturelles Gewaltregime – konstituiert wären. Genderidentitäten, egal wie ausdifferenziert sie sind, beinhalten damit und re_produzieren auf einer gewissen Ebene strukturelle Gewalt, auch wenn sie gegen bestimmte diskriminierende Aspekte empowernd wirken können.

Diese grundsätzliche Gewaltförmigkeit von Gender zeigt sich auf verschiedenen Ebenen:

- als Norm sich selbst zu erklären und zu verstehen: »Ich kann nun mal nicht so gut Mathe/so logisch/räumlich/schnell denken/so selbstbewusst auftreten/so gut einparken/grillen/Autos reparieren und waschen/so schwer tragen/lange laufen/Bretter abschleifen/die Welt erklären/ein Machtwort sprechen..., ich bin eben eine Frau!«

- als normal(isiert)e verinnerlichte Diskriminierung: »Ich bin froh, dass mein Mann die Finanzen macht/das Auto einparkt/für die ganze Technik zu Hause zuständig ist. Ich könnte da gar nicht den Überblick behalten. Dazu bin ich zu sehr Frau und zu weit weg von Zahlen/Technik/Maschinen.« Oder: »Immerhin war ich zumindest unter den Mädchen noch die beste Rechnerin/diejenige mit dem besten Raumverständnis/Orientierungsvermögen/Neugier auf Technik.« Oder: »Ich war eben nie ein richtiges Mädchen, war viel zu wild/hab immer mit den Jungen gespielt/wollte ein Junge sein.«
- als Wahrnehmungsfolie von anderen: »Es ist doch kein Wunder, dass die ganzen Chefs von Banken/Menschen im Cockpit/Personen, die auf Tandems vorne sitzen, Männer sind. Sie können auch wirklich besser komplex denken/steuern/Verantwortung übernehmen.« Oder: »Gut, dass eine Frau Verteidigungsministerin ist – das macht die Bundeswehr doch mal etwas menschlicher.«

In allen diesen fiktiven Aussagen wird eine Genderidentität vorausgesetzt und bestätigt, auch wenn in manchen der Beispiele die Passgenauigkeit von Genderrollen zum Thema gemacht wird. Gender ist kein gendern, kein Handeln hier, sondern ein Zustand, dem Menschen mehr oder weniger gut entsprechen. Gender ist eine Erklärungsfolie der eigenen Fähigkeiten und Kompetenzen. Bewertungen fließen automatisiert in diese Folie mit ein.

Mit dem politischen Handlungskonzept Exit Gender gibt es keine verselbstständigten sozialen Zuordnungen zu Gender.
Gender ist keine Selbstverständlichkeit mehr. Gender wird verent-selbstständigt.

Aussagen wie beispielsweise »Ich als Frau/Trans*/Hete/Lesbe... muss/fühle/weiß ja nun mal...« stabilisieren die Idee von Gender als Identitätskategorie. Die Annahme, dass Gender eine selbstverständliche Kategorie sei, die irgendwie aus sich heraus ein ›Müssen‹, ein ›Fühlen‹ oder ein ›Wissen‹ erzeugt, naturalisiert genau jenen Genderismus, der mit Aussagen wie der obigen vielleicht eigentlich kritisiert werden soll.

Beobachte mal ein paar Tage lang, wie viele Äußerungen du von anderen mitbekommst – im Vorbeigehen, im Bus, an der Kassenschlange – in denen Gender eine Rolle spielt und als Folie dient, um Menschen anzusprechen, einzuordnen, sich Verhaltensweisen zu erklären. Diskutier dies mit anderen!

Exit Gender lädt ein zu kontinuierlichen Selbstbefragungen und -reflexionen eigener Genderkonzepte. Exit Gender fordert so alle Ideen von Seinsformen heraus: »Ich *bin* ja nun mal...«, »Ich hab ja nichts gegen Trans*personen, aber...«.

So eröffnet Exit Gender neue Handlungsräume.

Was bedeutet ein Aussteigen aus Identitätslogiken?

Identitäten helfen Menschen dabei, sich in der Gesellschaft zu orientieren. Über das Einnehmen von sozial vorgefertigten und immer wieder bestätigten Rollen erleben Menschen sich und andere als Individuen. Dies ist zugleich ein Paradox: Denn genau das, was Menschen als Ausdruck ihrer Individualität wahrnehmen, ist geprägt und geformt durch die gesellschaftlichen Rollen, die sie versuchen für sich selbst auszufüllen und auf andere anzuwenden. Dies gilt in besonderem Maße für Gender als individuell erlebte, sozial hergestellte und kontrollierte Identität. Konkret bedeutet dies zum Beispiel: ›Frauen‹ erleben sich nicht zunächst als Menschen und zu dem Mensch-Sein kommt dann noch die soziale Rolle ›Frau‹ hinzu. Frau-Sein ist das als authentisch und wahrhaftig empfundene primäre Selbstbild. Berufsrollen wie Bauarbeiterin, Lehrerin oder Informatikerin oder Freizeitrollen wie Kartenspielerin, Sportlerin oder Segelfliegerin sind Teilaspekte des eigenen Selbsterlebens. Es gibt aber immer auch ein ›Ich‹ jenseits dieser Rollen. In Bezug auf Gender ist dies anders: Es gibt kein ›Ich‹ jenseits von Gender. In Genderidentitäten fließen soziale Rollen und individuelles Erleben machtvoll ineinander. Dadurch naturalisieren diese Vorstellungen Gender als Identität.

Aber nicht nur in individuellen Selbstwahrnehmungen, sondern ebenso in alltäglichen wie auch politischen und wissenschaftlichen Kommunikationen wird Gender als gegebener und unhinterfragbar vorhandener Seinszustand von Personen verhandelt. Menschen ›sind‹ ein Gender und werden so fast automatisiert ohne zu überlegen, zumeist aufgrund von visuellen und stimmlichen

Eindrücken, auf der Grundlage ihrer Namen und ihrer Relation zu anderen so ein- und zugeordnet. Exit Gender hinterfragt die verselbstständigte Verbindung von Gender und Identität.

Das bedeutet auch, dass Exit Gender keine neue und weitere Gender-Identität ist oder sein will: Exit Gender ist eine Handlungsform und politische Strategie, die immer nur konkret situativ umgesetzt werden kann.
Alle Menschen können in ihrem Wahrnehmen anderer exgendernd handeln, unabhängig von ihrer etwaigen eigenen, situativen und auch strategischen Genderidentität.
Das Konzept Exit Gender betrifft somit nicht nur einen bestimmten Personenkreis, sondern ist ein politischer Ansatz, der für das diskriminierungskritische Handeln aller Menschen relevant ist oder sein könnte.

Warum ist Exit Gender keine Genderidentität?

Exit Gender entzieht sich nicht nur der Logik sozialer Identitäten, sondern auch der Logik sozialer Positionierungen. Denn Exit Gender realisiert sich über Wahrnehmen von Welt, anderen und dir selbst und nicht über Selbst-Performances.

Exit Gender ist nicht daran ablesbar, wie du dich bewegst und kleidest, auch nicht an deiner Stimmhöhe und deiner Selbst-Performance. Exit Gender ist nicht körperlich definiert oder festgeschrieben. Exit Gender ist Handeln, kein Sein.

Exit Gender zu handeln bedeutet, dass du Menschen nicht mehr über Gender einliest und wahrnimmst, dass du Gender als Bezugspunkt deiner Wahrnehmung von dir selbst und anderen aufgibst. Stattdessen nimmst du Genderismus als Gewaltstruktur wahr und benennst sie. Exit Gender zu handeln verändert also die Wahrnehmung derer, die so handeln.

Exit Gender ist auch keine soziale Positionierung. Denn mit der Zurückweisung eines politischen Identitätskonzepts ist gleichzeitig auch die Idee einer sozialen Positionierung infrage gestellt. Um eine soziale Positionierung einzunehmen, wie genderqueer, gender-non-conforming, non-binär und abinär, musst du zunächst die Logik von sozialen Identitäten akzeptieren – die dann auch zu kritischen Genderidentitäten werden können. Du willigst also in die Logik von Gender ein. Wenn du exgendernd handelst und auf der Straße unterwegs bist, ist es gut möglich, dass du von irgendwo den auf dich bezogenen Ausruf: »Guck mal, eine Lesbe/Schwuchtel...« oder die Frage: »Ist das eine Frau oder ein Mann?« vernimmst. Noch nie haben wir allerdings den Ausruf: »Guck mal, eine Person ohne Gender« gehört. Du wirst also ganz klar genderistisch diskriminiert durch die gewaltvolle Zuschreibung von Gender.

In unserer Wahrnehmung gibt es kein exgenderndes Selbst-Performen, sondern nur ein exgenderndes Wahrnehmen und Agieren. Wenn es ein spezifisches exgenderndes Performen gäbe, würde sich darüber eine neue soziale Identitätskategorie bilden.

Gibt es genderkritische Identitätskonzepte, die eine engere inhaltliche Beziehungen zu Exit Gender haben? Im folgenden stellen wir die Konzepte Agender, Abinarität und Gender-Ruhestand vor.

Exit Gender und Agender

Auf nichtstaatlicher Ebene gibt es zunehmend Politiken, die versuchen, Gender als Zuordnungskategorie zu überwinden. Im englischen Sprachraum wird dafür auch der Begriff ›agender‹ verwendet. Er ist am ehesten mit ›genderlos‹ übersetzbar, wird teilweise aber auch als agender im deutschen Sprachgebrauch benutzt. In einigen Verwendungsweisen wird agender als Genderidentität verstanden, und zwar als non-binäre Genderidentität. In diesem Verständnis wird der Rahmen von Genderung – und noch spezifischer Zweigenderung – nicht verlassen, sondern aufrechterhalten und dient weiter als Bezugsrahmen und einzig möglicher Vorstellungshorizont. Es wird also deutlich: Auch sich genderlos zu verstehen kann in eine Gender- bzw. Nicht-Gender-Identität übersetzt werden.

Daneben gibt es aber auch Verständnisse von agender, die das Verlassen von Gender in der auch hier mit Exit Gender vertretenen Hinsicht in mehrfacher Weise betonen: das Verlassen von Genderlogiken aber gleichzeitig auch das Verlassen von Identitätslogiken. Bestimmte Gendervorstellungen zu verlassen, wie zum Beispiel Zweigenderung, gleichzeitig aber Gender doch als unauflösbar aufzurufen, führt also nicht zu einer Aufgabe von Identitätslogiken. Dies ist der Fall, wenn ›agender‹ oder ›genderlos‹ in einigen Kontexten als Identität aufgefasst werden.

In dem nachfolgend zitierten Eintrag zu Agender im Gender-Wiki finden sich diese ganzen verschiedenen Aspekte in der Definition des Begriffs:

»Agender is a term which can be literally translated as ›without gender‹. It can be seen either as a non-binary gender identity or as a statement of not having a gender identity. People who identify as agender may describe themselves as one or more of the following:

- Genderless or lacking gender.
- Gender neutral. This may be meant in the sense of being neither man or woman yet still having a gender.
- Neutrois or neutrally gendered.
- Having an unknown or undefinable gender; not aligning with any gender.
- Having no other words that fit their gender identity.
- Not knowing or not caring about gender, as an internal identity and/or as an external label.
- Deciding not to label their gender.
- Identifying more as a person than any gender at all.

Many agender people also identify as genderqueer, non-binary and/or transgender. However, some agender people prefer to avoid these terms, especially transgender, as they feel this implies identifying as a gender other than their assigned gender, while they in fact do not identify as any gender at all. In fact, the term agender is considered an oxymoron among many. Since it is a lack of gender, some feel that it should not be labeled as a gender at all.« (http://gender.wikia.com/wiki/agender, aufgerufen am 19.05.2018)

Exit Gender würde innerhalb dieses Bedeutungsspektrums am ehesten unter den letzten Spiegelstrich: »Identifying more as a person than any gender at all« fallen – wobei auch hier der Aspekt der Identität weiter aufgenommen und re_produziert wird. Auf einer deutschsprachigen Internetseite zu Non-Binarität wird die Frage, ob agender eine Genderidentität ist oder nicht, erst gar nicht gestellt. Die Annahme von Identität scheint hier unhinterfragbar:

»Für manche agender Personen bedeutet das, dass sie einfach gar keine Geschlechtsidentität haben, andere empfinden sich eher als geschlechtsneutral und bevorzugen aber den Begriff agender statt neutrois. Einigen agender Personen ist es egal, wenn geschlechtsspezifische Begriffe für sie benutzt werden (z.B. ›er‹ oder ›Frau‹), weil Geschlecht für sie kein Teil ihrer Identität ist, sondern nur eine zufällige Zuschreibung von außen. Für andere agender Personen hingegen ist es wichtig, dass nur bestimmte Wörter für sie verwendet werden. Manche agender Personen erleben keine körperliche oder soziale Geschlechtsdysphorie, andere hingegen schon.« (https://geschlechtsneutral.wordpress.com/2014/09/07/nicht-binare-geschlechtsidentitaten, aufgerufen am 25.05.2018)

Auf der zuvor zitierten englischsprachigen Homepage mit einer Definition zu agender finden sich zahlreiche Kommentare unter dem Artikel – auch von Menschen, die sich als agender bezeichnen. Bei einigen wenigen finden sich Parallelen zu dem Konzept Exit Gender. Hier drei Selbsterklärungen aus den Kommentaren, die an das Konzept Exit Gender anschließbar wären:

»Agender is not a gender identity. That's an oxymoron, like saying ›anarchist government‹ or ›christian atheism‹. Agender is a political statement about the arbitrary and deceptive nature of gender tags. For agenders, gender doesn't exist ›outside the text‹: it is just tradition and semantics. Identity and sexuality is unique to every person and as such shouldn't be used to infer common psychological or behavioural traits among them. If you just ›feel‹ like you have ›no gender‹, you might be agender, but that's not your identity, you make your own identity every second of your life.«

»Good clarification. I find the term useful because there are countless situations in which I'm asked (or forced) to classify myself. Since I reject the concept of gender altogether, ›agender‹ is the clearest, most succinct way I know to accurately respond to such questions. So yes, it is a political statement more than anything else.«

»The way I like to think of it is that ›Agender‹ means I don't participate in gender as a concept. At least, that's how I like explaining it. You might find your own fit but I hope that helps.« (http://gender.wikia.com/wiki/agender, aufgerufen am 19.05.2018)

Exit Gender und Abinarität

In der 2018 vom Queeren Netzwerk Niedersachsen herausgegebenen Handreichung zur Beratung abinärer Personen wird Abinarität als ein Oberbegriff für (unter anderem) Ungeschlechtlichkeit wie folgt definiert:

»Unter abinär verstehen wir ein großes Spektrum an Erfahrungen und_oder Selbstidentifikationen. Es geht um die Selbstidentifikation der Menschen, die in eine Beratung kommen, also um deren eigenes Selbstverständnis von Un- oder Wenig- oder Weitergeschlechtlichkeit. Viele dieser Menschen verorten sich auch als trans*. Es geht also nicht um sexuelle Orientierung, nicht primär um Rollen, Geschlechtsausdruck, Körper o.ä. Faktoren, denn davon lässt sich die Geschlechtsidentität oft nicht ableiten. Im Folgenden verwenden wir abinäre Personen als Überbegriff, um eine gesellschaftliche Erfahrung, die wir hier versuchen zu erfassen, sichtbar zu machen. Wir nutzen den Begriff »abinäre Personen« in dem Wissen, dass manche andere Begriffe, für sich selbst oder_und ihre Erfahrungen wählen. Die Selbstbezeichnung steht immer vor der Fremdzuschreibung!« (Queeres Netzwerk Niedersachsen 2018, 4)

Auch wenn hier also Ungeschlechtlichkeit als Begriff eine Nähe zu Exit Gender aufweist, wird doch gleichzeitig der Rahmen von Genderidentitäten nicht verlassen, sondern aufgerufen. Trotzdem zeigt sich hier beispielhaft, inwiefern es momentan eine große Bewegung hin zu sich transformierenden Genderidentitäten gibt – wie es sich zum Beispiel bildlich im Begriff genderfluide ausdrückt. Durch diese Ausdifferenzierung könnte es perspektivisch auch zu einem Verlassen des Identitätskonzepts führen.

Eine Selbstbenennung, die nahe an exgendernden Selbstverständnissen ist, ist der von Rae Spoon geschaffene Begriff des Gender-Ruhestands, der im folgenden vorgestellt wird.

Exit Gender und ›Gender-Ruhestand‹

Rae Spoon hat in dem Buch *Gender Failure*, welches Rae zusammen mit Ivan Coyote verfasst hat (2015, auf deutsch: *Goodbye Gender*, Berlin 2015), das Konzept ›gender retirement‹ eingeführt, zu deutsch: Gender-Ruhestand. Darin findet sich die dem Konzept von Exit Gender nahestehende Idee, Gender zu verlassen, sich von Gender quasi pensionieren zu lassen. Dieses Bild nimmt die Vorstellung auf, dass Genderzugehörigkeit eine nicht unerhebliche soziale Arbeit bedeutet, dass es etwas Erworbenes ist, welches die ganze Zeit ›gemacht‹ werden muss. Die Pensionierung von Gender ist dann so etwas wie ein verdienter Ruhestand nach der anstrengenden Phase des Gender-Arbeitens:

»Bis jetzt würde ich jeder Person, für die dieses [Gender-]Spektrum oder die Zweigeschlechtlichkeit nicht passt, wärmstens empfehlen, in den Gender-Ruhestand zu treten. Viele Menschen schauen mich komisch an, wenn ich ihnen das erzähle, aber der geringere Druck, ein Gender performen zu müssen, entschädigt mich für alle Missverständnisse. Ich bin optimistisch, dass das Leben außerhalb der Zweigeschlechtlichkeit in Zukunft mehr Anerkennung gewinnen wird, also übe ich mich einfach in Geduld, wenn Dinge schwierig werden. Ich finde, dass Gender-Ruhestand auch für Leute möglich sein sollte, die sich nicht als trans* definieren. Idealerweise würde eine Art Ausstiegsprogramm eingeführt, für Leute, die nur einen Teil zweigeschlechtlicher Rollen erfüllen wollen, aber nicht alles, was von ihnen erwartet wird. Es gibt kein Altersheim für Gender, aber meine Vorstellung ist: Ich erwarte immer weniger von anderen, dass sie die Normen von Zweigeschlechtlichkeit erfüllen und ich schaffe es auch selbst immer öfter, mich diesen Erwartungen zu verweigern – dann wird mein Traum vom Gender-Ruhestand langsam Wirklichkeit.« (2015, 199)

Rae Spoon erzählt in dem Buch, wie Rae verschiedene Genderformen, -rollen und -identitäten durchlaufen hat und alle als letztendlich anstrengend zu performen und nicht-stimmig erlebt hat. Was aber heißt es, Zweigenderung nicht mehr zu performen? Rae Spoon macht den Gebrauch eines nicht konventionell gegendert eingelesenen Namens und eines nicht gegenderten Pronomens als Strategien deutlich – beides nehmen wir in den späteren Kapiteln dieses Buches (ab Kapitel 6) zu Sprachhandeln wieder auf. Menschen können Irritationen von Zweigender-Zuschreibungen herstellen, indem sie Performances aus unterschiedlichen Gender-Anteilen mischen, irritieren, herausfordern. Sie beziehen sich aber trotzdem weiterhin auf Gender und rufen die Unauflösbarkeit von Gender wieder auf, wenn auch mit einer größeren Dynamik und Variabilität. Hier unterscheidet sich Exit Gender vom Gender-Ruhestand. Gender-Ruhestand fokussiert eine Brechung von Gender-Performances, Exit-Gender eine Brechung von Gender-Wahrnehmungen.

Momente strategischer sozialer Positionierungen

Dass Exit Gender gewaltvolle Genderlogiken so grundlegend herausfordert, führt dazu, dass über Genderismus diskriminierte Personen, die sich nicht über gegenderte Identitäten verstehen, sondern über ein Verlassen des Systems Gender, in vielen Diskursen, Debatten und gesellschaftlichen Realitäten nicht vorkommen.
Wie kannst du als exgendernd handelnde und genderistisch diskriminierte Person trotzdem eine soziale Wahrnehmbarkeit für dich sicherstellen?

Diese Frage stellt sich besonders in Kontexten, in denen deine möglichen Zugehörigkeiten zu politischen Gruppen, Freizeitaktivitäten oder um Wahrnehmbarkeiten für anti-diskriminierende Politiken verhandelt werden, wenn diese bisher vor allem identitätsbasiert sind. Wenn also antidiskriminierende Politiken sich für LGBTIQ*-Räume einsetzen, fallen Personen, die sich exgendernd handelnd verstehen hier raus. Für diese zahlreichen Momente schlagen wir vor, das Konzept strategischer sozialer Positionierungen für sich zu verwenden. Eine strategische soziale Positionierung formuliert eine gemeinsame politische Ausrichtung – wenn du also als exgendernd handelnde Person mit trans*feministischen Zielen beispielsweise übereinstimmst oder diese unterstützt. In diesen Fällen könntest du dich strategisch Selbstbenennen mit Formen wie non-binär, dyke, gender-queer, trans*ident oder ähnlichem. Ein solches strategisches Handeln könnte auch mit daran arbeiten, dass soziale Positionierungen nicht mehr als essentielle Identitäten aufgefasst werden, sondern als genau diese politischen momentweisen Übereinkünfte und gemeinsamen Kämpfe.

Exit Gender als kritische Ver_Ortung

Im Gegensatz zum Konzept der sozialen Positionierung ist kritische Ver_Ortung ein handlungsfokussierter Ansatz. Kritische Ver_ortung ist keine Identität, sondern eine Benennung konkreter Handlungen als antidiskriminierend (vgl. Haritaworn 2005, Tudor 2011, Hornscheidt 2014). Mit diesem kritisch-politischen konstruktivistischen Ansatz wird die soziale Positionierung »ich bin Feminis*tin« beispielsweise ersetzt durch die Benennung »ich handele feministisch, indem ich...«. Kritische Ver_Ortungen sind damit Selbst- und Fremdwahrnehmungen, die konkret situativ sind und nicht über den jeweiligen Handlungsmoment hinaus Gültigkeit haben.

Sie sind also anti-identitär, da sie sich nicht in die Essenz von Personen einschreiben. Ein handlungsbasierter Ansatz kritischer Ver_Ortungen ermöglicht es kontinuierlich, das eigene Handeln und Wahrnehmen zu reflektieren. Er entlässt Menschen in die dynamische Aufgabe, kontinuierlich das eigene Handeln auf potentielle Gewalt hin zu hinterfragen und zu verändern. Identitätsansätze bedienen häufiger die Vorstellung, einer Kategorie ausgeliefert zu sein, sich als Opfer oder schuldig zu empfinden: »Mich als Lesbe nimmt dieser Typ doch sowieso nicht ernst.« Oder: »Ich bin nun mal ein Mann und kann nichts an Sexismus verändern.« Dahingegen eröffnet ein Ansatz kritischer Ver_Ortung eine kontinuierliche politische Handlungsdimension für das eigene Leben.

Exit Gender ist in dem Sinne keine Identität und keine soziale Positionierung, sondern eine kritische Ver_Ortung in den Momenten, in denen du Gender als Bezugspunkt eigenen Handelns und Wahrnehmens loslässt.

Dies könntest du ausdrücken in Sätzen wie: »Ich habe in der Situation antigenderistisch gehandelt, indem ich Menschen in dem Seminar nicht über Gender eingelesen habe...«, oder: »Ich habe in der Vorstellungsrunde exgendernd gehandelt, indem ich gesagt habe, dass ich den ersten Buchstaben meines Namens als Pronomen für mich favorisiere.« Konkrete weitere Ansätze exgendernden Handelns stellen wir ab Kapitel 6 vor.

Die Betrachtung und Überwindung der Konstruktion von Gender ist die leitende Zielsetzung von Exit Gender als politischem Handlungskonzept. Das verstehen wir als Ergänzung zu der jahrzehntealten intersektionalen feministischen Kritik an einzelnen Inhalten der Füllung von Gender als Kategorie.

Exit Gender als intersektionales feministisches Anliegen

Intersektional ist Exit Gender insofern, als dass dieser Ansatz nicht nur eine Infragestellung der Kategorie Gender impliziert, sondern aller sozialen Kategorien, die machtbasiert Diskriminierungsverhältnisse aufrechterhalten. Gender kann nicht alleine gedacht und realisiert werden, sondern immer auch in Abhängigkeit von Rassismus und BeHindert-Werden. Auch BeHindert-Werden und Rassismus schaffen Kategorien, die diskriminierend auf die so eingeordneten Personen wirken. Menschen haben keine Rassenzugehörigkeiten, sondern sie werden rassifiziert. Menschen sind nicht behindert, sondern sie werden beHindert. Emilia Roig vom Center for Intersectional Justice formuliert dies so:

»Ich bin nicht Schwarz, ich werde Schwarz gemacht von White Supremacy und Kolonialismus. Ich bin nicht queer geboren, sondern wurde vom Patriarchat, Binarismus und Heteronormativität queer gemacht. Eine Person mit Behinderung wird von den gesellschaftlichen Strukturen und dem medizinischen System behindert gemacht, die die Normen ›gesund‹ und ›befähigt‹ konstruiert.« (www.facebook.com/CIJBerlin/photos, aufgerufen am 26.2.2019)

Zuordnungen zu Gruppen werden durch die diskriminierenden Bewertungen und Zuschreibungen hergestellt. Desto unvorstellbarer es ist, dass diese Zuordnung konstruiert ist, desto stärker hat sich die strukturelle Gewalt normalisiert. So verstanden ist Exit Gender ein Startpunkt für eine umfassende größere Bewegung, die Gewalthaftigkeit von sozialen Kategorien sein zu lassen und stattdessen Diskriminierungsverhältnisse konkret zu benennen.

Grundlegend ist in westlich geprägten Gesellschaften die Idee, dass Gender ein Teil menschlicher Identität sei.

Was bedeutet Exit Gender für die Idee, dass Gender ein wichtiger Identitätsaspekt ist? Wieso ist diese gesellschaftliche Struktur so stark zu einem Teil individuellen Erlebens und individueller Identität geworden? Und wie kann in diese wichtige Ebene von Genderismus interveniert werden? Diese Fragen diskutieren wir im nächsten Abschnitt dieses Kapitels.

Individuen und Gesellschaft wechselwirken in und durch Gender

Exit Gender ermöglicht, Gesellschaft als grundlegend genderistisch strukturiert wahrzunehmen. Exit Gender regt also die grundsätzliche, Gesellschaft konstituierende und individuelles Selbstempfinden prägende Auseinandersetzung mit Genderismus an. Genderismus ist eines der zentralen diskriminierenden Korsetts des heutigen Lebens in westlich geprägten Gesellschaften sowie des strukturellen gesellschaftlichen Selbstverständnisses.

Genderismus prägt und bestimmt das staatliche wie individuelle Selbstbild sowie Vorstellungen zu sozialer Ordnung heute. Warum aber beharrt die Gesellschaft und der Staat so auf Gender als unhinterfragbarer und gleichzeitig ganz zentraler Größe im Ein- und Zuordnen von Menschen – auch in seiner Ausweitung auf eine weitere Gruppe neben Frauen und Männern? In den gesellschaftlichen Debatten um die staatlich vollzogene Erweiterung der Genderzuordnungen um die Option ›divers‹, nehmen wir eine große Abwehr dagegen wahr, Gender per se sein zu lassen. Statt Gender als Zuordnungssystem sein zu lassen, hat der Staat zementiert, dass Gender bleibt – ergänzt um eine weitere Kategorie. Die Abwehr, über Gender an sich nachzudenken, zeigt sich neben den staatlichen Regelungen auch in negativen, übertriebenen, aufhetzenden und Angst schürenden medialen Kommentaren, in Hasswellen in den sozialen Medien und im Fehlen der Bereitschaft, selbstgewählte Sprachformen von Menschen, die sich nicht gendern, zu akzeptieren.

Die meisten mehrheitsgesellschaftlich als erstrebenswert gesetzten Lebenspraktiken wie Partn*erinnenschaft, Elternschaft und Familie sind grundlegend mit Gender verwoben. In individualisierten, gesellschaftlich konstruierten Vorstellungen eines erfüllten Lebens mit Zielsetzungen wie ›Glücklich-Sein‹, ›Lieben und geliebt werden‹ oder ›Erfolgreich-Sein‹ ist Gender ganz grundlegend als fester Bestandteil eingeschrieben.

Um dir diese Vorstellungen für dich selbst zu verdeutlichen, kannst du zu den folgenden Fragen deine Gedanken aufschreiben und sie mit anderen diskutieren:

Wie funktioniert ökonomische Lebenserhaltung (auf dem genderistisch strukturierten Arbeitsmarkt) ohne Gender? Wie definieren sich Liebesbeziehungen (die grundsätzlich als hetero- oder homosexuell einsortiert werden) ohne Gender? Wie funktioniert auch nur Selbstwahrnehmung (wo das Selbst so tiefgreifend gegendert ist) ohne Gender? Was ist Sexualität ohne Gender? Wie gestalten sich Familienbezüge ohne Gender?

Gender ist zutiefst verwoben oder eingewebt in gesellschaftliche und individuelle Vorstellungen von Nahbeziehungen, Arbeit, Familie und vielem mehr. Gender kann also gar nicht so einfach aus konventionalisierten Konzeptualisierungen und Praktiken subtrahiert werden in der Erwartung, dass abzüglich Gender ansonsten alles wie gewohnt bliebe. Da Gender auch immer mit anderen Machtverhältnissen zusammenwirkt, würde dies auch heißen, aus Logiken von Rassismus und Behindert-Werden auszusteigen. Die Infragestellung von Gender führt also zwingend zu einer Infragestellung ganz elementarer, weitreichender Lebensgewohnheiten: Was sind dann (noch) soziale Glücksversprechen, Liebesbeziehung, Begehren? Dies kann herausfordernd und inspirierend, mithin aber auch überfordernd sein.

Langlebige, sich natürlich anfühlende Strukturen, wie die Annahme, dass Gender einfach da ist, geben Ordnung und soziale Sicherheit, Orientierung und Verständnis. Gender als Struktur ist so manifest und unauflösbar in westlichen Gesellschaften, so verselbstständigt, dass es schon nicht mal mehr als Struktur wahrgenommen wird, sondern schlichtweg nur noch als Wirklichkeit, als da – so werde ich geboren, das bin ich. Es scheint vielen Menschen undenkbar, sich die eigene Persönlichkeit jenseits von Gender vorzustellen und zu leben. Gender ist ein unauflösbarer, unablegbarer Bestandteil der eigenen essentiell erlebten Identität. Es wäre für viele also so, als müssten sie etwas aus sich herausnehmen, was doch ganz authentisch und ursprünglich, selbstverständlich und untrennbar sie selbst ausmacht. So würde es sich anfühlen, wollten sie Gender als eine soziale Kategorisierung, als eine soziale Rolle verstehen. Das wird noch dadurch begünstigt, dass sich soziale Genderrollen mittlerweile so flexibel gestalten lassen, dass viele Menschen Gender oder Zweigenderung gar nicht als Zwang erleben. Die sozialen Rollen von Weiblichkeit und Männlichkeit sind so (pseudo)weit, dass viele Menschen sie nicht als einengende Genderrollen wahrnehmen. Das wird zum Beispiel in Bezug auf Heterogenderung und Sexualität deutlich, was wir in einem späteren Kapitel ausführlich diskutieren.

Im gesellschaftlichen Selbstverständnis westlicher Prägung ist Genderismus zu einer nicht-wahrnehmbaren Norm und Selbstverständlichkeit geworden, die oft nicht als komplexe Diskriminierungsform erkennbar ist. Es werden nur bestimmte Aspekte von genderistischer Diskriminierung öffentlich und mit einem breiteren gesellschaftlichen Konsens wahrgenommen, als problematisch und gewaltvoll verhandelt und entsprechend kritisiert. Das, was in der Gesellschaft explizit unter Genderismus (zumeist dann als Sexismus benannt) verhandelt wird, ist nur ein winziger Ausschnitt einer komplexen Gewaltstruktur. Diese kann nur über Jahrzehnte oder gar Jahrhunderte bestehen, weil viele ihrer gewaltvollen Realisierungen gerade nicht als Gewalt wahrgenommen und benannt werden. Sie werden so stark normalisiert in der Gesellschaft, dass sie unbemerkt eine soziale Norm ausmachen und sich in gegenderte Normalität als Identitäten einschreiben. Dazu zwei Beispiele:

- »Ich bin leider kinderlos geblieben«, als Aussage einer Frau über 50 bestätigt eine reprogenderistische Norm, dass es ein essentieller Bestandteil weiblicher Identität sei, Kinder zu bekommen. Dass es eine – wie auch immer gefüllte – weibliche Identität gibt, bleibt auch in einer kritischen Distanzierung von dieser Repronorm bestehen. Anders bei diesem Beispiel:
- Von fremden Menschen in der Öffentlichkeit als ›Mäuschen‹ oder ›Häschen‹ benannt zu werden, ist in der öffentlichen Wahrnehmung zumeist genderistisch – nicht aber eine zwangszweigendernde Benennung als ›Frau‹ oder ›Mann‹. Gerade aber diese normalisierte Fremd- und Selbst-Einordnung von Menschen in eine von zwei Gendergruppen ist grundlegender Bestandteil von genderistischer Gewalt. Diese aber wird nicht wahrgenommen, sondern ist komplett normalisiert. Auf diese Weise wird die Gewalt, die dieser sozialen Zuordnung von Menschen innewohnt, als Nicht-Gewalt wahrgenommen und hergestellt, also zur gesellschaftlich zweigegenderten Normalität. Auf vielfache Weisen wird so ein Großteil genderistischer Gewalt entwahrgenommen.

Die Verinnerlichung struktureller Gewalt als gewaltvolle Normalisierung

Genderismus ist so stark und selbstverständlich in der Gesellschaft, dass es nicht als strukturelle Gewalt verstanden wird. Das ist sozusagen eine avancierte Stufe von struktureller Gewalt: wenn diese zu einer zweiten (oder ersten) Haut des eigenen Wahrnehmens, Handelns, Empfindens geworden ist. Diese Verselbstständigung von Genderismus findet sich in den verschiedensten Formen: Wenn genderistisch diskriminierte Personen mitlachen über gewaltvoll herabsetzende ›Witze‹, wenn Personen genderistische Normen in ihrem eigenen Verhalten leben – ihren Schönheitsvorstellungen beispielsweise, wenn Menschen genderistische Gewalt ignorieren. Wenn Menschen strukturelle Gewalt also gar nicht mehr als strukturelle Gewalt wahrnehmen, sondern als Normalfall, der »nun mal so ist«, als Schicksal, als selbstverständlich, als »da kann ich auch nichts machen«, »nicht so wichtig«, »die da oben machen sowieso was sie wollen«, dann kann diese strukturelle Gewalt offenbar sehr gut in das individuelle Selbsterleben greifen. Menschen werden auf diese Weise Teil der strukturellen Gewalt, verkörpern sie sozusagen.

Exit Gender versucht aufzuzeigen, wie es möglich wäre, aus dieser strukturellen Gewalt, die Genderismus in allen ihren Ausdifferenzierungen ist, auszusteigen – indem Gender als Kategorie und Identität aufgegeben, losgelassen, aufgelöst, infrage gestellt wird.

Exit Gender ist die alltägliche gelebte Utopie einer diskriminierungskritischen Gesellschaft

Exit Gender ermöglicht eine von sozialen Zuschreibungen befreite Wahrnehmung von Menschen. Exit Gender ermöglicht ein kritisches Wahrnehmen von genderistischen Normalzuständen. Und Exit Gender schafft zugleich eine individuelle Handlungsermächtigung.

Mit Exit Gender als politischem Handlungskonzept sind Menschen nicht Opfer ihrer Genderrolle.

Was bedeutet das für dich und dein Erleben und Leben? Du musst Menschen nicht über ihre vermeintlichen Genderungen wahrnehmen, sondern kannst ihnen respektvolle individuelle Handlungen zutrauen und diese selbst auch leben. Exit Gender ermöglicht es, Menschen als Menschen wahrzunehmen und nicht als gefangen und gezeichnet von Genderrollen. Letzteres ist der Fall, wenn du dein Wahrnehmen einer anderen Person zusammenfassen kannst mit »typisch weiblich/männlich/queer/trans*« oder mit »Männer/Frauen sind nun mal so«. Diese Äußerungen und Gedankengänge führen dazu, dass Menschen sich selbst und anderen verantwortungsvolle, respektvolle Handlungen gar nicht mehr zutrauen, die nicht primär durch gesellschaftliche Kategorisierungen bestimmt sind. Exit Gender befreit also das Wahrnehmen und das eigene Handeln. Du bist nicht mehr Opfer einer Genderrolle und du musst auch andere nicht als lediglich erwartbare Ausführungen ihrer jeweiligen Genderrolle wahrnehmen.

Exit Gender ist eine immer wieder neu im konkreten Handeln gelebte Utopie – eine notwendige Utopie, um die Grundsätzlichkeit genderistischer Diskriminierung wahrnehm- und ansprechbar zu machen.

Aus der Annahme, dass Gender existiert, kann so im konkreten Handeln Exit Gender werden. Dies ist das als gesamtgesellschaftliche Vision im Moment utopische, konkret in alltäglichen Handlungen aber immer wieder umgesetzte Ziel von Exit Gender.

Schreibe auf, wie du dir eine Gesellschaft ohne Gender vorstellst, welche Effekte dies auf deinen Alltag, das Straßenbild, dein Handeln hätte. Dazu kann auch gehören: Besuch einer Party, Supermarkt, Sportgruppe, Amt (oder gibt es die nicht mehr?), Bildungseinrichtung, öffentliche Verkehrsmittel, Schwimmbad, Blumenladen, Volkshochschulkurs, Reha-Einrichtung und so weiter.

Du kannst statt zu schreiben auch ein Bild zeichnen oder malen, Dinge ausschneiden und eine Collage kleben – finde dein eigenes Medium.

Du kannst diese Übung auch so beginnen, dass du aufschreibst, was alles gegendert ist, um es dann in einem zweiten Satz zu exgendern. Was würde sich alles verändern? Wie sähe die Veränderung aus? Was macht dir Angst, was macht dich unsicher, was wütend? Welche Änderungen begrüßt du, machen dich neugierig, erleichtern dich, geben dir ein Wohlgefühl? Schreibe deine Gefühle dazu jeweils auf und denke zusammen mit anderen im Gespräch nach - mit offenem Ende, als Austausch, ohne klare Ergebnisse. Nehmt euch in eurer Vielschichtigkeit des Erlebens auf diese Weise wahr.

Diese Übung ist immer wieder neu durchführbar, immer wieder neu veränder- und ergänzbar. Eine Utopie.

Eddiness erzählt Geschichte_n

Heute um 16.30 Uhr ist meinex Großalt gestorben. Ich trage es in meinen Kalender ein: 15.04.2210, Eddiness ist tot. Ich schreibe es auf, als könne das Aufschreiben irgend etwas erklären, verstehbar machen. Ich fühle mich albern. Eddiness war 98 Jahre alt, in 4 Tagen wäre ex 99 geworden. Ich schreibe auch das auf: 4 Tage vor Eddiness 99. Geburtstag. Zahlen als Erklärungen. Zahlen als Ersatz für Erklärungen und als Ersatz für Verstehen. 99 Jahre – das wäre besonders gewesen; er wäre wichtig gewesen, dieser Geburtstag. Wichtig für Eddiness, nicht für mich, überhaupt nicht für mich. Ich weine. Ich weine nicht um mich, sondern um Eddiness: Eddiness, dex der eigene Geburtstag weggenommen wurde. Mein albernes Gefühl dehnt sich an den Rändern aus und bekommt scharfe Kanten. Hättest du nicht fünf Tage warten können mit dem Sterben? Bis nach deinem Geburtstag, bis nach deinem wichtigen Tag? Ich stelle mir Eddiness Gesicht vor, und finde, was ich sehe, unangemessen. Ich sehe Eddiness Lächeln – ein Eddinesslächeln, bei dem die Mundwinkel mehr nach unten zeigen als nach oben und die Augen ein bisschen spöttisch gucken, aber vor allem lieb. Und der lächelnde Eddinessmund sagt: »Das muss keinen Sinn machen. Das musst du nicht verstehen«. So etwas ähnliches hätte

meinex Großalt gesagt und ich denke ganz kurz, Eddiness so zu hören hilft, aber es hilft nicht, weil ich ein Selbstgespräch führe mit zwei Stimmen, von denen eine nur so tut als gehöre sie Eddiness. Nein, in Wirklichkeit fühle ich mich nicht albern, und ich bin auch nicht wütend. Ich bin Ohne-Eddiness. Und das Ohne-Eddiness-Gefühl krallt sich mit einem Mal so fest um meinen Magen, dass ich denke, ich muss ihn herausnehmen, den Magen, er kann da nicht bleiben. Ich kann in der Welt nicht bleiben, ohne meinex Großalt. Ich weiß nicht, wie es geht, in der Welt zu sein ohne Eddiness. Ich weiß nicht, ob ich die Welt verstehen kann ohne ex. Oder nicht verstehen kann. Und ich weiß nicht, wie ich mir selbst die Erlaubnis geben kann zu verstehen manchmal nichts zu verstehen. Kannst du nicht wenigstens, wenn du schon deinen Geburtstag verpasst, kurz zurückkommen, um mir zu erlauben, nicht zu verstehen? Ich schaffe es alleine nicht. Dabei hat ex mir das Nicht-Verstehen so oft erklärt und jedes mal habe ich verpasst es zu lernen.
Eddiness hat mir oft und gerne Geschichten erzählt, die ich nicht verstand. Geschichten, von einer anderen Welt, die genauso gut Märchen hätten sein können. Aber die Geschichten waren keine Märchen, sie waren Eddiness Leben. Meinex Großalt mit dem unverständlichen Märchen-Leben. Ich

wollte alle diese Geschichten verstehen: Eddiness Geschichte von den schnellen vierrädrigen Sitzkästen, mit denen die Menschen früher durch die Straßen fuhren, sodass die Straßen gar nicht so einfach oder nur an bestimmten Stellen überquert werden konnten. Eddiness Geschichten über die übliche Form des Zusammenlebens, die nur darauf beruhte, dass die älteren Menschen die jüngeren Menschen selbst geboren haben. Eddiness Geschichten über das Tauschpapier, das die Menschen für Arbeit bekamen und ohne das sie die notwendigen Dinge zum Leben, wie Essen und Wohnungen, nicht bekamen. Eddiness Geschichte davon, wie ex selbst einmal kein Tauschpapier mehr hatte und trotzdem überlebte. Und ich, wie ich angespannt und lustvoll zuhörte; lustvoll, weil ich wusste, die Geschichte wird gut ausgehen, Eddiness ist ja da. Und manchmal legte Eddiness mich auch rein mit Geschichten und dann fand ich mich naiv, weil ich ex geglaubt hatte. Die Geschichte mit den selbständig fliegenden Riesengurken aus einem Ort namens Holland zum Beispiel war nicht nett. Aber sie war komisch. Ja, manchmal waren Eddiness Geschichten tatsächlich Märchen, aber meistens waren sie wahr. Und sie waren lebendig. Sie bewegten sich durch ex Finger, sprangen in ex Stimme auf und ab, machten ex Mund winzig klein oder riesengroß. Und sie gingen auf mich über – die Geschichten woben sich in dünnen Fäden von Eddiness Mund in meine Ohren und machten sich in mir fest, ohne dass es weh tat. Nur manchmal, da tat es weh. Ich erinnere mich, es war einmal, im Sommer - ich war ungefähr zehn oder elf Jahre alt - da saßen wir auf unserem Balkon und Eddiness erzählte mir von den Sorten. Die Geschichte fing ganz harmlos an. Wir saßen unter der Neun-Uhr-Sonne - eigentlich Eddiness Lieblingssonne - aber an diesem Tag war sie so warm, dass die Sonne sich eher wie eine 14-Uhr-Sonne anfühlte. Es wurde dann auch der heißeste Tag dieses Jahres. Welches Jahr genau das war, weiß ich nicht mehr, ich müsste nachsehen in meinen alten Kalendern, ich habe es aufgeschrieben. Wir saßen da also unter dieser 14-Uhr-Sonne morgens um neun zum Frühstück und ich konnte mich gerade nicht entscheiden, ob ich lieber ein Maisbrot oder ein Kartoffelbrot essen wollte, da sagte Eddiness zu mir: »Weißt du, Korfu, früher sind die Menschen in zwei Sorten eingeteilt worden, nach zwei unterscheidenden Ideen zu den Formen ihrer Körper am Unterleib«. Meinex Großalt sagte das nicht besonders laut, sodass ich kurz überlegte, ob es hier gerade um ein Geheimwissen ging oder ob Eddiness mich gleich wieder mit einem Märchen hereinlegen wollte, das durch den verschwörerischen Ton nur glaubhafter wirken sollte. Ich entschied, dass es schlau sei, vorsichtshalber eine Hereinlegung einzukalkulie-

ren und fragte also im gleichen gesenkten Ton: »Ach echt? Und warum war das so?«
»Um einen Grund dafür zu erfinden, warum manche Menschen wichtiger und besser gefunden werden sollten als andere«, antwortete Eddiness unkreativ. Das war eindeutig eine Hereinlegung. Wenn Eddiness sich schon so absurde Geschichten ausdachte, könnte ex sich wenigstens mehr Mühe geben mit den Details, fand ich.
»Und warum habe ich im Geschichtsunterricht noch nichts davon gehört?« fragte ich abgeklärt.
»Wegen des 200-Jahre-Abkommens der neuen Geheimdienste und der neuen Bildungskommissionen. Sie hatten entschieden, dass die Sorten lange zurückliegen müssen, bevor öffentlich darüber gesprochen werden darf, zur Minimierung des Wiederholungsrisikos«, sagte Eddiness, als wäre das sehr logisch.
Ich weiß noch, wie ich Eddiness da gegenübersaß, an meinem Kartoffelbrot kaute und darüber nachdachte, dieser Absurdität mit einem gut platzierten Tritt gegen Eddiness Schienbein ein Ende zu setzen. Aber vielleicht würde die Geschichte doch noch ganz lustig werden und außerdem mochte ich es, wenn Eddiness mir ex ungeteilte Aufmerksamkeit schenkte. Also spielte ich weiter mit und sagte: »Aber warum? Über Kolonialismus, über Nationalsozialismus, über solche Erfindungen

von Unterschiedlich-Wertigkeiten von Menschen sprechen wir in der Schule. Wir sollen ja aus der Geschichte lernen.«
»Und lernen wir etwa?« fragte Eddiness trocken zurück.
»Natürlich lernen wir! In der letzten Geschichtsklausur hatte ich ein A+.«
Eddiness sah mich kryptisch an, und ich unterdrückte den Impuls, mein Gesicht mit der Hand nach Brotkrümeln abzusuchen.
Eddiness fuhr fort: »Mit den Sorten ist es kompliziert. Es gibt die Sorge, dass viele die Sorten wieder würden einführen wollen, hätten sie erst einmal von ihnen erfahren.«
Anscheinend kam Eddiness Phantasie langsam in Schwung. Nicht so sehr, wie bei den holländischen Riesengurken, aber immerhin. »Wieso sollten welche so was Absurdes wollen, wie Menschen nach Unterleibern einzuteilen?« fragte ich matt.
Eddiness Ton wurde jetzt etwas bestimmter: »Weil sie es schon einmal getan haben. Weil sie alles zu tun fähig sind, was nur schon lange genug getan wird, um nicht mehr absurd zu sein«.
Ich glotzte und war irritiert. Eddiness kam in Fahrt. Irgendwie war jetzt alles doch ganz anders als mit den Gurken – da ging ex nämlich selbst nach einigen Sätzen der Ernst verloren und ex wusste nicht mehr weiter. Diese Geschichte hier ging

aber gerade erst los – ex holte aus, holte aus auch mit dem Atem, zog ganz viel Luft in den Körper, als hätte ex vor, nie wieder einzuatmen, zumindest nicht, bevor die Geschichte zu Ende erzählt war. Und ex erzählte – erzählte, dass gesagt wurde, dass diejenigen, die in die wichtige Sorte eingeteilt waren, stärker seien, klüger und überhaupt besser als die anderen. Mal wurde damals das ›stärker‹ besonders betont, mal das ›klüger‹ und manchmal auch das ›überhaupt‹. Und überhaupt wurden die Gründe, aus denen die eine Sorte wichtiger und besser sein sollte als die andere, über sehr viele Jahre, auch schon lange bevor Eddiness lebte, immer wieder neu ausgedacht – immer so, wie es den Mächtigsten in der wichtigen Sorte gerade am besten passte, um weiter mächtig zu sein. Und wenn neue Gründe erfunden wurden, waren die alten oft nicht mehr so wichtig. Irgendwann, erzählte Eddiness, wurden dann kaum noch neue Gründe ausgedacht, aber die Sorten blieben und die eine Sorte war immer noch wichtiger als die andere. Die Unterscheidung war schon so alt, dass sie inzwischen auch ohne neue Gründe funktionierte. Und wenn die Menschen dann doch mal Gründe brauchten, gab es ja zur Not immer noch die alten. Anders als bei den Gründen, die sich oft veränderten, gab es auch Dinge an der Sortensache, die immer gleich waren. Wenn zum Beispiel über Menschen gesprochen wurde, musste mit jedem

Satz erkennbar gemacht werden, welcher Sorte die Menschen angehörten, damit nicht versehentlich einex aus der wichtigen Sorte in die unwichtige hineingedacht wurde, oder umgekehrt. Die Menschen aus der unwichtigeren Sorte mussten auf die Jungkinder aufpassen, wofür sie meistens noch nicht einmal Tauschpapier bekamen. Überhaupt bekamen diese Menschen viel weniger Tauschpapier als die aus der wichtigeren Sorte. Außerdem hieß es über die Menschen, die in die weniger wichtige Sorte eingeteilt wurden, sie müssten auf eine bestimmte Weise schön aussehen - das wurde zum Beispiel mit Farbe fürs Gesicht erreicht oder für die Haare, und sie müssten der anderen Sorte das Leben verschönern, weil - wenn sie schon selbst nicht wichtig waren, sollten sie wenigstens den Wichtigen etwas Positives bringen - aber ohne ihre Macht infrage zu stellen. Damit das funktionierte mit dem Leben-Verschönern, sollten immer jeweils ein Mensch aus der wichtigeren und ein Mensch aus der unwichtigeren Sorte miteinander kombiniert werden. Das Kombinieren hieß dann ›verlieben‹ am Beginn und irgendwann ›Ehe‹ oder ›PartnerInnenschaft‹. Das war sozusagen unauflösbar, oder wenn, dann mit viel Ärger verbunden, sodass die Menschen sich das lieber zweimal überlegten. Wenn sich welche aus der unwichtigeren Sorte weigerten, mit welchen aus der wichtigeren Sorte kombiniert zu werden, oder, schlimmer noch, wenn sich welche weigerten, sich überhaupt in die unwichtigere Sorte einteilen zu lassen, galten diejenigen als noch niedriger als die niedrige Sorte. Über sie wurde gesagt, sie seien kaputt im Körper oder im Kopf und in den schlimmeren Zeiten wurden sie sogar von den anderen weggesperrt. In den besseren Zeiten wurden sie nur komisch angeguckt und sperrten sich manchmal selbst weg.

Irgendwann war Großalt endlich fertig mit dem Erzählen und wurde still. Mich juckte es - das machte die Sonne, das Schwitzen durch die Sonne. Um neun Uhr sollte es keine 14-Uhr-Sonne geben, das war nicht richtig, es war falsch. Großalt sollte mich jetzt nicht ansehen. Die Geschichte war zu lang gewesen. Wenn ex sich schon Geschichten ausdenkt, warum dann so lange? Ich musste in den Schatten. Ich ging, es war zu warm, ich ging.

Als ich spät am Abend nach Hause kam, war Eddiness bereits schlafen gegangen. Ich schlich in mein Zimmer und legte mich auf mein Bett. Aber ich konnte nicht einschlafen, die Luft kühlte nicht richtig ab, war immer noch zu heiß, und die Uhrzeit änderte daran nichts. Die 0-Uhr-Dunkelheit, die 1-Uhr-Dunkelheit und die 2-Uhr-Dunkelheit ließen in dieser Nacht die 12-Uhr-Mittags-Sonnenhitze nicht los, und ich war weiterhin wach.

Am nächsten Tag sprach Eddiness die Sorten nicht

wieder an. Auch nicht einen Tag später, nicht zwei Tage später und noch nicht mal am dritten Tag nach dem heißen Tag. Auch sonst sprach ex an diesen Tagen nicht viel mit mir. Am vierten Tag begann ich, mich von ex Schweigen provoziert zu fühlen.
»Haben die Menschen damals etwa keine Kleidung getragen? Mit Kleidung hätten sie doch verhindern können nach ihren Körperformen am Unterleib eingeteilt zu werden, oder etwa nicht?«, sagte ich in unser stilles Balkon-Frühstück hinein; sagte ich in einer als Frage getarnten Anklage.
Eddiness guckte mich überrascht an. Dann, natürlich, lächelte ex – keine Ahnung, was daran schon wieder lustig sein sollte – und antwortete: »Doch, doch. Die Menschen haben Kleidung getragen, aber für beide Sorten gab es unterschiedliche Kleidung, sodass an der jeweiligen Kleidung erkannt werden konnte, welches Aussehen dem jeweiligen Körper zugedacht war.«
Ich war genervt von der Gelassenheit, ja fast schon Heiterkeit in Eddiness Stimme. So einfach wollte ich ex dieses Mal nicht davonkommen lassen: »Und warum haben die Menschen aus der unwichtigeren Sorte dann die anderen nicht einfach ausgetrickst mit weiter Kleidung, die ihre Körperformen verdeckt, hä?« fragte ich weiter.
Jetzt lachte ex sogar, als wäre ich dexjenigex, wo hier lachhafte Dinge erzählt: »Weil, Korfu, die

Kleidung meistens sowieso nicht die Körperformen gezeigt hat. Es wurde Kleidung in zwei für die Sorten unterschiedlichen Formen hergestellt und die Formen der Kleidung waren anders als die Formen der Körper, aber weil eben alle dachten, es gäbe zwei verschiedene Arten von Körperformen dachten sie auch, die jeweilige Kleidungsform sei ein Zeichen für die jeweilige Körperform«.
›Das macht wenig Sinn‹, dachte ich und dann dachte ich, ›es macht überhaupt keinen Sinn. Geschichten müssen so erzählt werden, dass sie Sinn ergeben‹. Eddiness ließ mich hier hängen. Meine Zähne fühlten sich locker im Mund an. Manchmal passiert das – dass ich das Gefühl habe, meine Zähne könnten sich aus dem Fleisch lösen und aus meinem Mund fallen, alle auf einmal. Dann weiß ich immer überhaupt nicht, welche Stelle in meiner Mundhöhle ich zuerst mit der Zungenspitze auf Zahnstabilität überprüfen soll. Vorsichtshalber. »Warum«, fragte ich, während ich meine Zunge unauffällig auf Kontrollgang schickte, »haben dann die Menschen der unwichtigeren Sorte die Menschen der wichtigeren Sorte nicht einfach ausgetrickst, indem sie die Kleidung für die wichtigere Sorte trugen? Dann wäre doch das Einsortieren ganz schnell und einfach nicht mehr gegangen – schnell und einfach!«
Eddiness hatte aufgehört zu lächeln und darüber zumindest war ich erleichtert, auch wenn, was dann

kam, überhaupt nicht leicht war. »Weil«, setze Eddiness an, »es für das Einsortieren eigentlich nicht wirklich von Bedeutung war, was die Menschen anhatten. Sie haben schon gewusst, in welche Sorte sie eingeteilt waren. Sie hatten es schon gelernt. Darum konnten sie es nicht verbergen – mit Kleidung – weil sie es wussten. Und deswegen wussten es auch die anderen«.
Jetzt hatte Eddiness die Grenze zwischen Phantasie und Realität endgültig aufgelöst. So endgültig, dass ich mich noch nicht einmal mehr darüber aufregen konnte. Ja, meinex Großalt und die Märchen. Ich ärgerte mich nicht mehr. Ich versuchte mir nüchtern diese merkwürdigen Menschen vorzustellen, die Gedanken lesen konnten. Und die sich mit ihren Gedanken selbst in unwichtige Sorten einteilten. Aber Märchen haben ein Happy End, bestimmt auch Märchen mit einsortierungswütigen Gedankenlesex. Ich mobilisierte noch einmal Energie für das Happy End, strengte mich an für das Happy End und rief triumphierend: »Aber DU hast dem Sortengedanken nicht geglaubt, stimmt's? Du hast dich nicht in eine Sorte eingeteilt und nicht einteilen lassen!« Ich war aufgeregt. Meinex Großalt – kämpft heldisch gegen Drachen, verscheucht die bösen Monster, denkt den grauenhaften Sortengedanken weg!

Großalt lächelte wieder. Aber nur mit dem Mund, der Rest des Gesichts lächelte nicht: »Ich habe dem Gedanken nicht geglaubt und doch geglaubt. Ich habe ihn nicht gedacht und doch gedacht«, sagte ex.
Meine entgrenzte Irritation mischte sich jetzt mit Enttäuschung. Ich verstand nichts. Aber ich wusste auch nichts mehr zu fragen. Eddiness antwortete trotzdem: »Stell dir vor, ich sage dir du bist ein Nilpferd. Du denkst, du bist kein Nilpferd, aber immerzu sage ich dir, dass du sehr wohl ein Nilpferd bist. Dann glaubst du vielleicht irgendwann du bist ein Nilpferd und glaubst es doch nicht.«
»Aber könnte ich denn nicht mit dem Teil in mir, der eben nicht glaubt, dass ich ein Nilpferd bin, immer wieder antworten, welches Tier ich bin?«
»Ja, bestimmt. Aber was machst du, wenn nur zwei Tiere zur Auswahl stehen? Sagen wir: Nilpferde und Leguane. Die Auswahl – die ist der Trick der Sorten. Wenn du lange genug antwortest, du bist kein Nilpferd, dann glauben sie dir irgendwann, dass du nicht wirklich ein Nilpferd bist, aber nur weil sie denken, du bist versehentlich ein Leguan. Versehentlich zu denken du seist anders, als sie dir sagen, ist manchmal in Ordnung. Aber wenn du denkst, du bist kein Nilpferd und kein Leguan, und nichts anderes zur Auswahl da ist, dann glauben sie dir nicht mehr richtig, dass du überhaupt denkst. Dann glauben sie nicht mehr wirklich, dass du da bist.«

Das war unerträglich. »Aber damals, da warst du doch da, oder nicht?« fragte ich hilflos. »Auch ohne Nilpferd und ohne Leguan. Dass mussten doch alle wissen, wenn sie dich sahen oder hörten oder rochen oder berührten. Du warst da.« Wie zum Beweis drückte ich Eddiness Arm.
»Nicht unbedingt«, sagte Eddiness zu meiner Verzweiflung. »Dasein ist nicht un_bedingt.«
Und dann wurde mir alles zu viel im Kopf, und ich hörte nur noch halb zu, als ex erzählte von furchtbaren Orten, wo Menschen, die versucht haben den Sortengedanken wegzudenken, manchmal hin mussten. Weggeschickt wurden an irgendwelche Orte von irgendwelchen Menschen, die sagten, sie wüssten, was für alle richtig und wahr sei und die sagten, Menschen die dieses Richtige und dieses Wahre nicht glaubten, seien für alle Mitmenschen falsch und unwahr. Und an den Orten, wo die falsch und unwahr gemachten hingeschickt wurden, konnten sie nicht widersprechen, denn sie zählten nicht zu allen. Alle waren nur ziemlich wenige. Meinex Großalt und die, die den Sortengedanken wegdenken wollten, gehörten zu den vielen, die nicht alle waren. Und deswegen mussten sie weg. Und ich hörte auch weiter nur halb zu, als ex erzählte, dass es trotz allem heute immer noch Menschen gäbe, die sich heimlich träfen, um den Sortengedanken nachzuspielen. Die Nostalgischen, nannte Eddiness

diese Menschen, einmal auch Vollpfosten. Nostalgische hatte ich später dann noch recherchiert, es bedeutet ›sehnsuchtsvoll Rückwärtsgewandte‹. Zu Vollpfosten hatte ich nichts gefunden, aber ich glaubte, ich verstand die Bedeutung trotzdem: Ein Pfosten stabilisiert ein Haus - stützt es, macht es fest - und manchmal steht ein Pfosten auch noch ganz fest da, wenn die Wände drum herum schon längst eingestürzt sind und nichts mehr zum stützen bleibt, außer vielleicht die Erinnerung.

In dieser Nacht fand ich mich nicht damit ab, schlaflos in meinem Bett zu liegen. Stattdessen saß ich schlaflos auf meinem Bett, um von dort aus meinem Standspiegel in der hinteren Zimmerecke kämpferische und, wie ich hoffte, überlegene Blicke zuzuwerfen. Das kann mensch schon mal eine Weile so durchhalten. Irgendwann war die stille Herausforderung des Spiegels aber nicht mehr gut auszuhalten und dann muss irgendetwas passiert sein, das gemacht hat, dass ich plötzlich nackt vor diesem gemeinen Spiegel stand. Ich hatte aufgegeben, mich gegen den Impuls zu wehren, mir spiegeln zu lassen, in welche Sorte diese widerlich unberechenbare Vergangenheit mich eingeteilt hätte. Mit schwitzenden Händen, die nicht wussten wohin sie sollten, glotzte ich, klamm vor Sorge, mein Spiegelbild könnte eine bloßstellende Behauptung über mich aufstellen. Eine Behauptung, in einer längst nicht mehr wahren Logik, die sich aber vielleicht trotzdem in meinen Körper einschreiben würde. Ich wusste nicht, ob ich diese Logik, wäre sie erst einmal da, dann wieder aus mir herausnehmen könnte. Vielleicht würde ich selbst zu einex Gedankenlesex werden. Gepresst zischte ich meinem Spiegelbild zu: »Halts Maul, halts Maul, halts Maul!«

Und mein Spiegelbild sagte mir nichts, und ich sah nichts. Die Gedanken gingen trotzdem nicht weg. Was, wenn ich in die unwichtige Sorte eingeteilt worden wäre? Wenn das einmal möglich gewesen ist, dann könnte es auch wieder möglich werden. Vielleicht war da doch irgendeine Wahrheit, von der ich nur noch nichts wusste, und die sich mir eines Tages von innen heraus zeigen würde, ohne dass ich etwas dagegen tun könnte. Mit der Zungenspitze überprüfte ich meine Zähne - alle noch da. Kein Nilpferd da, kein Leguan, aber alle Zähne. Und die Sorge und die Befürchtungen und die Unsicherheit und die Unklarheit, alle da.

Ich schlüpfte in meinen Bademantel, öffnete leise meine Zimmertür, schlich in den Flur und hinüber zu Eddiness Schlafzimmer. Und - als gäbe es gerade nicht viel wichtigeres zu Denken - dachte ich noch: ›Wie komisch von mir, aus Rücksichtnahme auf Eddiness Schlaf leise zu gehen, wo ich ex doch gleich aufwecken werde.‹ Vor Eddiness Tür blieb ich eine Weile stehen, bis ich mich schließlich dazu überwand anzuklopfen, um einex sich verwirrt im Bett aufrichtendex Eddiness mein Anliegen vorzutragen. Wie erwartet war ex nicht gerade begeistert von meiner Anfrage nach einer kompetenten Einschätzung meines Sortenzustands, und ich glaube, das lag noch nicht einmal in erster Linie an meinem misslungenen Timing. Eddiness Augen waren winzig klein, und darüber zogen sich die Brauen zu einem einzigen übellaunigen Strich zusammen, als ex sagte: »Ja Korfu, hast du denn, bist du denn, glaubst du denn – ist das zu glauben?« Vor Eddiness Tür noch mit meiner Scham beschäftigt, setzte sich jetzt die Wut durch: »Wenn du, Eddiness, mir solche Geschichten erzählst, kann ich ja nicht nicht darüber nachdenken«, motzte ich, »und jetzt kann ich es noch nicht einmal erkennen. Deine Erklärungen taugen nicht, es zu erkennen. Entweder hast du dir das alles nur ausgedacht oder die Menschen haben inzwischen überhaupt nicht mehr zweierlei Körperformen!« Jetzt wurde zu meiner Überraschung auch meinex tiefenentspanntex Großalt ungehalten: »Die Menschen hatten überhaupt noch nie zweierlei Körperformen, hast du denn nicht zugehört? Es gab nur die Idee davon, die Idee, der dann nach vager Ähnlichkeit mit der Idee Körper zugeordnet wurden. Zugeordnet, nach den zwei Bildern der

Idee. Und wenn zu auffällig wurde, dass die Idee auf die Körper nicht passt, dann wurden weitere Ideen ausgedacht, die die erste ersetzten und gleichzeitig stützten. Und die Ideen unterschiedlicher Körperformen wurden mit unterschiedlichen Fähigkeiten verbunden. Mit unterschiedlichen sozialen Funktionen. Und sie wurden unterschiedlich bewertet. Und es kamen immer mehr Ideen dazu, zu anderen Körperteilen, zu Körpergrößen, zu Stimmen, zu Hormonen. Willst du jetzt vielleicht auch noch von mir, dass ich deine Hormone untersuche?« Ich war so verwirrt, dass ich kurz vergaß, wütend zu sein: »Wie können denn Hormone etwas über Körperformen sagen?«, fragte ich dumpf.
»Das können sie nicht. Das. Können. Sie. Ja. Eben. Nicht!« Eddiness hatte sich inzwischen in eine beeindruckend gerade Sitzposition im Bett aufgerichtet und ex Haare standen wie zur Unterstützung ex Aufgebrachtheit senkrecht vom Kopf ab: »Eine Idee, für eine andere Idee, für eine andere Idee, bis alle Ideen in eine Richtung weisen, bis niemensch mehr versteht, wie die Geschichte mal begonnen hat. Bis niemensch mehr fragt warum. Außer dir!« Wir glotzten uns über das Fußende von Eddiness Bett hinweg an. Ich konnte mich nicht entscheiden, ob ich so tun sollte, als ob ich irgendetwas verstanden hätte oder weiterfragen sollte. Eddiness kam mir gerade sehr schuldig vor. Worin genau die

Schuld bestand, wusste ich nicht.
Ich ging in dieser Nacht uneinsortiert wieder ins Bett. Zumindest für eine Stunde, dann klopfte ich erneut an Eddiness Tür. Zu meiner Überraschung fand ich Eddiness, als ich dieses mal das Zimmer betrat, bereits wach und sitzend vor. Umso besser, dachte ich, denn jetzt war ich mit Argumenten vorbereitet. »Was ist mit Bauchnäbeln?«, fragte ich. Ich hoffte, ex würde zurückfragen: »Was soll mit Bauchnäbeln sein?«, um mir selbst einen Vorteil zu verschaffen in unserem ärgerlichen, weil einseitigen Frage-Antwort-Spiel, aber Eddiness war bereits im Bilde. »Nein, Bauchnäbel nicht.«, sagte ex trocken. »Augen? Fußzehen? Knie?«, fuhr ich fort. »Nein. Augen, Fußzehen und Knie auch nicht«, lautete die knappe Antwort. »A-Ha!«, brachte ich hervor, in zwei Silben aufgeteilt und mit einem spitzen Ausrufezeichen am Ende, von dem ich hoffte, dass es piekste. »Und warum nicht Bauchnäbel, Augen, Fußzehen und Knie? Was ist an Unterleibern wichtiger als an Bauchnäbeln?« Eddiness sah müde aus. »Nichts. Nichts ist daran wichtiger«, sagte Eddiness und sah mich lange an, bevor ex weitersprach: »Ich kann dir das alles nicht erklären, Korfu. Du musst das nicht alles verstehen. Vielleicht ist es manchmal das Beste zu versuchen zu verstehen, dass es nicht viel zu verstehen gibt.«
Plötzlich tat Eddiness mir leid. Ich selbst tat mir

auch leid. Ich spürte ein taubes Gefühl in der Mitte meiner Brust, dass sich langsam zu einem Punkt zusammenzog. »Zu verstehen, dass es nicht viel zu verstehen gibt«, fuhr Eddiness fort, »außer, dass es um Ungerechtigkeit und Gewalt geht. Früher sind viele an dem Versuch verzweifelt in dem Sortengedanken einen tieferen Sinn zu finden, eine innere Bedeutung, die mehr ist als nur willkürliche Gewalt. Ich bin auch daran verzweifelt. Ich glaube, ich dachte, wenn ich hinter der Gewalt etwas Echtes oder etwas Liebenswertes entdecke, dann kann ich mich in der Welt besser bewegen. Aber Gewalt hat keinen anderen Sinn, keine andere Bedeutung, keine andere Botschaft als Gewalt. Das Hoffen auf ein Erkennen von etwas anderem als Gewalt in dem Sortengedanken tut nicht gut, das Hoffen tut dir nur selbst wieder Gewalt an. Mit dem Hoffen kommt die Gewalt von Außen nach Innen. Die Gewalt ist ihr eigener Sinn, und mehr gibt es nicht zu verstehen. Kannst du das verstehen?«
Konnte ich das? Ich wusste es nicht: ›Ja. Nicht so richtig. Ein bisschen.‹, dachte ich, und sagte es dann. »Mehr zumindest, als das ganze andere. Mehr als den Sortengedanken.«, setzte ich hinterher.
»Und dafür bin ich dir dankbar.«, sagte Eddiness, und das verstand ich nun wieder überhaupt nicht. Aber das war in Ordnung, es fühlte sich für den Moment in Ordnung an. Es fühlte sich schlafbar in

Ordnung an. Und den Rest dieser Nacht schlief ich mit bei Eddiness im Bett.
Ich hatte vor dieser Nacht seit Jahren nicht mehr in Eddiness Bett geschlafen und auch danach kein einziges Mal wieder.
Wie ich so dasitze, mit meinem Kalender und mit Eddiness in meiner Erinnerung, überlege ich, ob ich es heute Nacht vielleicht tue - in Eddiness Bett schlafen. Während ich darüber nachdenke, fallen mir die Bildungskommissionen wieder ein, mit ihren 200 Jahre-Schweigeabkommen, und ich frage mich, ob es wohl noch viele Menschen gibt wie Eddiness, die nicht geschwiegen haben. Und ich frage mich, ob es für alle nicht richtiger wäre, anstatt den Sortengedanken strategisch wegzuschweigen, darüber zu sprechen. Ich weiß nicht, was für andere richtig wäre, ich bin keinex Gedankenlesex. Ich denke, Eddiness hätte es auch nicht gewusst. Fragen kann ich ex jetzt nicht mehr, aber das ist in Ordnung. Vielleicht hätte ex über diese Frage gelächelt - wex weiß - mit dem Eddinesslächeln, bei dem die Mundwinkel mehr nach unten zeigen als nach oben und die Augen ein bisschen spöttisch gucken, aber vor allem lieb. Und es tut weh, jetzt an Eddiness Lächeln zu denken. Und nicht fragen zu können. Es tut weh. Aber es ist ok.

3 Was kann ich denn überhaupt machen? Individuelles Handeln in und trotz Gewaltstrukturen

Gewalt als strukturell zu verstehen und dies zu kritisieren ist eine wichtige Motivation für Exit Gender. Gewaltstrukturen zu versuchen zu verändern und für eine gewaltfreiere Welt aktiv zu sein, ist uns eine wichtige Zielsetzung mit Exit Gender.

Deswegen ist es uns ein großes Anliegen, dass Exgendern nicht mit genderlosen Ausdrucksweisen und Handlungen verwechselt wird. Denn genderistische Situationen genderlos auszudrücken, bagatellisiert und ignoriert Diskriminierungsstrukturen. Darüber hinaus finden wir aber auch wichtig, dass Diskriminierungsstrukturen nicht als Grund vorgeschoben werden, um kontinuierlich Personen weiter zu gendern, nach dem Motto: »Ich verstehe dich als Mann, also handelst du automatisch sexistisch und ich kann dich als nichts anderes begreifen, denn als einen Mann.« Diskriminierungsstrukturen ernstzunehmen, ohne sie über Personenzuschreibungen zu individualisieren, erfordert eine bewusste und reflektierte Unterscheidung von genderistischen Strukturen und Personen. Genderismus – die Herstellung von Gender als sozialer Gewaltstruktur und die Hierarchisierung von Menschen über Genderrollen und -normen – ist in der Gesellschaft allgegenwärtig präsent und von daher auch gar nicht ignorierbar. Oder anders herum formuliert: Genderismus zu ignorieren würde Genderismus nur noch weiter befeuern, verstärken, und gleichzeitig auch weniger wahrnehmbar machen. Das kontinuierliche Suchen nach und die Umsetzung von Daseinsmöglichkeiten, die Gender als Definitionskategorie für Menschsein verlassen, können jedoch nur realisiert werden, wenn du die Machtstrukturen, die du kritisierst, nicht zuerst in Menschen lokalisierst: wenn du also Gewaltstrukturen von Personen unterscheidest und die eigene Wahrnehmung von Strukturen von der von konkreten Personen trennst. Ein paar Beispiele dafür:

So gibt es keine Frauenhäuser, weil Frauen schwach und Opfer sind und von außen beschützt werden müssen, sondern weil genderistische Gewalt geschützte empowernde Räume für Diskriminierte notwendig macht. Oder noch weiter gefasst:

Es gibt nicht Genderismus, weil Frauen und Männer so unterschiedlich sind und dies zu falschen Wahrnehmungen, Bewertungen und Machtkämpfen führt, sondern Genderismus stellt die Kategorien Frauen und Männer mit jeweils unterschiedlichen Füllungen her. Daraus entstehen dann Hierarchien und Bewertungen, die Menschen häufig verinnerlichen in ihre als selbstverständlich angenommene Genderidentität. Personen mit einem gegenderten Selbstverständnis sind daher immer auch konstituiert durch die Gewaltstruktur Genderismus.

In der Übernahme gegenderter Selbstvorstellungen re_produzieren Menschen somit immer auch in der einen oder anderen Form Genderismus. Dies kann auch dazu führen, sich als nicht handlungsmächtig zu erleben: sich als ausgeliefert an eine Genderrolle zu erleben und die eigene Unterordnung kleinzureden, wegzureden, zu beschweigen, zu ignorieren, als persönliche Entscheidung zu argumentieren, schönzureden, sich als Opfer zu fühlen und vieles mehr.

Exit Gender mit den Strategien Genderismus einerseits zu benennen und andererseits Genderungen nicht kontinuierlich fortzuführen, mag zunächst ungewöhnlich erscheinen. Viele andere genderismuskritische und feministische Politiken wählen den Ansatz, genderistische Strukturen nicht durch Exgenderungen von Personen zu verändern. Stattdessen wird häufig versucht, Genderismus entgegenzuwirken – über eine Ausdifferenzierung von Genderungen und einer Kritik an hierarchisierenden Bewertungen und konkreten gewaltvollen Wirkungen. So ist es häufig der Fall, dass Sexismus beispielsweise weiter ausdifferenziert wird in Heterosexismus und auf Reproduktion fokussierten Sexismus. Dies ist in vielen Fällen eine sinnvolle diskriminierungskritische Politik. Diese explizite und vor allem differenzierte Ansprache von Genderismus ist auch ein wichtiger Teil von Exit Gender. Die Beibehaltung von Gender als unhinterfragter Bezugsrahmen führt aber gleichzeitig zu seiner Verfestigung und Naturalisierung.

Es ist eine weit verbreitete feministische Strategie, die Zugehörigkeit zur Kategorie ›Frau‹ zur Grundlage antisexistischer Politiken zu machen. Diese Strategie realisiert sich unter anderem in Gründungen von Sport- und Freizeitgruppen, zu denen nur als Frauen eingelesene Menschen zugelassen werden. Oder die Strategie realisiert sich in Debatten darüber, ob Trans*personen an feministischen Veranstaltungen teilnehmen dürfen oder auch in der Etablierung von Gender Mainstreaming- und Quotenregelungen, über die die Gleichstellung von Frauen gegenüber Männern durchgesetzt werden soll.

Eine unserer Grundthesen ist, dass solange Individuen gegendert werden – solange also immer wieder die Idee einer Kategorisierbarkeit von Menschen nach Gender re_produziert wird – solange werden auch immer wieder die Logiken von Gender als Wahrnehmungs- und Bezugssystem re_produziert.

Leben mit Genderismus als Gewaltstruktur

Wenn Genderismus eine Gewaltstruktur ist – was hat das mit dem konkreten Leben und Erleben von Menschen zu tun? Was kannst du als Individuum überhaupt machen, wenn die Strukturen, die Gewalt verstetigen, so groß und nachhaltig sind?

Zu versuchen, Genderismus zu überwinden über die Strategie Menschen nicht zu gendern, ist auf einer konkreten, praktischen Ebene nicht immer einfach.

Diskriminierungsstrukturen bestimmen und prägen, wie die Gesellschaft sich gestaltet und wie Handlungsspielräume und Chancen von Menschen in der Gesellschaft konkret aussehen. Individuen sind nachhaltig geprägt von Diskriminierungsstrukturen – in ihren Selbstwahrnehmungen, in den Vorstellungen und Einlesungen von anderen und von Welt.

Menschen handeln also in und durch Diskriminierungsstrukturen und sind nicht von diesen losgelöst. Oftmals wird daraus abgeleitet, dass über die bedeutungsmäßige Veränderung von in sich stabilen Genderzuschreibungen an Individuen Genderismus überwunden werden kann. Mit Exit Gender aber können wir deutlich machen, dass über das Gendern von Individuen genderistische Diskriminierungsstrukturen oft sogar grundlegend verfestigt werden.

Menschen leben in genderistischen Strukturen, und genderistische Strukturen üben Einfluss auf menschliches Handeln aus. Der Ansatzpunkt für Exit Gender ist: Menschen haben dennoch die Möglichkeit, diese Strukturen zu reflektieren, sich politisch von ihnen zu distanzieren, sich an den Rändern der Strukturen kritisch zu bewegen und an diesen kleinen Orten Entscheidungen zu treffen. Ein System bleibt nur aufrechterhalten, wenn es durch die jeweils individuellen Handlungen als solches anerkannt und weiter getragen wird. Systeme sind nicht über Nacht und komplett auswechselbar – sie sind über die Zeit geschaffen aus den sozialen Entscheidungen von Individuen und machtvollen Gruppen. Genauso können sie sich auch wieder Schritt für Schritt verändern. Diese sozial wichtigen, diskriminierungskritischen Veränderungen beginnen bei widerständigen Gruppen und Individuen. Sie beginnen damit, dass Menschen sich die Konstruiertheit sozialer Normen bewusst machen und versuchen, ihr Handeln, Wahrnehmen und Bewerten immer stärker davon zu lösen. Genderistische Strukturen werden sich nicht plötzlich und von selbst in Luft auflösen und verschwinden. Doch können sie im Handeln einer jeden einzelnen Person hinterfragt, nicht hingenommen und somit nicht länger bestätigt werden. Dies geschieht, wenn Menschen den Versuch wagen, zwischen individuellem Handlungsvermögen und dem eigenen Ausgeliefertsein an Machtstrukturen zu trennen.

Im Nachfolgenden argumentieren wir ausführlicher

- warum eine Unterscheidung von Individuen und Strukturen für eine grundlegende Destabilisierung genderistischer Diskriminierungsstrukturen wichtig ist;

- wodurch diese Differenzierung aktuell gesellschaftlich immer wieder verhindert wird. In diesem Kontext thematisieren wir Individualisierungen und Verinnerlichungen von Diskriminierungsstrukturen;
- welche potentiellen Herausforderungen und Ambivalenzen sich aus Differenzierungen von Individuen und Strukturen ergeben können. Denn dass Individuen nicht selbst Diskriminierungsstrukturen sind, bedeutet nicht, dass Machtstrukturen nicht häufig über Individuen und das individuell verinnerlichte Erleben und Umsetzen von Machtstrukturen ausagiert werden.

Individuen und Gewaltstrukturen unterscheiden lernen

Während ich auf der Straße entlang eile, um den Bus noch zu kriegen, gibt es einen von mir nicht geplanten oder gewollten Körperkontakt mit einer anderen, mir unbekannten Person. Ich denke spontan: »Das war Anrempeln, und das ist eine Ausübung männlicher Macht und ein genderistischer Akt, ich als Queerfeminist*in merke das sofort.« Was ist queerfeminis*tisch daran, das vermeintliche Handeln einer Person primär über eine visuelle und spontane Genderfremdzuschreibung zu definieren? Wie würde ich es interpretieren, wäre ich

von einer Person in Eile angerempelt worden, die ich als Frau oder gender-nonbinär einlese? Wie könnte ich in einer solchen Situation Beobachtung von Interpretation trennen und mir dadurch neue eigene Handlungsräume eröffnen?
Ein anderes Beispiel: Ich ziehe kein Kleid an, weil ich finde »das machen außer mir nur Frauen«. Was ist das ›weibliche‹ an bestimmten Kleidungsstücken? Was denke ich, wäre umgekehrt ›Männerkleidung‹?

Unserem Verständnis nach ist es unmöglich, diskriminierende Konzeptualisierungen von Menschen(gruppen) zu überwinden, während gleichzeitig in der Logik dieser Konzepte verblieben wird. Diskriminierungsstrukturen manifestieren Genderlogiken. Die Diskriminierung kann nicht umfassend aus diesen Logiken heraus bekämpft werden, ohne sie zu wiederholen und zu verfestigen.

Eine komplette Auflösung von Gewaltstrukturen erfordert eine nachhaltige Destabilisierung von Genderismus. Es ist nicht möglich, Rassismus nachhaltig zu bekämpfen, solange davon ausgegangen wird, dass es ›Menschenrassen‹ gäbe. Es ist nicht möglich, gesellschaftliche BeHinderungen zu bekämpfen, solange davon ausgegangen wird, dass Menschen aus sich heraus be_hindert wären – und nicht durch gesellschaftliche Normen, Werte, Vorstellungen und eingeschränkte Möglichkeiten beHindert werden. Und es ist nicht möglich, Genderismus zu bekämpfen, solange davon ausgegangen wird, Menschen *seien* ein Gender oder *hätten* ein Gender als ganz natürlichen und grundlegenden Bestandteil ihres Seins.

Konzepte und Politiken wie Gender Mainstreaming oder Geschlechtergerechtigkeit basieren darauf, dass es Frauen und Männer (und vielleicht zukünftig auch noch eine weitere diverse Kategorie von Menschen) gibt. Gleichstellung, Mainstreaming und Gerechtigkeit seien erreicht, wenn diese vordefinierten Gruppen jeweils die gleichen Rechte und Möglichkeiten gesellschaftlich haben oder bekommen – oder in ihrer gegenderten Spezifik so wahrgenommen werden, dass sie spezielle Rechte eingeräumt bekommen, die wiederum ihre Gleichstellung ermöglichen: Wenn also zum Beispiel Schwangerschaft auf Weiblichkeit enggeführt wird, was wir als Reprogenderung bezeichnen, und schwangere Frauen spezifische Arbeits- und Versorgungsrechte bekommen, um sie finanziell mit den (nicht schwangeren oder schwanger werden könnenden) Männern gleichzustellen.

In diesen Politiken werden Gender als Eigenschaften oder Sortierungen von Menschen vernaturalisiert. Jegliche Politik, die diese Differenzen also aufrechterhält, verstärkt diese Differenzen zugleich und verunmöglicht es wahrnehmbar zu machen, dass damit eine grundlegende Ebene der Zementierung von Genderverhältnissen aufrechterhalten bleibt und wird. Solange die Kategorien ›Mann‹ und ›Frau‹ Gültigkeit haben, die Begriffe ihre Selbstverständlichkeit haben, solange wird es auch die mit diesen Begriffen konnotierten Vorstellungen von Unterschieden geben, auch wenn diese räumlich und zeitlich variabel sind.

Grundlegend für Gleichstellungspolitiken ist also nicht die Kritik an genderistischen Strukturen – also Kritik an der strukturellen Herstellung, Definition und Verfestigung von Genderkategorien – sondern deren Förderung. Unterschiede erst zu bestätigen und vorauszusetzen, um sie dann in einem nächsten Schritt als gleichwertig anzuerkennen, rechtlich und finanziell auszugleichen, positiv zu bewerten, ist eine Form von Gleichstellungspolitik, die die Konstruktion der Kategorie Gender re_produziert – und damit auf einer grundlegenden Ebene Genderismus fast unhinterfragbar weiter manifestiert.

Setzt die Kritik dagegen an einer strukturellen Ebene an, kann der Umweg über Personen und damit auch der Umweg über essentialisierende gegenderte Zuschreibungen auf Individuen sein gelassen werden. Der Fokus kann darauf gerichtet werden, wo, wie und warum Menschen kontinuierlich gegendert und darüber diskriminiert oder privilegiert werden.

Ein Fokus auf Gewaltstrukturen eröffnet Raum für Fragen danach, welche gesellschaftlichen Funktionen Genderrollen, -zuschreibungen und die Naturalisierung von Gender als Kategorie erfüllen – wie über Gender Menschen unterdrückt werden und umgekehrt Unterdrückungen durch Genderungen legitimiert werden.

Noch mal zurück zu den Beispielen zu Beginn dieses Abschnitts:
Was wäre also, wenn du deine Kleidung danach wählst, welche Bedürfnisse du gerade hast, wenn du dich anziehst? Willst du unauffällig sein, gemocht werden, dich bequem fühlen – und passt deine Kleidungswahl dazu – ganz unabhängig davon, was andere Menschen kleidungstechnisch machen oder dazu denken? Welche

Normen und Vorstellungen von Ästhetik und Aussehen hast du vielleicht verinnerlicht und kannst du dir bewusst machen in einem Nachdenken über deine Bedürfnisse? Was macht es mit dir, deinem Wahrnehmen eigener Handlungsfähigkeit und deinem Einlesen von anderen, wenn du versuchst, die Situation des ungeplanten Körperkontakts mit einer anderen Person vom Beginn dieses Abschnitts zunächst beobachtend zu beschreiben? Ohne sie zugleich – durch Genderungen, Rassifizierungen und andere strukturelle Einlesungen von dir selbst und anderen – zu interpretieren und zu bewerten? Ohne also direkt kausale diskriminierende Erklärungsmodelle aufzustellen und anzubieten? Wie ändert sich dein Blick auf dich, dein Handlungsvermögen, auf Situationen und auf das Handlungsvermögen von anderen?

Durch Individualisierungen und Verinnerlichungen von Gewalt werden Diskriminierungsstrukturen unkenntlich gemacht

Warum erscheint es in der Regel so viel naheliegender, Gewalt als individuelle Handlung wahrzunehmen, statt sie an sozialen Strukturen festzumachen oder sie als Struktur der Gesellschaft zu verstehen, die das Handeln aller prägt? Wie können Perspektiven erschlossen werden, die Gewalt in ihren komplexen gesellschaftlichen Zusammenhängen wahrnehmbar macht?

Das Verhältnis von Individuum zu Gesellschaft ist vielschichtig und nicht einfach zu beschreiben. Hinzu kommt, dass die öffentliche Verhandlung davon, was Gewalt ist, wie sie ausgeübt wird und geahndet werden sollte, stark abweicht von dem, wie wir in diesem Buch Gewalt als soziale Struktur begreifen. Wir verstehen Gewalt vor allem als eine gesellschaftliche Struktur. Strukturelle Gewalt ist in verschiedenen Weisen verknüpft mit individuellem (Er)Leben: Menschen agieren im Rahmen von Gewaltstrukturen, haben gewaltvolle Vorstellungen über ›richtiges‹ und ›angemessenes‹ Handeln verinnerlicht und üben darüber, ohne es bewusst zu wollen, genderistische, rassistische und beHindernde Diskriminierungen aus. Und_oder sie werden, ohne dass andere dies unbedingt wollen, genderistisch, rassistisch und beHindernd diskriminiert. Menschen haben strukturelle Gewalt verinnerlicht – sowohl Personen, die Gewalt ausüben, als auch Menschen, die Gewalt erleben und erfahren. Häufig ist beides auch gleichzeitig der Fall, da Personen oft teilprivilegiert und_oder teildiskriminiert sind, sich selbst auch Gewalt antun oder erlebte Gewalt nicht als Gewalt wahrnehmen und benennen als Teil eines verinnerlichten Selbstverständnisses (vgl. Hornscheidt 2012). Die Vorstellung, Menschen seien grundsätzlich entweder diskriminiert oder privilegiert, verfestigt ebenso wie Zweigenderung ein binäres Menschenbild, in dem die eine Variante die andere ausschließt. Zudem bedient diese Vorstellung die Annahme, Diskriminierungen und Privilegierungen seien so etwas wie Eigenschaften von Menschen, die konstant blieben, unabhängig von unterschiedlichen Einlese- und Handlungskontexten. Doch sind Diskriminierungsstrukturen komplex, weswegen auch Positionierungen von Individuen zu Diskriminierungsstrukturen komplex sind. Personen, die als Cis-Frauen hergestellt werden, sind diskriminiert in einem Kontext, in dem sie gegenüber Personen, die als Cis-Männer hergestellt sind, benachteiligt werden. Dies kann der Fall sein, weil die privilegierten Cis-Männer höhere Löhne erhalten oder höhere Positionen besetzen. In ein und derselben Situation können die solchermaßen strukturell diskriminierten Cis-Frauen aber auch als privilegiert verstanden werden gegenüber trans* Personen, die in Debatten um ungleiche Löhne meistens noch nicht einmal vorkommen und deren ökonomische Benachteiligung also in diesen Kontexten überhaupt nicht wahrgenommen wird. Was wäre, wenn in diesem Beispiel Löhne individuell beurteilt würden? Dann würden genderistische Diskriminierungsstrukturen entwahrgenommen. Was wäre, wenn die Löhne von Personen nach Klassenherkunft beurteilt würden, nach rassifizierenden Zuordnungen, nach Alter, nach BeHindert-Werden? Welche anderen relevanten Diskriminierungsstrukturen würden sich aus einer solchen Aufstellung ergeben, die so vielleicht zu einer interdependenteren Vorstellung von Gewaltstrukturen beitragen könnten? Was wäre, wenn Personen dazu befragt würden, ob sie ihre Löhne für angemessen für ihre Tätigkeiten halten, wie sie ihre eigenen Leistungen und Eignungen einlesen in Bezug auf den Job und welche Rolle Lohnzahlungen für ihr Identifizieren und Wohlsein mit der Arbeit und in ihrem Leben spielen? Welche Diskriminierungsdimensionen könnten sich dadurch herauskristallisieren, die jenseits davon liegen, ob Personen den angemessenen gleichen Lohn für die gleiche Arbeit bekommen oder nicht? Gewalt drückt sich nicht notwendigerweise in klaren Schuld- und Verantwortungszuschreibungen für eine Situation aus und auch nicht in individuell nachvollziehbaren Formen von Benachteiligung. Oft kommt Gewalt auch darin zum Ausdruck, dass Unterdrückung und Benachteiligung überhaupt nicht als solche wahrgenommen werden und als solche benennbar wären. Bezogen auf die Zweigenderverteilung von Professuren gibt es regelmäßige Berichtspflichten der Hochschulen und institutionalisierte Maßnahmen, um die Quote der Frauen zu erhöhen. Schon nicht mal wahrgenommen wird, dass Klassismus hier – also die Bildungsherkunft – ein noch viel stärkerer struktureller Ausschluss ist als Zweigenderismus.

Was würde es bedeuten, wenn die Genderung von Arbeitsbereichen und Lohnunterschiede betrachtet würden als ein Feld, auf dem immer wieder neu strukturelle Unterschiede in Menschen eingeschrieben werden – als ihre Werte, Präferenzen, Selbstbilder, Pflichtgefühle, Selbstverständlichkeiten – wenn also über Lohnunterschiede und Jobentscheidungen nicht nur Gender-Differenzen hergestellt werden, sondern Gender überhaupt als maßgebliche Größe?

Wir plädieren hier dafür, die Fragen und damit Perspektiven auf bestimmte Phänomene wie Lohnunterschiede zu verändern.

Verinnerlichungen struktureller Gewalt

Du nimmst wahrscheinlich, wie die meisten Menschen, die Gewalt, die du ausübst oder die auf dich ausgeübt wird, oft nicht wahr. Dies liegt auch daran, dass Gewalt häufig so stark normalisiert ist und_oder so weh tut, dass du sie, wenn möglich, ignorierst. Es passt wahrscheinlich auch besser zu deinem Selbstbild, nicht Opfer von

Gewalt zu sein und gleichzeitig aber auch nicht verantwortlich für die Gewalt in der Welt zu sein. Um dich nicht selbst als gewaltvoll handelnd zu erleben, redest du die Gewalt vielleicht klein, ignorierst sie, richtest dich in ihr ein, weil du sie sowieso nicht veränderbar findest und viele ähnliche Selbstäußerungen mehr.

Strukturelle Gewalt zu ignorieren kann für dich, wenn du diskriminiert wirst, eine Form sein, um zu überleben. Es kann für dich ein individueller Widerstand sein. Strukturelle Gewalt zu ignorieren, ist sowohl für Diskriminierte wie auch Privilegierte häufig auch deshalb naheliegend, weil Gewalt gesellschaftlich individualisiert wird. Dies spiegelt sich darin und verstärkt sich maßgeblich dadurch, dass in westlichen Gesellschaften primär Individuen für Gewaltausübungen verantwortlich gemacht und zur Rechenschaft gezogen werden können. Aus diesem Rechtssystem entsteht auch das Gefühl individueller Schuld und Unrechtmäßigkeit. Die Wahrnehmung von Strukturen als problematisch und gewaltvoll ist so außerhalb des Fokus. Es sind aber gerade die Strukturen wie Staaten oder Behörden, die getragen sind durch strukturelle Gewalt. Ganz schlicht auf den Punkt gebracht: Ohne eine genderistische, rassistische und klassistische Arbeits-, Macht- und Geldaufteilung, wie sie noch immer vorherrschend ist, würde der Staat nicht in der Weise funktionieren, wie er es gerade tut. Der ungebrochene Reichtum und die große ökonomische und Meinungsmacht einiger weniger basiert auf einer staatlichen Struktur, die die Ungleichbehandlung anhand der Kategorisierungen Gender, Rassifizierung/Migratisierung/Staatsangehörigkeit, Klasse, Alter und BeHinderung als Basis hat. Staaten werden von den Personen, die Staatsangehörige sind, in der Regel als ›neutral‹, ›gut‹, ›sicher‹ und ›richtig‹ aufgefasst. Individuen, die öffentlich hochstehende politische und wirtschaftliche Ämter einnehmen, sind in den meisten Fällen nicht persönlich haft- oder strafbar, wie beispielsweise Bundestagsabgeordnete, Personen, die Aktien von Unternehmen besitzen und Diplomat*innen – oder sie können sich freikaufen von Verantwortungen. Diese Menschen sind im Gegensatz zu denjenigen, die nicht zu der kleinen Machtelite gehören, nicht mehr Individuen, die dann auch für ihr eigenes Handeln im Rahmen staatlicher oder unternehmerischer Strukturen verantwortlich gemacht werden können. Sie ›bekleiden‹ stattdessen eine öffentliche Rolle und haben eine staatliche Funktion: Sie repräsentieren ›lediglich‹ den Staat – der Staat ist der Rahmen, in dem ›Recht‹ stattfindet und gesprochen wird und damit selbst nicht haftbar ist. Welche Personen als Individuen aufgefasst werden und individuell haftbar, also verantwortlich sind für ihr Tun, hängt also eng mit Machtpositionen zusammen.

Die Wahrnehmung von Gewalt als ein absichtliches und individuelles Handeln vieler Menschen, die eine gewisse politische, juristische oder ökonomische Macht haben, steht in einem engen Bezug zur normalisierenden und Gewalt wegnennenden, verharmlosenden Verinnerlichung von Gewaltstrukturen durch die eher ökonomisch abhängigen und machtloseren Menschen. Strukturelle Gewalt ist so stark normalisiert, dass ökonomisch abhängige Menschen sie als neutralen, ›ist-einfach-so‹- oder ›so bin ich nun mal‹-Teil von sich selbst empfinden. Dies kann in Bezug auf zweigendernden Genderismus bedeuten: Frauen in gewaltvollen heterosexuellen Beziehungen verstehen sich allenfalls als Opfer von männlicher Gewalt, gegen die sie nichts machen können, da »Männer nun mal so sind«, »Männer sich nicht anders ausdrücken können«, »Männer nicht verbal kommunizieren können« und ähnlichen pauschalisierenden Allgemeinsätzen und -einstellungen. Sie würden viel, was sie von ihren Partnern erleben, wie sexistische Ansprachen, Einfordern ›ehelicher Pflichten‹, Anbrüllen, Türen schlagen..., zudem auch nicht als Gewalt bezeichnen. Häufig spielen sie die direkte, im zwischenmenschlichen Nahbeziehungskontakt erlebte Gewalt herunter, erklären sie als »normales männliches Verhalten« und verharmlosen damit die Gewalt, der sie kontinuierlich ausgesetzt sind. Sie ent_schuldigen auf diese Weise Ausübungen genderistischer Gewalt. Sie zementieren so gleichzeitig ihre eigenen Rollen, hilflose und ausgelieferte Opfer zu sein. Oder sie spielen die sich hier im zwischenmenschlichen

Kontakt zeigende Gewalt herunter, indem sie sie nicht so schlimm, nicht so wichtig finden. In dieser Weise wird die Gewalt verharmlost, entindividualisiert und als ein unveränderbarer Zustand angesehen und bestätigt. Hier gibt es also so etwas wie ein Bewusstsein einer Struktur, das dazu führt, nicht zu Gewalt hinzuschauen oder das Gefühl zu haben, nichts machen zu können, da die Struktur zugleich ein unablösbarer Teil der eigenen Lebenswahl und -realität ist. Auf diese Weise re_produzieren Diskriminierte häufig ihre eigene Gewaltausgesetztheit.

Wir kennen das, wenn wir mit zweigendernden Pronomen und Substantiven benannt werden und es nicht zum Thema machen, sondern so tun, als hätten wir es nicht wahrgenommen – weil es uns selbst peinlich ist, dass wir schon wieder etwas sagen müssten, auffällig werden müssten. Wir sagen uns dann häufig selbst, dass es nicht so wichtig sei, hören drüber hinweg.

Gewalt wird so zu einem normalisierten Teil von Genderrollen, ohne dass es unbedingt und pauschalisierend von den Betroffenen so benannt würde. Wenn es benannt ist, wird die Gewalt in Genderrollen begründet: »Ich hab nun mal Angst allein und vor allem nachts draußen, das ist so als Frau.« »Ich muss die Wut manchmal rauslassen, dann schreie ich eben. Das machen alle Männer so.« »Ich mag einfach nicht so gerne in eine Sauna/Schwimmbad/Sportgruppe gehen und ich dusche sowieso am liebsten zu Hause.« (als trans* Person geäußert) In diesen Beispielen wird das Verhalten nicht als Teil der Herstellung von Genderrollen gesehen, sondern über Gender begründet. Auf diese Weise wird die eigene Handlungsfähigkeit eingeschränkt und die Verantwortung für das eigene Verhalten wegerklärt und unveränderbaren Strukturen zugeschrieben.

Sara Ahmed formuliert dies wie folgt: »Fear of ›the world‹ as the scene of a future injury works as a form of violence in the present, which shrinks bodies in a state of afraidness, a shrinkage which may involve a refusal to leave the enclosed spaces of home, or a refusal to inhabit what is outside in ways that anticipate injury (walking alone, walking at night and so on). Such feelings of vulnerability and fear hence shape woman's bodies as well as how those bodies inhabit space. Vulnerability is not an inherent characteristic of woman's bodies; rather, it is an effect that works to secure femininity as a delimitation of movement in the public, and over-inhabitance in the private. In this way, fear works to align bodily and social space: it works to enable some bodies to inhabit and move in public space through restricting the mobility of other bodies to spaces that are enclosed or contained. Spaces extend the mobility of some bodies; their freedom to move shapes the surface of spaces, whilst spaces surface as spaces through the mobility of such bodies. It is the regulation of bodies in space through the uneven distribution of fear which allows spaces to become territories, claimed as rights by some bodies and not others. We can see this process at work in the heterosexualisation of space, as well as the racialisation of space. It is no accident that in political rhetoric, freedom and fear are increasingly opposed: the new freedom is posited as the freedom from fear, and as the freedom to move. But which bodies are granted such freedom to move? And which bodies become read as the origin of fear and as threatening ›our‹ freedom?« (2004, 70)

Äußerungen und Gedanken, die die Gewaltstruktur zum Fokus haben, wären dann: »Ich finde es unfassbar, dass die Gesellschaft bis heute so organisiert ist, dass Personen, die durch Genderismus diskriminiert werden, eher nahegelegt wird, Angst zu haben, als sich frei bewegen zu können – und dass die Gesellschaft das immer weiter so zementiert.« »Wenn ich darüber nachdenke, was ich als genderistisch privilegierte Person als ›Gefühlsausdruck‹ bei Wut gelernt habe, wird mir selbst ganz schlecht – denn zu schreien ist so gar nicht respektvoll und ich will mit daran arbeiten, dass dies auch nicht weiterhin für Cis-Männer in der Gesellschaft normalisiert wird.« »Es ist so grundlegend diskriminierend, dass es schon nicht mal ein allgemeines Problembewusstsein dafür gibt, dass alle öffentlichen Räume, die Nacktheit erfordern, unglaublich gewaltvoll genderistisch sind. Ich liebe es in die Sauna zu gehen und es ist nicht hinnehmbar und normal für mich, wie ignorant Städte, Gemeinden, Länder und Individuen damit sind!«

Die Individualisierung und die Verinnerlichung von struktureller Gewalt stehen in einem beständigen wechselseitigen Kreislauf. Auf der einen Seite werden die strukturellen Aspekte von Gewalt unkenntlich gemacht und auf individuelles Verhalten reduziert. Auf der anderen Seite wird eine eigene individuelle Handlungsfähigkeit geleugnet und stattdessen die Idee vertreten, Strukturen und sozialen Rollen quasi ausgeliefert zu sein und nichts machen zu können.

Mit Exit Gender fordern wir dieses Wechselverhältnis auf ungewohnte Weise heraus. Exit Gender versucht, den Kreislauf der Verinnerlichung und Individualisierung von Gewalt in mehrfacher Hinsicht zu analysieren und aufzubrechen. Wir versuchen, auf Individuen enggeführte Vorstellungen von Gewalt in einen größeren gesellschaftlichen Zusammenhang zu setzen. Es dreht sich nicht länger nur um einzelne spezifische Personen als Tät*erinnen, die andere anschreien oder schlagen, wie es das Rechtssystem und das dadurch abgeleitete allgemeine Gerechtigkeitsempfinden nahelegt. Es dreht sich nicht länger nur um die konkreten Personen, die sich schlagen und anschreien, von anderen schlecht reden und trotzdem jahrelang in der Nahbeziehung bleiben. Es dreht sich auch nicht länger um eine spezifische Person, die eine andere gewaltvoll und pauschal einer sozialen Gruppe zuordnet. Stattdessen wird eine übergeordnete Ebene eröffnet, wie Normen der Wahrnehmbar- und Verstehbarkeit von Gewalt eine Rolle spielen, und wie sie sich in gesellschaftlichen Diskursen, wie in Rechts- und anderen wissenschaftlichen und medialen Diskursen, festschreiben. Gleichzeitig bedeutet dies auf einer zweiten Ebene, dass sich diese Normen so stark in Menschen verinnerlichen, dass diese sie dann als handlungsleitend und als ihre eigenen Anschauungen und Wünsche wahrnehmen.

Die Rolle von Recht und Rechtsempfinden in der Gesellschaft

Wie wir schon mehrfach angesprochen haben, spielt das Recht und das Rechtssystem hier eine maßgebliche

Rolle. In und durch Gesetze und Rechtssprechung wird die Wahrnehmung von Gewalt als absichtliches individuelles Handeln maßgeblich unterstützt und geprägt: das Rechtssystem macht Gewalt strafbar, wenn ein Individuum nachweislich Gewalt ausübt. Dadurch werden strukturelle Momente – die Anteilhaftigkeit von allen Personen innerhalb der Gesellschaft an gewaltvollen Regimen – ausgeblendet und so nicht wahrnehmbar gemacht. Auf diese Weise wird auch in medialen Diskursen häufig das strukturelle Moment von Gewalt unterschätzt oder gar nicht beachtet. Gleichzeitig besitzt das Rechtssystem mit einer entsprechenden Engführung von Gewaltverständnissen eine maßgebliche Rolle für öffentliche und allgemeine Vorstellungen in der Gesellschaft dazu, was eine Handlung sei, was strafbar sein sollte, was ›gut‹ und was ›richtig‹ ist. Hier verstärken sich also die Vorstellungen zu Recht und ›richtig‹, zu Individuen, Gesellschaft und Handlungsfähigkeit kontinuierlich gegenseitig.

Ein Beispiel: Kriminalität wird momentan in bestimmten Medien häufig aus privilegierter Perspektive pauschal Geflüchteten zugeschrieben. Dies ist rassistisch – es wird pauschal einer nur durch ein Merkmal – Flucht – hergestellten Gruppe ein negatives Verhalten unterstellt. Auf diese Weise wird zudem enggeführt, was unter Kriminalität verstanden wird – und zwar das strafbare Verhalten von Individuen auf der Ebene von Eigentumsdelikten, körperlicher (mitunter genderistischer) Gewalt und Betrug. Was unter Kriminalität genau verstanden wird, wird in diesen Kontexten ebenso wenig thematisiert wie die gesellschaftlichen Strukturen, die bestimmtes Verhalten ermöglichen und anderes verunmöglichen. Sind Hedgefondsman*agerinnen und Banken kriminell? Ist das Anwenden von Pestiziden in der Landwirtschaft mit staatlicher Unterstützung sowie Genveränderungen an Pflanzen mit dem Wissen um die Auswirkungen auf Meereslebewesen, Insekten, Arbeit*erinnen auf dem Feld und den sich daraus ableitenden hohen Krebsraten bei Menschen kriminell? Ist die staatliche Unterstützung der Autoindustrie mit dem Wissen um die immensen Umweltbelastungen und tödlichen Schadstoffausstöße, die durch Autos entstehen, kriminell? Ist die Ignoranz gegenüber der immensen Größe genderistischer ›häuslicher‹ Gewalt kriminell, die sich auch darin niederschlägt, dass es ganz normal ist, dass es Frauenhäuser und Frauennottelefone geben muss? Ist das staatlich durchgesetzte Fehlen von Tempolimits auf deutschen Autobahnen kriminell, auch wenn dies nachweisbar zu mehr tödlichen Unfällen führt? Sind Abschiebungen von Jugendlichen und Personen in Krisengebiete, zu denen es Reisewarnungen des Auswärtigen Amtes für ›Einheimische‹ gibt, kriminell? Sind Staatsgrenzen kriminell, wenn sie die freie Bewegung von Menschen verhindern, nicht aber die von Waren? Ist die staatliche Unterstützung der

Fleischindustrie kriminell, weil durch die Fleischindustrie nicht nur der CO2-Ausstoß kontinuierlich vermehrt wird, sondern dies auch dazu beiträgt, dass nicht alle Menschen genug zu essen haben können? Ist die Idee, dass Frauen und Männer zwei gleichgestellte Kategorien sein könnten kriminell, weil dadurch zentrale Ebenen von Genderismus als natürlich und unveränderbar erklärt werden?

Zu allen diesen Fragen gibt es unterschiedliche individuelle Standpunkte aber die klare staatlich-rechtliche Einordnung, dass dies alles nicht kriminell sei. Aus anderen Perspektiven, Werteempfindungen und Weltverständnissen heraus, könnten all diese Beispiele als kriminell verstanden werden. Was also als kriminell eingelesen wird und gesellschaftlich geahndet und verurteilt wird, kann durchaus auf Individuen und ganze Gesellschaften macht- und gewaltvolle Auswirkungen haben. Das zeigt sich auch darin, dass strukturelle Gewalt häufig so umfassend und verselbstständigt ist, dass sie nicht als solche wahrgenommen wird. Es werden stattdessen individuelle Handlungen wahrgenommen und diese den individuellen Wünschen und Absichten einzelner Personen zugeschrieben. Zudem wird konkretes situatives Verhalten entkontextualisiert und nicht als Teil einer langen Geschichte von Zuschreibungen, Erniedrigungen und Bedürfnissen verstanden. Es ist also sehr viel schwieriger, strukturelle Gewalt zu erkennen und einzelne Handlungen in größere Kontexte einzuordnen und so komplexer und vielschichtiger wahrzunehmen. Das Verhältnis von Individuum zu sozialer Struktur und Gesellschaft ist dabei immer auch ein vielschichtiges und kompliziertes.

Menschen handeln individuell, sind dabei aber grundlegend durch gesellschaftliche Strukturen geprägt. Strukturelle Prägungen sind Menschen nur in Ansätzen und einzelnen Momenten bewusst – sie bilden das Gerüst des eigenen Seins. Wenn ein Individuum diskriminierend handelt, so ist dies auch genährt und häufig getragen von gesellschaftlichen Normalitätsvorstellungen und Bewertungen, die dies nicht unbedingt als Diskriminierung und Gewalt begreifen.

Denke darüber nach und schreibe auf, was du erinnerst: Welches Gender ist dir zugeschrieben worden bei Geburt? Gab es Schulfächer, unterschiedlich gegenderte Tätigkeits- und Handlungsfelder in Kita und Schule, unterschiedliche Behandlungen von dir, deinen Geschwistern und weiteren Personen, denen ein anderes Gender zugeschrieben worden ist, in Bezug auf Helfen im Haushalt, Freizeitaktivitäten, Vorlieben für bestimmte Fernsehsendungen, Kinderbücher? Denke darüber nach, inwiefern diese Prägungen und Sozialisierungen vielleicht Vorlieben, Interessen, Kompetenzen hervorgebracht haben und gegendert worden sind.

Welche Rolle spielt, wo du geboren und welche Erstsprache du hast?

Schreibe dazu gerne etwas auf, diskutiere es mit anderen und vergleicht eure Beobachtungen miteinander.

Im individuellen Handeln realisiert sich auch die Gewaltstruktur der Gesellschaft:

- das Wegerklären genderistischer Übergriffe und die zahlreichen Möglichkeiten, ohne gesellschaftliche Sanktionen genderistisch zu alltagshandeln: Wie kann es sein, dass es noch immer genderistische Witze, genderistische Werbung und öffentliches Herunterspielen von weiblichen und trans* Personen gibt?
- das Kleinreden rassistischer Ansprachen und die gesellschaftlich getragene Möglichkeit rassistische Gewalt als Meinungsfreiheit wahrzunehmen
- das Ignorieren beHindernder Gewalt des öffentlichen Raums und das Hinnehmen dessen

Trotz dieser grundlegenden Allgegenwärtigkeit von Gewalt, und das ist ein wichtiger Ansatz dieses Buches, hast du als Individuum, egal wie du positioniert bist, immer auch die Möglichkeit neu und anders, das heißt in diesem Fall diskriminierungskritisch zu handeln. Exit Gender versucht also eine Gratwanderung: Zwischen dem Wahrnehmen von durch die Gesellschaft konstituierten und bestimmten individuellen Positionen sowie der individuellen diskriminierungskritischen Handlungsmöglichkeit.

Strukturelle Diskriminierungen äußern sich ganz zentral auch durch eine Verinnerlichung diskriminierender Zuschreibungen von den so Diskriminierten. Auf Seiten der Privilegierten äußert sich strukturelle Diskriminierung durch die Möglichkeit, strukturelle Gewalt nicht wahrzunehmen und sich primär als Individuum zu verstehen, das eigene Verhalten und die eigenen Lebensoptionen als normal und allgemeingültig anzusehen.

Ambivalenzen, die aus Differenzierungen von Strukturen und Individuen resultieren können

Exit Gender beschäftigt sich mit den Effekten von Genderismus und macht dies zum Startpunkt von exgenderndem Handeln. Dies ist einer der zentralen Unterschiede von Exit Gender gegenüber Post-Diskriminierungs-Debatten. Diese argumentieren, die Kategorien Gender oder race hätten heutzutage in westlichen Kontexten kein Thema mehr zu sein, weil Genderismus und Rassismus überwunden seien und es keine Diskriminierung mehr gäbe.

Im Gegensatz dazu haben wir mit diesem Buch nicht den Ansatz, Menschen nicht zu gendern, weil Genderismus überwunden sei. Wir gendern Menschen nicht, um Genderismus in all seinen aktuellen massiven Ausformungen nicht weiter zu tradieren, sondern zu destabilisieren. Exit Gender ist keine Legitimation, um Genderismus zu ignorieren.

Genausowenig – und dies ist uns hier ebenfalls wichtig zu betonen – soll Exit Gender kein Appell sein, potentielle persönliche Gefährdungen, die aus genderistischen Strukturen resultieren, nicht mehr ernst zu nehmen. Es ist wichtig, das Verhalten von sich selbst und anderen im Rahmen genderistischer Strukturen wahrzunehmen und, wenn notwendig, so auf der Ebene der Struktur zu benennen – ohne damit die Möglichkeit zu verschließen, dass alle Menschen sich diskriminierungskritisch, respektvoll und achtsam verhalten könnten.

Menschen handeln individuell, doch sind sie in ihrem individuellen Handeln durch gesellschaftliche Strukturen geprägt. Diese Gleichzeitigkeit führt unter Umständen zu Herausforderungen, wenn du den Anspruch hast, in Situationen exgendernd zu handeln, die du für dich oder andere als potentiell bedrohlich einschätzt. Wenn du nachts allein durch eine dunkle Gasse läufst und du siehst dort eine Gruppe von Menschen herumstehen, die du als Cis-Männer einliest, könnte es sein, dass du die Situation als bedrohlicher wahrnimmst, als wenn es sich um eine Gruppe von Menschen handeln würde, die du als Frauen oder gender-nonbinär einliest.

Nicht nur Diskriminierte verinnerlichen strukturelle Gewalt, auch Privilegierte. Dies ist immer dann der Fall, wenn diese gewaltvoll handeln. In dem Beispiel mit der Straßenszene oben geschieht dies, indem sie dich als cis-frauisiert oder als gender-uneindeutig einlesen. Im ersten Fall könnte dies dazu führen, dass sie dich laut anzüglich ansprechen, hinter dir herpfeifen oder ähnliches. Dies könnte so sein, auch wenn du nonverbal zu verstehen gibst, dass du nichts mit ihnen zu tun haben willst. Im zweiten Fall – wenn du als genderuneindeutig gelesen wirst, könnte es übergriffige Nachfragen zu deinem Genderverständnis geben und direkte körperliche Gewalt.

Darüber hinaus manifestiert sich genderistische Gewalt häufig auch im Handeln Diskriminierter, indem diese nach Möglichkeiten suchen, sich vor genderistischer Gewalt zu schützen und sich dabei häufig einschränken müssen in ihren Bewegungs- und Handlungsmöglichkeiten. Wie sich dies auch im eigenen Fühlen realisiert, hat Sara Ahmed in dem zuvor zitierten Text deutlich gemacht. In dem Beispiel könnten diese Handlungen sein: Umwege zu wählen, bestimmte Gegenden zu meiden, sich dauernd umzusehen, sich nur zusammen mit *Wei*ßen und Cis-Männern nachts im öffentlichen Raum zu bewegen, sich gar nicht nachts alleine nach draußen zu bewegen, sich in Angst und Unsicherheit zu bewegen. Durch Selbsteinschränkungen wird die Gewalt, vor der diskriminierte Menschen sich zu schützen versuchen, häufig bestätigt. Es besteht also eine Ambivalenz, in der je nach Handlungskontext immer wieder neu ausgelotet werden muss, welches Bedürfnis gerade Vorrang hat: Wann ist deine Analyse struktureller Gewalt sinnvoll, um dein Handeln und das anderer einzuschätzen? Wann beschränkt es dich noch mehr, als es die genderistische Gewalt ohnehin schon macht?

Es gibt Situationen, die potentiell nicht bedrohlich sind: Du kannst andere in deiner Wahrnehmung exgendern, und diesen Moment als Chance nutzen, verändert wahrnehmen zu lernen – und zwar unabhängig davon, was dein Gegenüber tut. Dies kann in Situationen möglich sein, wo du über Dritte sprichst, die nicht anwesend sind oder du nicht abhängig davon bist, ob dein Gegenüber dich (weiter) als gegendert einliest und eventuell daraus resultierende gewaltvolle Handlungen ausüben wird.

In Situationen jedoch, in denen die potentielle Gewalt davon abhängig ist, dass dein Gegenüber dich als gegendert einliest, könnte es gefährlich sein und wenig sinnvoll, wenn du einseitig gegenderte Wahrnehmungen aufkündigst. Das heißt, du könntest anfangen genauer hinzuspüren, inwiefern dein Gegenüber in potentiell für dich gefährlicher Weise an einer Gendereinlesung von dir und von sich selbst festhält. In diesen Situationen wäre es eher genderismus-kritisch genau diese Einlesungen wahrzunehmen und zur Grundlage deines konkreten Handelns zu machen. In dem obigen Beispiel also: Einen anderen Weg wählen.

Weiterhin könnten in dieser Situation Selbstbefragungen sinnvoll sein, um auszuloten, ob es hier die angemessene Exit-Gender-Strategie ist, Genderismus als relevante Struktur kritisch wahrzunehmen oder exgendernd wahrnehmend die Situation zu gestalten.

Mögliche Fragen für eine solche Selbstbefragung könnten sein:

Hast du den Eindruck, die von dir als Männer eingelesenen Personen könnten eine Bedrohung sein? Worin besteht diese? Hat es etwas zu tun mit deiner Wahrnehmung ihrer Körpersprache oder mit dem, was du sie sagen hörst? Erscheint es dir aufgrund deiner Wahrnehmung sinnvoller, einen anderen Weg zu gehen? Oder basiert dein Bedürfnis dich zu schützen vor allem auf sozialen Genderrollen-Zuschreibungen an diese Personen, so dass es sich eher wie ein positives Loslassen

deiner Zuschreibungen und wie eine Behauptung deiner Bewegungsfreiheit anfühlen würde, direkt an ihnen vorbeizugehen?
Wie trittst du auf in einer solchen Situation? Drückst du Angst und Unsicherheit aus? Gibst du anderen dadurch Macht über dein dich Bewegen?

Die entscheidende Frage ist also für konkrete Situationen:

Gibt es einen Gestaltungsspielraum für die Herausforderung von Gender als Wahrnehmungsweise in der Situation?

Oder ist Gewalt hier eher dadurch zu verhindern, dass ich die Situation mit Fokus auf Genderismus betrachte und abwäge, ob es hier überhaupt sinnvoll ist, gegenderte Wahrnehmungen loszulassen? Viele öffentliche Situationen haben das Potential, Genderismus gewaltvoll zu re_produzieren. Das müssen in keiner Weise bedrohliche Situationen sein. Wenn du über Dritte redest, und dabei Genderkategorien aufrufst – oder es sein lässt: »die Person, die neben mir im Zug saß«, »die Person, die mir eine Mail geschrieben hat«, »die Person, da vorhin auf der Straße, die genau dieselbe Mütze hat wie ich«.

Für eine nachhaltige Veränderung einer Situation hin zu einem exgendernden gegenseitigen Wahrnehmen, bedarf es einer gegenseitigen Wertschätzung, Offenheit und Bereitschaft, diese grundlegende Ebene von Genderismus wahrzunehmen und gemeinsam zu bearbeiten. Ist dies nicht der Fall, macht eine genderismus-kritische Sichtweise und das daraus abzuleitende persönliche Handeln potentiell mehr Sinn in solchen Situationen.

In Kapitel 4 diskutieren wir dies noch mit anderem Schwerpunkt zu einer U-Bahn-Situation. Sich solche Ambivalenzen bewusst zu machen, kann in bestimmten Situationen sinnvoll sein. Das Bedürfnis, dich selbst zu schützen ernstzunehmen, bedeutet nicht, dass du einen groben ›Exgenderungsfehler‹ machst. Dem Konzept von Exit Gender liegt kein Mehr-Stufen-Programm zugrunde, nach dem du erst dann ›richtig‹ exgenderst, wenn du nicht nur in unproblematischen und ungefährlichen Situationen Menschen exgendernd wahrnimmst.

Exit Gender ist ein kontinuierliches Abwägen zwischen den Fragen, wo, wann und wie es jeweils Sinn macht, deine Wahrnehmung von Menschen und deren Genderzuschreibungen loszulösen oder wann es Sinn macht, genderismuskritisch auf eine Situation und dein potentielles Agieren zu schauen.

Gender – was soll das ganze Theater?

Eine Situation, von heute morgen. Fast beliebig. In Berlin. Ich gehe in die Apotheke, zum Beispiel. Es kann auch ein Amt sein, ein Supermarkt, eine Weiterbildungsinstitution. Vor mir stehen Leute und warten darauf, bedient zu werden. Ich reihe mich ein. Die relevante Kategorie: Wir warten alle in der Apotheke, bis wir dran kommen. Ich nehme wahr, welche Personen dran sind, welche Personen später als ich kommen, ich versuche, mir meine Position zu merken.

In Havanna, wenn ich dort zu Besuch bin und auf den Bus warte oder an der Bank aufs Geldwechseln, gibt es sehr viele Leute, die darauf warten dranzukommen. Treffe ich vor der Bank/am Bushalteplatz ein, frage ich: »Welche Person ist die letzte?« – und eine Person sagt »ich«. So bin ich also die letzte Person in dieser virtuellen Schlange, kann mich, sobald ich die Frage selber mit »ich« beantwortet und die Position ›letzte Person, die darauf wartet, dranzukommen‹ weitergegeben habe, von meiner konkreten Position lösen und irgendwo im Schatten weiter warten. Ich muss mir nur merken, welche Person vor mir »ich« gesagt hat.

In der Apotheke, hier in Berlin, muss ich stattdessen meine Position im Verhältnis zu den Positionen anderer die ganze Zeit wahrnehmen und manchmal auch verteidigen, mich gut sichtbar hinstellen, den Raum und die Bewegungen im Blick behalten. Aufpassen. Misstrauisch sein. Misstrauen, dass sich keine Person vordrängelt, mir meine Position nicht streitig gemacht, mir meine Position nicht weggenommen wird, wenn ich nicht aufpasse. Ungefähr so ist das auch mit der Zweigeschlechtlichkeit. Es gibt verschiedene Rollen, die sind schon da, lange vor dir. Du kommst auf die Bühne, du wirst Teil des Theaterstücks Leben. Dir wird eine von zwei sozialen Rollen zugeteilt: weiblich oder männlich. Und dann musst du die ganze Zeit deine Performance so gestalten, dass du richtig wahrgenommen wirst, weiblich oder männlich. Die Grundrollenzuweisung, sehr viel früher schon, stellen die meisten nicht infrage. Stattdessen nehmen sie die bei Geburt zugewiesene Rolle an und versuchen sie zu erfüllen. Manchmal fühlt es sich schon nicht mal an wie ein Versuch. Manchmal fühlt es sich an wie das Leben, ganz natürlich. Das empfundene Maß der Erfüllung sind die Re_Aktionen anderer und die davon bestimmte Selbstbewertung: Mache ich es gut genug? Richtig? Bekomme ich Lob? Kenne ich meine Position? Kann ich sie gut ausfüllen? Bin ich mit mir zufrieden? Und wann bin ich das? Wenn andere mit mir zufrieden sind? Das Theaterstück ist umfassend, und die Rolle erstreckt sich bis in kleinste Details: deine Stimme und deine Bewegungen, deine Kleidung, aber auch deine Vorlieben, deine Ausdrucksweisen, dein körperliches Begehren. In allen diesen Bereichen gibt es ein breites Spektrum dessen, was alles möglich ist. Jede dieser beiden Rollen hat also einiges an Gestaltungsspielraum. Das nennen wir in dieser Gesellschaft dann häufig Individualität oder Persönlichkeit oder individueller Ausdruck. Der individuelle Ausdruck findet dabei jedoch innerhalb des Rahmens deiner zuvor festgelegten Rollenzuweisung statt: weiblich oder männlich. Das steht fest, das ist der unverbrüchlich scheinende Rahmen. Und da diese Rahmenrolle so früh zugeteilt wurde, von Anfang an also schon da und mithin alternativlos war, erleben viele, vielleicht die meisten, sie als natürlich, als unhintergehbar. Unvorstellbar, dass dieser Rahmen nicht da wäre! Was für eine Verunsicheurng! Die kritischeren Personen, diejenigen, die die alten Dramen modernisieren wollen, diejenigen, die die Theaterrevolte planen und auch durchführen, sehen ihre Herausforderungen darin, diese beiden sozialen Rollen neu zu füllen, das Rollenspektrum auszuweiten, zu verändern, es tabubrechend zu gestalten; die Rollen voneinander zu entkoppeln, dahin gehend zu thematisieren, wo Machtaspekte eine Rolle spielen, Abhängigkeiten, Bewertungen. Damit weiten sie die Grenzen der Rollen weiblich und männlich aus, verändern ihre konkrete Realisierung. Ein Teil des traditionellen Skriptes ist es beispielsweise, dass die weibliche Rolle sehr stark in Abhängigkeit von der männlichen Rolle geschrieben wird. Letztere bewertet erstere, ob sie wirklich gut performt, ob sie passt, ob sie den Rollenvorstellungen entspricht. Die weibliche Rolle war lange Zeit stark auf die männliche bezogen. War sie einmal und ist es häufig immer noch. In Bezug auf symbiotische Modelle von Paar-Liebesbeziehungen, Begehrensstrukturen, Fähigkeiten (»also ich koch ja lieber - und er kümmert sich um alles Elektrische, alle Maschinen«). Das wird dann auch Heteronormativität genannt. Ich muss nicht weiblich sein und Männer begehren, um heteronormativ zu handeln. Auch lesbische Paare mit klaren sozialen Rollenaufteilungen (»wer von euch hat denn den männlichen Part?«) können heteronormativ agieren. Und die Personen, die die Rollen kritisch neu interpretieren wollen, versuchen das zum Beispiel zu verändern, die Rollen stärker voneinander zu lösen. Die (mittlerweile gar nicht mehr so) neuen weiblichen Rollen sind selbstbewusster, agieren aus sich selber heraus und nicht bezogen auf die Bewertung durch die andere, die männliche Rolle. Und sind auch höchst allergisch dagegen, dass es sein könnte, dass ihre Rolle von der anderen, der männlichen, abhängig sei, das war vorgestern, Feminismus brauchen wir nicht, wir

gestalten unsere Rolle ganz aus uns selber heraus. Und übermerken dabei vielleicht, dass sie doch beide zusammen auf der gemeinsamen Bühne stehen, immer noch gemeinsam den Bühnenraum gestalten. Und die Abhängigkeit tiefer und verselbstständigter ist, als allen so bewusst ist. Geschlecht – die Bretter, die die Welt bedeuten.
Manchmal und für manche scheint der Boden des Theaters zu schwanken. Zum Beispiel, wenn sich die Rollen sehr weit voneinander lösen, neu gefüllt werden. Denn ›natürlich‹ ändert sich nie nur eine Rolle, sondern immer beide, ob sie wollen oder nicht. Und meistens wollen die Personen, die die männliche Rolle spielen, keine Veränderung. Häufig haben sie noch nicht einmal gemerkt, dass sie eine vergeschlechtlichte Rolle spielen; haben sich und die Rolle einfach als allgemeinmenschlich verstanden: alles sehen, alles bestimmen, alles handeln können und das als Allgemeinmensch. So ist das häufig mit Privilegien. Und in gewisser Weise ist es auch eine ganz schön coole Rolle, die pseudo-allgemeinmenschliche: sich selber grundsätzlich erst einmal als normal, als richtig, als allgemeinmenschlich zu verstehen. So allgemein, dass die Personen, die die Rollen haben, häufig schon nicht mal darüber nachgedacht haben, das Kostüm nicht gemerkt haben, das das Theater ihnen gegeben hat. Eine Rolle, in der es einfach ist,

sich einzurichten und gar nicht mehr zu merken eine zu spielen, so gut, so natürlich fühlt sie sich an. Wenn das aber unvermittelt nicht mehr selbstverständlich ist, diese Rolle, wenn die weibliche Rolle auf einmal auch unabhängiger von der männlichen agiert, dann verunsichert das, macht das wütend; dann lässt das Raum für Unsicherheiten, Irritationen und kann auch eine Art Heimweh nach den alten Selbstverständlichkeiten auslösen. Heimweh. Zuhause sein in sozialen Rollen, die wie eine zweite Haut geworden sind, unmerklich.
Allen weiblichen und männlichen Rollen gemeinsam ist es auf jeden Fall, dass sie gerne positive Bestätigung haben. Applaus. Das fühlt sich gut an und stellt ein Bedürfnis dar, das sich kapitalistisch ganz hervorragend verselbstständigt hat: Wir suchen das Glück, die Sinnhaftigkeit, die Bestätigung von außen. Nochmal Applaus. Zu spielen, um Applaus zu bekommen. Ein Teil dieser Kapitalisierung ist es, in den Rollen anzukommen und über die konkrete Performance in jenen nachzudenken, Sachen auszuprobieren; nicht hingegen - und das ist ganz wichtig - das Grundskript davon, dass es genau diese zwei Rollen gibt, infrage zu stellen. In der Regel verfügen wir hierfür nicht über die Ressourcen, nicht über das Gefühl, weil wir ja die ganze Zeit derart mit unserer Rollenerfüllung_Rollenteilherausforderung beschäftigt sind,

dass wir nicht mehr anhalten und sagen: Augenblick. Wann genau hat das Theaterstück angefangen? Und warum überhaupt dieses Theater? Könnten wir noch einmal ganz neu darüber nachdenken, was wir eigentlich machen wollen? Diese grundlegenden Fragen, die also den Rahmen als unhintergehbar anzweifeln, diese grundlegenden Fragen, stellen wir uns nicht; stattdessen lavieren wir in ihm rum – das ist schon aufwändig genug. Teil dieses Arbeitens an den Rollenerfüllungen innerhalb des als gegeben hingenommenen Rahmens ist es auch, dass wir immer, ein klein bisschen zumindest, unzufrieden sind mit unserer Rollenerfüllung. Häufig wird es uns von anderen deutlich zu verstehen gegeben, dass wir (noch) nicht gut darin sind, die Rolle auszufüllen/einzunehmen/zu performen. Zu grob, zu laut, zu aggressiv, zu emotional, zu schwach, zu wenig klar, zu __________. Dieses Unglück, diese Unzufriedenheit, dieses Gefühl, unzulänglich zu sein, tut sich schließlich sehr schnell und heftig bei uns auf. Das ist dann wie ein Antrieb zu ständiger Selbstoptimierung: Ich kann noch besser performen, ich könnte noch glatter reinpassen. Mehr Applaus, bitte! Und je älter du wirst, umso anstrengender wird es schließlich, denn: Die Rolle ist eigentlich für jüngere Personen geschrieben. Es ist demnach möglich, dass du gleichsam aussortiert, dass du gar nicht mehr für Rollenbesetzungen vorgeschlagen wirst. Das kann erleichternd sein, einen ganz neuen Freiraum eröffnen, oder aber auch zunächst frustrieren, bist du doch eigentlich noch nie so ganz in der Rolle angekommen – und jetzt wird sie dir schon wieder aberkannt?! Du musst neue Behelfsrollen finden, nachgeordnete Nebenrollen, die auch gegendert sind, aber weniger wichtig: Großmutter, Patentante, Helferin in der Hausaufgabenbetreuung. Vielleicht realisierst du an dem Punkt auch, dass andere Personen gar nie für eine Rollenbesetzung vorgeschlagen werden. Personen, die beispielsweise körperlich beHindert sind, kriegen gar nicht die Hauptrollen weiblich oder männlich angeboten. Sie erhalten lediglich Rollenangebote zu beHindert sein. Das kann sich als ziemlich frustrierend und ausgrenzend erweisen. Denn auch diese Personen haben von Anfang an gelernt, dass die Hauptrollen Geschlecht heißen – und sonst nichts. Die Rollen weiblich/männlich beinhalten also auch weitere Normen wie etwa die, nicht körperlich beHindert zu werden. Somit schließen sie von vornherein viele aus. Und bleiben wir in Berlin, dann ist die Hauptrolle, also die wichtigste Rolle auf der Bühne, obendrein auch noch *weiß* und deutsch-statisiert (wie statisch, wie hier zuhause, mich nicht bewegend, flüchtend, in Migration), also implizit eine *weiße* Vorstellung von weiblich und männlich, die mit der Grundananhme, deutsch zu sein, einher geht; deutsch zu sprechen, deutsche Werte und Vorstellungen zu teilen, einen deutschen Pass zu haben. Alles darüber hinaus sind Nebenrollen, sind Abweichungen, sind Negativfolien, aus der sich diese Grundfolie immer wieder herstellt und bestätigt wird. Und wenn die Nebenrollen sagen »genug Nebenrolle gewesen – ich will jetzt die Hauptperson sein – warum immer nur eine *weiße* Frau?«, dann führt das bei den *Weißen*, die sich als solche bisher noch nicht einmal verstanden haben, zu Irritationen, Verunsicherungen, Verärgerungen und Herausforderungen, wie ich sie weiter oben schon beschrieben habe. Natürlich will keine Person die Hauptrolle aufgeben. Viele haben vielleicht noch nicht einmal bemerkt, dass sie die Hauptrolle haben in dem Gesellschaftsdrama, so selbstverständlich und unhinterfragbar, so normal und natürlich fühlt sich die Rolle/Nichtrolle, das eigene Sein, an. Eine Strategie, die Hauptrollenmenschen – sie werden manchmal auch als Privilegierte bezeichnet – infolgedessen oft anwenden, ist Abwehr. Sie kann verschiedene Formen annehmen: sich bedroht fühlen und zurückschleudern (»Du bist die Bedrohung!« anstatt »oh, ich bin verunsichert«); die Herausforderung ignorieren (»Gibt es ein Problem?«), über Geschichte argumentieren (»Das war schon immer so«); der anderen Seite Neid und Missgunst und Realitätsverklärung vorwerfen (»Wie kommst du nur darauf, dass es so und nicht anders sein könnte?«); sich selber verherrlichen (»ich bin nun mal am besten geeignet für eine solche Rolle«); die eigene Rolle naturalisieren und der anderen Person eine mögliche Rollenerfüllung absprechen (»ich bin nun einmal wie geboren für die Rolle, während du...«) - und noch viel mehr Abwehrformen des Wahrnehmens der eigenen Rollenverhaftung. Auch hier gibt es also einen engen Rahmen, der von denjenigen, die in ihm verortet sind - in den Hauptrollen -, als natürlich und unhinterfragbar angesehen, nicht als ein geschaffener Rahmen verstanden wird. Und diese Wahrnehmung soll und will auch gar nicht herausgefordert werden, bedeutet doch dieser Rahmen mitunter Macht. Machterhalt. Eine so grundlegende Macht, die es geschafft hat, Rollen als natürlich zu erklären; die es geschafft hat, Dominanz, Gewalt, Diskriminierung und Unterdrückung als natürlich, als unauflösbar, als gegeben herzustellen. Macht. Macht in seiner zerstörerischen, zurichtenden, vernichtenden Form, die darauf aufbaut, Hierarchien zwischen sozialen Rollen zu verstetigen. Soziale Rollen, die diejenigen, die sie ausfüllen, häufig gar nicht mehr als Rollen in einem Theaterstück, geformt durch die Bühne der Gesellschaft, wahrnehmen.

So weit, so gut. Eine kleine Variation des Grunddramas: Es gibt Personen, die sagen: »ok, mir ist

diese Rolle zugeteilt worden - weiblich oder männlich -, aber sie passt wirklich und wahrhaftig nicht für mich, ganz grundlegend nicht für mich. Im Grunde genommen, glaube ich, ist da in meiner Kindheit schon was falsch gelaufen, schon in meiner Kindheit wollte ich die andere Rolle einnehmen, wollte mit Autos spielen, nicht mit Puppen, wollte Röcke und Kleider tragen, keine Hosen.«
Und Leute mit psychiatrisch-medizinischer Kompetenz, autorisiert vom Staat, darüber zu befinden, ob diese Fremdheit mit der Rolle weiblich-männlich/männlich-weiblich so grundlegend bei der betroffenen Person ist, dass ihr - ganz ausnahmsweise und einmalig - der Wechsel von einer Geschlechterrolle zu einer anderen erlaubt werden soll; diese autoritär ausgestatteten Leute - auch alle in Hauptrollen übrigens - wenden eben dieses klassische, ich würde schon fast sagen: reaktionär-konservative Geschlechterrollenskript an, um in Ausnahmefällen einen fundamentalen Rollenwechsel zu gestatten. Das grundlegendste, was die Gesellschaft an Rollenwechsel da zulässt, ist von weiblich zu männlich. Oder von männlich zu weiblich. Mehr nicht. Dann stoßen wir, das heißt die Gesellschaft, an den Rahmen. Der Rahmen aber soll nicht hinterfragt werden. Der Rahmen ist das gesellschaftliche Fundament. Alles weitere würde aus ihm heraus fallen. Alles weitere also wäre nicht mehr verständlich innerhalb

der Gesellschaft, ist schlichtweg unvorstellbar. So wie die Unendlichkeit des Universums vielleicht. So unvorstellbar, dass es einfach nur Angst macht.

Was aber, wenn die bei Geburt zwanghaft, unausweichlich, verpflichtend zugewiesene Rolle weiblich oder männlich nicht stimmt, die Rolle als Rolle nicht stimmt. Was, wenn das ganze Theater nicht stimmt als Rahmen und Möglichkeit; und es gar nicht darum geht, innerhalb des klassischen Dramas der Zweigeschlechtlichkeit eine neue Rolle zu bekommen - weil, genau das stimmt nicht, genau das geht nicht, genau das ist das Problem. Nicht nur das Repertoire an möglichen Rollen ist zu eng. Die Idee der sozialen Rolle, die Geschlecht heißt, ist das Problem, ist die Gewalt, ist die Diskriminierung. Verunmöglicht mich. Was also, wenn der Rahmen das Problem darstellt, die Notwendigkeit mitzuspielen in diesem Theater, die Gewalt, die Zurichtung, Zuschreibung, Zumutung?

Was dann?
Nur weil ich keine anderen Rollen kenne, heißt es nicht, dass es sie nicht gibt.
Nur weil ich glaube, die Bühne sind die Bretter der Welt, heißt es nicht, dass keine andere Welt möglich wäre.
Nur weil ich keine anderen Sprachformen weiß,

heißt es nicht, dass diejenigen, die es gibt, unhintergehbar, natürlich sind. Sie sind gemacht, sie sind Teil des zurichtenden, gewaltvollen Rahmens. Nur weil ich außerstande bin, meine eigene Wahrnehmung von der Brille sozialer Rollen zu lösen, heißt es nicht, dass dies keine soziale Rollen sind. Sozial, also als Teile machtvoller und machtausübender gesellschaftlicher Übereinkünfte. Und weil es sich hier um so eine wichtige, grundlegende Dimension machtvoller Zuschreibungen handelt, gestaltet es sich als sehr schwierig, den Rahmen infrage zu stellen und nicht nur das, was innerhalb des Rahmens geschieht.

Wie also?

Wie also geht es, aus dem Rahmen auszutreten? Wie geht es, meine eigene Wahrnehmung, von mir selber und von anderen, vom Ballast sozialer Rollen zu befreien, langsam, vorsichtig, immer wieder herausfordernd – damit ich eine sehr grundlegende Ebene von struktureller Gewalt für mich verstehe; spüre, wie sie mich wie natürlich ummantelt hat, ummantelt hat wie meine eigene Haut vielleicht; damit ich mich häute. Von einer Haut, die gar nicht meine war, die ich aber so wahrgenommen habe – alles in der Gesellschaft hat mir suggeriert, auch mit den allerbesten und liebevollsten Absichten, dass es meine eigene Haut wäre.

Wie?

Es gibt keine neue Regel. Es gibt nur ein Ausprobieren. Was sich auch anfühlen kann, wie aus dem Rahmen zu fallen. Zu fallen. Oder es fühlt sich, kurz, wie fliegen an. Nehme ich mich selbst als politische Handlungsmöglichkeit und an dieser Stelle als Beispiel. Wie wäre es, um zum Beispiel vom Beginn zurückzukommen und etwas verkürzt gesprochen, ein Havanna-Bus-Gender-System einzuführen? Ich betrete einen sozialen Raum. Die Anderen fragen mich: »Was bist du, gerade hier, gerade jetzt?« Oder genauer noch: »Was sind deine Handlungen? Was ist relevant, gerade hier und jetzt?« Und ich sortiere mich selber ein, in der Form, die ich für diese Situation wichtig finde. Ich handele und belege meine Handlung selber. Mit einem Namen vielleicht. Mit einer Stimmung. Mit einer Funktion für die konkrete Situation.

Ist es möglich, eine soziale Genderrolle innerhalb eines zweigeschlechtlichen Theaterstücks abzulehnen, aufzugeben? Geht es, das Theaterstück ganz neu zu schreiben? Nicht mehr sprachlich die ganze Zeit gegendert zu werden? Mich selber nicht mehr zu gendern, mich gegendert wahrzunehmen und einzulesen? Und andere auch nicht mehr über Gender wahrzunehmen? Denn welche Rolle würde Gender hier beispielsweise spielen, in dieser kurzen Situation in der Apotheke/Amt/Supermarkt? Eigentlich – überhaupt keine. Kann sie vielleicht auch gar nicht, denn Gender sind soziale Übereinkünfte, sind soziale Zuschreibungen. Und statt über das zu reden, auf das es uns ankommt, nehmen wir häufig den Umweg, über Gender zu sprechen. Ist es für uns von Relevanz, dass eine Person in der Apotheke vorgelassen wird, weil sie schwanger ist, kann ich das benennen. Das hat nichts mit Geschlecht zu tun. Einige Personen sind schwanger, Punkt, mehr nicht. Das können Frauen und Männer sein und überhaupt alle Menschen. Diese Menschen als weiblich einzulesen, ist eine soziale Vergeschlechtlichung, die vollkommen unnötig ist – es sei denn, ich möchte Menschen auf bestimmte soziale Geschlechternormen festschreiben. Das haben wir alle so gelernt. Und das können wir alle genauso wieder verlernen. Gender ist nicht relevant in der Apothekensituation. Geschlecht wird nur über den Umweg sozialer Zuschreibungen und Bewertungen relevant gemacht. So relevant, dass es uns häufig natürlich erscheint. Wir könnten also anfangen, langsam und vorsichtig, unsere Wahrnehmung von uns selbst und anderen zu exgendern; anfangen, uns zu fragen, warum wir das machen, Menschen ein Geschlecht zuzuweisen – und zu beobachten, was es mit unserer Wahrnehmung von den Menschen und von uns macht.

Wo es uns Sicherheit, Gewissheit, Klarheit gibt, wo es sich eng, anmaßend, anstrengend anfühlt. Wir könnten uns auf diese Weise sozial häuten und uns selbst und Anderen neu kennenlernen, befreit vom Ballast sozialer Rollen. Und könnten so auch stärker anfangen, die damit verbundenen Machtaspekte wahrzunehmen. Und - vielleicht - eine andere Gesellschaft anzustreben.
In der wir uns verbunden fühlen mit anderen Menschen. Mit Tieren. Mit Pflanzen. Mit Lebendigem und Elementarem. Und uns nicht in erster Linie abgrenzen über soziale Normen und Kategorien, die uns alle letztendlich zurichten und uns voneinander trennen.
Für mich ist die Grundannahme von Gender eine Gewaltform. Ich nenne das Genderismus - die kontinuierliche und häufig naturalisierte Vorstellung von Geschlecht. Ein Teil davon ist die Annahme, dass es Zweigeschlechtlichkeit gäbe und nichts sonst. Ein anderer Teil von Genderismus ist die Annahme, dass es überhaupt Geschlecht gibt. Das also würde ich für mich, wie ich hier argumentiere, grundsätzlicher als etwas Unhinterfragbares infrage stellen. Für mich ist das eine verfestigte, sehr machtvolle Konstruktion, die Menschen als natürlich und selbstverständlich verstehen. Dass ich es als eine Konstruktion verstehe, heißt nicht, dass das sozial sich naturalisierte Gebilde nicht

massive Effekte auf Individuen und Personengruppen hat. Ein Teil der Konstruktion ist es, sie als natürlich konstruiert und das so gut hinbekommen zu haben, dass es schwierig erscheint, die Wahrnehmung von Menschen von Zweigeschlechtlichkeit zu entkoppeln. Bei Rassismus würden die meisten zustimmen, dass das Konzept Rasse, die Idee von Menschenrassen, eine Konstruktion mit äußerst gewaltvollen Effekten ist. Bei Genderismus hingegen sehen die meisten nicht, dass auch Geschlecht eine äußerst gewaltvoll wirkende Konstruktion ist. Es gibt soziale Geschlechterrollen, ok. Aber darunter gibt es das wirkliche, natürliche Geschlecht: Frauen und Männer. Und je nach gesellschaftlicher Lage und Situation wird dies an sogenannten Geschlechtsorganen, Hormonen, Genen, Gehirngrößen, Aussehen überhaupt, Stimme, Reproduktionsrollen usw. festgemacht. Nichts davon aber ist Geschlecht. Nichts davon ist eindeutig. Alles sind Vorstellungen und Konzepte in sich selber: Was sind Geschlechtsorgane, und wo verläuft die Grenze zwischen verschiedenen Gruppen? Und wann und für was ist das überhaupt relevant? Für die Fortpflanzung? Das ist ein sehr kleiner Ausschnitt eines komplexen Lebens. Und könnte auch einfach so benannt werden. Fortpflanzung. Auch haben Personen unterschiedliche Rollen in diesem Prozess. Die einen werden schwanger zum Beispiel – ganz unabhängig

davon, welches Geschlecht in ihrem Pass steht und wie sie sich selber in Bezug auf Geschlecht verstehen.
Untersuchungen von Personen aus dem Hochleistungssport, die für nicht geschlechtseindeutig erklärt werden, weil sie zu gut sind in Wettkämpfen, zu auffällig; diese Untersuchungen, hochmedizinisch/-biologisch/-wissenschaftlich, zeigen, dass es kein eindeutiges objektives, auf alle Personen anwendbares Maß dafür gibt, was weiblich und was männlich ist. Wo genau die Grenze gesetzt wird, zwischen Weiblichkeit und Männlichkeit, zwischen Frau und Mann, ist eine gesellschaftliche Entscheidung - mit großen gewaltvollen Konsequenzen. Dass medizinisch wahrgenommene Unterschiede überhaupt in eine Extra-Kategorie sortiert werden - Geschlecht - ist eine soziale Entscheidung, die getragen ist von Macht- und Dominanzverhältnissen. Und die Aufrechterhaltung dieser sozialen Kategorie hängt ebenso mit vielfältigen Machterhaltungswünschen zusammen. Auch Medizin als eine neutrale Norm zu setzen, ist eine machtvolle Herstellung innerhalb dieser Gesellschaft. Eine andere solche machtvolle Norm ist Recht.
Wenn es wichtig ist, einen Unterschied im Leistungssport zwischen verschiedenen Gruppen zu machen, und dieser Unterschied zwischen Menschen wird an Hormonspiegeln festgemacht - warum ist

es nicht einfacher, es dann genauso zu benennen? Beim 100-Meter-Lauf gibt es eine Gruppe mit Personen, die einen Testospiegel von über 8 haben und eine Gruppe mit Personen, deren Testospiegel sich auf unter 8 beläuft. Wir könnten hier also näher hinschauen, was wir wann für relevant halten und warum. Wir könnten unsere Wahrnehmung von Geschlecht lösen - dadurch Menschen wieder neu erkennen - und die Einteilungen, Kategorien, Gruppen, Bewertungen, die wir auf dieser Grundlage geschaffen haben und kontinuierlich wieder aufrufen, als soziale machtvolle Konstruktionen verstehen lernen.
Wir könnten Toiletten danach einteilen, ob Menschen sie im Stehen oder Sitzen benutzen. Wir könnten Kleidungsabteilungen in Kaufhäusern danach unterscheiden, ob Menschen Röcke oder Hosen kaufen wollen, ob Menschen sich schminken wollen oder nicht, ob Kinder mit Autos oder Puppen spielen wollen. Wir könnten wieder damit anfangen, viel direkter wahrzunehmen, zu beobachten und nicht direkt unsere gegenderte Interpretation wie eine zweite Haut über alles drüber legen. Denn letztendlich ist es keine Haut, sondern unsere Brille, mit der wir auf andere und uns selber schauen.
Wir könnten anfangen - sofern wir uns als weiblich oder männlich verstehen - darüber nachzudenken, was uns glauben macht, weiblich oder männlich zu

sein; was unsere Weiblichkeit oder Männlichkeit für uns ausmacht. Hormonspiegel? Genunterschiede? Fortpflanzung? Was davon ist wann und wo und wie in unserem Leben relevant? Wir könnten bei uns beobachten, ob wir imstande wären, uns und andere auch unabhängig von dieser vergeschlechtlichten Einlesung wahrzunehmen. Wir könnten anfangen, zu verstehen, wie machtvoll eine Genderbrille unsere Wahrnehmung bestimmt, und was es mit uns macht zu versuchen, diese Brille abzusetzen. Und dann unser eigenes Verhalten, unsere Handlungen und unsere Einlesungen von anderen als das wahrnehmen, was es ist. In der U-Bahn sitzen. Müde und entspannt sitzen. Raumeinnehmend sitzen (aah, vielleicht eine Person, die sich in einer bestimmten Genderrolle Zuhause fühlt, wissend oder nicht. Und auch ich lese die Person direkt so ein. Spannend. Ich könnte nachfragen, vielleicht, ob die Person ein wenig mehr Raum teilen könnte. Ich könnte mich anders orientieren, zu Personen hin, die vielleicht sensibler mit dem gemeinsamen Raum umgehen). Wir könnten anfangen, uns zu beobachten und zu sehen, wie machtvoll eine Genderbrille bestimmten Personengruppen mehr Raum gibt, unhinterfragt. Wir könnten anfangen unser Verhalten zu verändern. Von der Bühne steigen. Den Theaterraum verlassen, nach draußen gehen, atmen. Neu anfangen.

4 Exit Gender als politisches Handeln

Eine exgendernde Wahr_nehmungs- und Sprachpolitik ist für uns an bestimmte konstruktivistische und politische Grundhaltungen geknüpft. Diese bilden die Grundlage für die konkreten Sprachstrategien von Exit Gender – exgendernd und Genderismus benennend Sprachhandeln – die wir im nachfolgenden Kapitel noch differenzierter ausführen. Die Möglichkeit und Bereitschaft der Umsetzung von Exit Gender basiert auf einer unvoreingenommenen, offenen und interessierten Haltung. Diese Haltung ist getragen von dem Wunsch, durch kreative selbstbestimmte und selbstermächtigende eigene Möglichkeiten, Welt weniger diskriminierend und stärker respektvoll zu gestalten.

Haltung: Fortwährend lernen wollen

Exgendern verstehen wir als kontinuierliches Ver_Suchen, Gender als Selbstverständlichkeit und individuelle Identität loszulassen und stattdessen die Verknüpfung von Gender mit der Gewaltstruktur Genderismus wahrzunehmen. Exgenderung realisiert sich in unterschiedlichen Situationen und Kontexten verschieden. Für viele ist exgenderndes Handeln aktuell eher eine Utopie, für uns immer auch herausfordernd. Dies beruht darauf, dass es eine massive, kontinuierliche Prägung und Formung unserer Wahrnehmung von uns selbst, anderen und auch Welt in einem umfassenderen Sinne durch Gendernormen und damit Genderismus gibt. Aus diesem Grund setzen unsere Überlegungen zu Exgenderungsstrategien an genau diesem Punkt an: an der Wahrnehmung, an ihrer normativen Ausformung und vor allem an ihrer Veränder- und Gestaltbarkeit.

Gender ist das Produkt angelernter Betrachtungsweisen der Welt. Gender besteht nicht aus biologischen Tatsachen oder natürlichen Eigenschaften von Menschen. Was als ›Biologie‹ hergestellt ist, ist das Produkt sozialer Übereinkünfte, die nachträglich naturalisiert worden sind. Warum sind einige Organe, Hormonspiegel und Genstrukturen im Moment die Faktoren, die herangezogen werden, um Menschen in weiblich und männlich einzuteilen? Aus welchen Gründen sind diese Faktoren so zentral gesetzt für eine so wirkmächtige soziale Klassifizierung von Menschen in der momentanen Zeit – und nicht beispielsweise Augenfarbe, Fußknöchellänge oder Besonderheiten des Gebisses? Schließlich wären auch dies in der momentanen Logik ›biologische Tatsachen‹ (und letztere werden als solche auch gewaltvoll zur Altersbestimmung in Asylverfahren benutzt). Warum wird Frau-Sein mit der Möglichkeit schwanger zu werden verbunden, wo dies doch zum einen nur in einer relativ kurzen Altersspanne eines Menschenlebens tatsächlich möglich ist und es lange nicht bei allen Menschen, denen diese Möglichkeit zugeschrieben ist, stattfindet oder funktioniert. Darüber hinaus können heute sowohl Personen mit männlichem, als auch weiblichem Personenstand schwanger werden. Wäre es also nicht klarer, direkter und einfacher, das zu benennen, was thematisiert werden soll (»eine Person ist schwanger«), ohne den uneindeutigen, missverständlichen, pauschal zuschreibenden und zudem für viele Menschen beschädigenden Umweg über eine binäre Genderkategorisierung zu wählen? Die Einteilung bestimmter gesellschaftlicher Wahrnehmungen in ›biologische Fakten‹ ist ein machtvoller, inhaltlich sich ständig neu an gesellschaftliche Normen anpassender Prozess. Etwas als biologische Tatsache zu erklären ist dabei jedoch nur ein Aspekt. Der zweite Aspekt ist es, diese vermeintliche Tatsache zu gendern, das heißt, sie einer Gendergruppe zuzuordnen. Henry Louis Gates Jr.

hat einen ähnlichen Punkt (in Referenz auf Stuart Hall) für Rassismus und die Naturalisierung der Kategorie ›race‹ als ›Halls Dilemma‹ formuliert: »Die Aufgabe, die Menschen davon abzuhalten, ›Rasse‹ auf der Grundlage oberflächlicher, augenfälliger Differenzen als Kategorie biologischer Differenz zu deuten« (2018, 10).

Übertragen wir dies auf Genderismus, so besteht die Aufgabe darin, nicht oberflächliche, visuelle und stimmliche Eindrücke als Marker biologistischer Unterschiede zu interpretieren. Denn diese Ineinssetzung von visuell vorgenommenen Zuteilungen und naturalisierenden Interpretationen hat äußerst gewaltvolle Konsequenzen. Ein Beispiel: Noch vor hundert Jahren wurde Frauen ›wissenschaftlich‹ attestiert, geringere kognitive Leistungen erbringen zu können als Männer – häufig wurde dazu auch das Vorhandensein einer Gebärmutter argumentativ herangezogen. Das Beispiel zeigt, wie variabel und potentiell gewaltvoll vermeintlich naturwissenschaftliche Zuschreibungen von visuellen Differenzen auf Verhalten, Fähigkeiten und Kompetenzen von Personen und Personengruppen wirken können. Gender ist keine Tatsache, sondern eine machtvolle, kontinuierliche gesellschaftliche Herstellung und Zuschreibung von Bewertungen und Eigenschaften, Fähigkeiten und Normen pauschal auf ganze Personengruppen. Um so machtvoll aufrechterhalten zu werden, bedient die Gesellschaft sich einer Unterteilung, die als ›biologische‹

argumentiert wird und der soziale Ebenen des Verhaltens, Könnens und Aussehens zugeschrieben werden. Biologie selbst aber ist bereits genauso ein kulturelles Konstrukt wie Vorstellungen zum Sozialen. Biologie zeichnet sich dadurch aus, dass sie als unhinterfragbar, als ›natürlich‹ hergestellt wird. Sie ist dadurch ein Ort sich verstetigender machtvoller genderistischer Regimes.

Es wäre im Kommunizieren also viel direkter, klarer, unmissverständlicher und einfacher, nicht einen Umweg über eine soziale Kategorie wie Gender zu wählen, sondern – wenn es als notwendig erachtet wird – zwischen Menschen zu differenzieren, die schwanger sind, solchen, die schwanger waren, solchen, die meinen schwanger werden zu können und dies wollen oder nicht wollen und solchen, auf die das alles nicht zutrifft. Dies wäre für die Verhandlung eines bestimmten Themas, hier also Schwangerschaft, angemessen und würde keinen interpretierenden und pauschal zuschreibenden Umweg über Gender nehmen. Auf diese Weise würden Menschen dann nicht auf bestimmte Eigenschaften und potentielle Fähigkeiten festgeschrieben. Sie würden nicht in Situationen gezwungen, in denen sie sich dann kontinuierlich zu etwas verhalten müssten, ob sie wollten oder nicht (»Willst du Kinder?«, »Warum willst du keine Kinder?«, »Bist du kinderlos?«, »Ohje, du hast keine Kinder!« – alles Fragen an frauisierte Personen).

Wenn du also meinst, Männer und Frauen an ihrem Aussehen zu erkennen, an ihren Bewegungen, ihrer Gestik oder ihrer Mimik, wenn du glaubst, dass medizinische Diagnostik Menschen eindeutig in zwei Gendergruppen einteilen könne bzw. anderen ihre Nicht-Zugehörigkeit nachweisen könne, dann ist dieses jeweils unterschiedliche gesellschaftliche Erkennen nicht Abbild einer objektiven Wirklichkeit. Es ist vielmehr das Produkt von verinnerlichten und pseudo-objektivierten, je nach räumlichen und zeitlichen Kontexten variierenden Gendernormen, die die Wahrnehmung von Wirklichkeit sowie die Wirkmacht autorisierter Diskurse mitbestimmen und formen.

Doch genauso, wie du gelernt hast Gender zu einer zentralen Kategorie deiner Wahrnehmung und deines eigenen Seins zu machen, kannst du dies auch wieder verlernen. Dafür braucht es zunächst und vor allem eine gezielte Aufmerksamkeit für das eigene Wahrnehmen – für die Art und Weise, wie du dich selbst und Menschen um dich herum einliest, wie du dich wahrnimmst und anderen begegnest, wie du dich und andere behandelst.

Exgenderndes Wahrnehmen ist ein selbstreflektiertes politisches Handeln in deinen alltäglichen sozialen Begegnungen. Der Ansatzpunkt für exgenderndes Wahrnehmen bist du jeweils selbst.

Im Folgenden stellen wir einige Handlungsformen vor, die wir für ein Exgendern unseres Wahrnehmens anwenden und die wir hier teilen, um Anregungen zu geben für ein mögliches exgenderndes Handeln. Diese Handlungsformen sind nicht trennscharf voneinander abgegrenzt, sondern bauen aufeinander auf und stehen in einem wechselseitigen Bezug.

Exgendern: Tätigkeiten, Verhalten und Aussehen von Gender loslösen

Eine wichtige und grundlegende Voraussetzung von exgendern ist es, in einen Modus direkten Wahrnehmens zu gelangen. Dies bedeutet, den Umweg über Gender aufzugeben, wenn du dich mit Tätigkeiten, Verhalten, Aussehen, Eigenschaften und Gefühlen von dir und anderen auseinandersetzt. Es ist möglich, all dies direkter zu benennen: als bestimmte Tätigkeiten, als ein bestimmtes Verhalten, als bestimmte Gefühle und so weiter, ohne die entsprechenden Wahrnehmungen durch manifestierte Gendervorstellungen zu rahmen.

Dies bedeutet auch – und das ist ebenso wichtig – Veränderungen nicht zuerst von anderen zu erwarten, sondern bei dir selbst anzufangen: Aufmerksam dafür zu sein, wann, wo und wie du Gender herstellst, aufrufst, annimmst oder zuschreibst. Du kannst dich dabei beobachten, ob dein Wahrnehmen von und dein Bezugnehmen auf Personen Gender aufruft, gegendert ist und_oder durch Genderkategorien geleitet ist. Du kannst dich dabei beobachten, woran du Gender in deinem Wahrnehmen anderer Personen festmachst.

Du kannst dich befragen, ob und wann du meinst, Gender an Personen sehen, hören oder ablesen zu können.

Solche Ablesungen finden auf einer körperbezogenen Ebene statt, die gesellschaftlich als Indiz für Gender verstanden wird. Wichtig ist uns zu betonen, dass die Idee, Gender an oder auf dem Körper visuell, auditiv oder mit Hilfe medizinischer Diagnostik ablesen zu können, eine gesellschaftliche Übereinkunft ist und nichts Vorausgehendes, Natürliches oder Selbstverständliches.

- Gendernde Körpereinlesungen sind der Fall, wenn du Körpergröße, Körperform und -aussehen, das heißt Proportionen von Brustkorb und Becken, Oberschenkeln und Muskeln, als Indizien für ein Gender oder die Genderzugehörigkeit einer Person deutest.
- Dies kann auch das Einlesen von Behaarung oder Haarfreiheit an unterschiedlichen Körperteilen beinhalten, wie die gendermäßige Zuordnung von behaarten oder haarfreien Achseln, Oberlippen, Brustkörben, Rücken und Beinen, bestimmte Frisuren oder Haarwuchs im Gesicht.
- Zu den körperbezogenen Indizien gehören auch Bewegungsformen wie ausschweifende oder reduzierte Bewegungen sowie ein kürzeres oder längeres Schrittmaß.

- Über Gewaltstrukturen wie Genderismus oder Rassismus hergestellte Zuordnungen geschehen auch über Einlesungen des bewegungsmäßigen Interagierens von Personen in sozialen Räumen: Weicht die Person eher aus auf dem Gehsteig, wenn andere entgegenkommen? Schaut die Person andere in dieser Situation an oder schaut sie zur Seite oder zum Boden?

Hier würde auch dazugehören,
- wie eine Person auf einem Stuhl oder einer Bank sitzt, alleine oder mit mehreren gleich oder anders positionierten Menschen,
- wie sie die Hände hält in unterschiedlichen Situationen,
- ob und wie sie lächelt in welchen Situationen, den Kopf gerade hält oder neigt, wie die Lippenbewegungen jenseits vom Sprechen aussehen,
- wie die Person Begrüßungen nonverbal vollzieht (mit Handschlag, Schulterklopfen, Umarmung, und dann jeweils noch wie diese Berührungen genau aussehen),
- wie die Person sich in Körperkontakt mit einer anderen Person bewegt (Arm über die Schulter beispielsweise beim Gehen) und wie die Körperbewegungen im privateren Raum bei intimeren Beziehungen aussehen.

Und alle diese interagierenden Handlungsweisen sind nicht nur von der eigenen Positionierung in Bezug auf Genderismus, Rassismus und BeHindert-Werden abhängig, sondern auch von den Positionierungen der anderen Person. Diese ganzen Beispiele sind zudem nur Ausschnitte aus einem weiten Spektrum nonverbaler Merkmale, die Personen, solchermaßen gegendert als ›Frauen‹ und ›Männer‹ sehend zugeschrieben werden. Menschen meinen im Allgemeinen, in diesem visuellen Wahrnehmen Gender und Genderzugehörigkeit in der Regel zweifelsfrei und klar ablesen zu können.

Eine weitere wichtige Ebene des Einlesens von Gender über visuelle Wahrnehmungen realisiert sich über sekundäre Indizien.

- Dies sind zum Beispiel genderbezogene Zuordnungen von Accessoires am Körper oder jenseits des Körpers. Es bedarf dabei nicht unbedingt einer direkten Anwesenheit einer Person, die diese Accessoires trägt – es kann zum Beispiel sein, dass du von einer Jacke oder Tasche, einem Fingerring oder einer Halskette Schlussfolgerungen auf die Person ziehst, die diese zu tragen oder mit sich zu führen hätte.
- Solche genderbezogenen Rückschlüsse von Utensilien auf Personen, direkt oder auch unabhängig von der konkreten Anwesenheit von Personen, werden auch gezogen in Bezug auf Mäntel, Hüte und Mützen, Schuhe und Socken, T-Shirts, Unterwäsche,

und alle möglichen Formen von Bekleidung – von Arbeitskleidung über Freizeitbekleidung und Sportkleidung bis hin zu Kleidung für einen Opernbesuch.
- Ebenso gehören dazu Utensilien wie Regenschirme, Füller, Notizbücher und Kalender, Laptops und Smartphone-Hüllen, Taschentücher und Kulturbeutel, Zahnbürsten und Shampoos, Zeitschriften und Buchcover sowie vieles weitere mehr.

Darüber hinaus realisieren sich gendernde Wahrnehmungen auch auf einer akustischen und einer geruchlichen Ebene, wenn du zum Beispiel meinst

- Gender zu hören, indem du Gender festmachst an Stimmlage, Intonation, Lautstärke beim Sprechen in unterschiedlichen Situationen, Stimmausdruck bei Wut oder Angst, Trauer und Freude, Singstimme und dem Lachen einer Person.
- Daneben kannst du auch Gender am Geräusch von Schritten, Schuhen, dem Öffnen und Schließen von Türen zuschreiben. Alles dies kannst du gegendert wahrnehmen und konventionell zweigegendert performen. Die Einlesungen sind dabei sowohl kulturell verschieden als auch unterschiedlich für unterschiedliche Klassenzugehörigkeiten.
- Gender zu riechen, indem du Gender festmachst an Haut- und Schweißgeruch und an Hygieneartikeln, die den Körpergeruch überlagern, wie Seifen, Shampoos und Parfüms.

All diese verschiedenen optischen, akustischen und geruchlichen Eindrücke bilden, häufig in Kombination miteinander, den unbewussten Rahmen des Wahrnehmens, innerhalb dessen du Menschen andauernd und automatisch in eine von zwei Gendergruppen einteilst. Wenn dich zum Beispiel auf der Straße eine fremde Person mit Bart, breiten Schultern und tiefer Stimme nach dem Weg fragt, liest du vielleicht diese Person unbemerkt und quasi nebenbei als Mann ein, ohne überhaupt zu bemerken, dass du gerade eine Handlung in Form einer Kategorisierung vollziehst. In dem Moment, wo du meinst, eine Person als Mann zu erkennen, machst du diese Person für dich zu einem Mann. Vermeintliche Identifikationen von Gender sind also eigentlich Produktionen von Gender.

Du produzierst Gender in dir und für dich selbst, aber häufig auch für andere gleich mit. Denn Genderproduktionen laufen nicht isoliert ab, sondern werden in Kommunikation weitergegeben – im Sprechen über andere bestätigt und verstärkt. Wenn du also meinst, das Gender einer Person ›identifiziert‹ zu haben, re_produzierst du diese Genderung im Kommunizieren über diese Person oder auch mit dieser Person – die Genderung hat dann Auswirkungen darauf, wie du stehst, lachst oder lächelst, wie du dich ausdrückst, wie ernst du das Gegenüber nimmst, was du der anderen Person an Kompetenzen, Fähigkeiten, Handlungen unterstellst, wie du dich selbst im Verhältnis zu der anderen Person positionierst.

Wie etwas wahrgenommen wird und wie etwas sprachlich kommuniziert wird, hängt also ganz grundlegend miteinander zusammen. Die obige Auflistung von gegenderten visuellen, akustischen und geruchlichen Wahrnehmungsnormen macht deutlich, dass Exgenderungen des eigenen Wahrnehmens auf mehreren Ebenen gleichzeitig möglich sind. Gegenderte Wahrnehmungen sind komplex und so sind es folglich auch exgendernde Veränderungen dieser Wahrnehmungen. Ein solchermaßen verändertes Wahrnehmen erfordert eine große Offenheit und Flexibilität im Umgang mit Welt und anderen Menschen. Exgenderung setzt in diesem Sinne die Bereitschaft voraus, dich kontinuierlich mit Fragen auseinanderzusetzen wie:

- Warum assoziiere ich eine hohe Stimmlage automatisch mit Weiblichkeit?
- Wieso denke ich, eine Person mit Bartwuchs müsse ein Mann sein?
- Warum klassifiziere ich ein herb duftendes Parfüm als Männerparfüm?

Indem du gendernde Wahrnehmungsnormen grundlegend hinterfragst und loslässt, öffnest du dich für die

Möglichkeit, dass es auf all diese Fragen keine Antworten gibt, die jenseits von genderistischen Gesellschaftsstrukturen liegen. Du öffnest dich für die Möglichkeit, Gender nicht mehr an Individuen festzumachen, sondern deine Auseinandersetzungen mit Gender auf eine strukturelle Ebene – auf die Ebene der der Kritik an genderistischen Gewaltstrukturen – zu verschieben.

Neben der Strategie exgendernd wahrzunehmen ist die zweite zentrale Strategie von Exit Gender, Genderismus wahrzunehmen und zu benennen. Diese Strategie wird im folgenden Abschnitt dargestellt.

Genderismus benennen

Exgenderung lässt also Genderzuschreibungen an Individuen los und gleichzeitig wird die Aufmerksamkeit für die strukturelle Ebene genderistischer Diskriminierungen geschärft. Beide Strategien gehören zusammen, denn nur das Loslassen von Genderung bei Individuen ermöglicht einen prinzipielleren Blick auf die strukturelle Ebene genderistischer Diskriminierung. Die Strategie Genderismus zu benennen, setzt zunächst einmal die Bereitschaft voraus, sich Gesellschaftsstrukturen und ihre machtvollen Effekte auf Individuen näher anzuschauen, anstatt Individuen als Repräsentant*innen eines Genders pauschal festzuschreiben. Dieser Ansatz erfordert eine Differenzierung zwischen Individuen und gesellschaftlichen Strukturen sowie eine Aufmerksamkeit für das kontinuierliche Wechselwirken zwischen Individuen und Gesellschaftsstrukturen. Es wird aber noch komplexer.

Denn Genderismus auf einer strukturellen Ebene zu lokalisieren, bedeutet nicht, dass genderistische Diskriminierungen sich nicht über individuelles Handeln realisieren und ebenso nicht in individuellen Handlungen wahrgenommen werden können. Individuen, sowohl in diskriminierten als auch in privilegierten Positionierungen, verinnerlichen strukturelle Diskriminierungen und bringen dies unter Umständen in nicht notwendigerweise beabsichtigtem diskriminierenden Handeln zum Ausdruck.

Um diese äußerst komplexe Situation verstehen zu können, schlagen wir hier ein Modell vor, in welchem die Beziehung zwischen struktureller Gewalt und Individuum über den Aspekt der Verinnerlichung von struktureller

Gewalt durch Individuen miteinander verlinkt ist. Unter dem Begriff ›Selbstgewalt‹ thematisieren wir zunächst potentielle Auswirkungen der Verinnerlichung strukturueller Gewalt für diskriminiert positionierte Personen und formulieren Vorschläge des selbstsorgsamen Umgangs damit. Danach thematisieren wir potentielle Auswirkungen der Verinnerlichung struktureller Gewalt für Privilegierte. Wir machen Vorschläge dazu, wie du aus diskriminierter Positionierung mit potentiell gewaltvollen Handlungen Privilegierter umgehen kannst, ohne diese auf ein Gender festzuschreiben. Wichtig dabei ist – dies thematisieren wir im abschließenden dritten Punkt – dass exgenderndes Handeln deinerseits andere nicht aus ihrer jeweils eigenen Handlungsverantwortung entlässt.

Alle drei thematischen Schwerpunkte sind Grundhaltungen im Rahmen der Strategie ›Genderismus benennen‹. Sie ermöglichen es, Gewalt nicht auf Individuen zu reduzieren, sondern strukturell zu kontextualisieren und sie zugleich doch konkret wahrnehmbar und kritisierbar zu machen.

Diskriminierende Selbstgewalt wahrnehmen lernen

Es gibt eine Vielzahl von Interaktionssituationen, in denen Menschen genderistische Gewalt verinnerlicht haben. Wenn Diskriminierte die eigene Gewaltzurichtung nicht als solche wahr- und ernst nehmen, setzt sie sich ungebrochen und eventuell auch unbemerkt fort. Durch die Verinnerlichung genderistischer Gewalt wiederholt, verstärkt und normalisiert sich diese Gewalt. Dies findet unter anderem durch unterschiedliche bewertende und vergleichende Selbstansprachen statt. Diese können sinngemäß sein: »Ich bin nun mal nicht so stark/technisch begabt/schnell/mutig... wie ein Cis-Mann. Daher kann ich nicht...«. Oder: »Ich bin nun mal zu dick/hab zu breite Hüften/einen zu dicken Bauch/zu fette Oberschenkel/ein Doppelkinn. Ich bin nicht schön genug.« In diesen Fällen liegt ein Bewusstsein über die gegenderte Bewertung vor. Es kann aber auch sein, dass diese Bewertung gar nicht so bewusst ist, sondern als Teil eigener Normalität wegerklärt wird, auch wenn es sich auf diese Weise um ein selbstschädigendes oder selbsteinschränkendes Agieren handelt. Dies äußert sich beispielsweise so: »Ich mag nicht alleine reisen/nachts spazieren gehen/ins Kino gehen«, oder: »Mir macht es nichts aus, dass mein Partner seine Gefühle nicht verbalisiert/manchmal Luft ablassen muss und mich anschreit/nicht will, dass ich mich mit anderen Männern unterhalte.« Neben diesen Beispielen für verinnerlichten Heteragenderismus gibt es die verinnerlichte Diskriminierung ebenso bei Cisgenderismus. Beispiele wären hier: »Es macht mir nichts aus, wenn Leute mich falsch gendern/

wenn meine Eltern meinen neuen Vornamen nicht benutzen/wenn Bekannte und Kolleg*innen wissen wollen, wie mein bei Geburt zugewiesenes Geschlecht sei/welcher Name in meinem Ausweis steht/wenn ich aus Toiletten geschmissen werde. Das ist halt schwierig zu verstehen/akzeptieren/wahrzunehmen für die anderen, dass ich so bin.«

Das ›Nichts-Ausmachen‹ ist ein deutliches Indiz für eine verinnerlichte Diskriminierung. Dies kann manchmal eine leichter erscheinende Strategie sein, um zu überleben, als sich mit Diskriminierungen bewusst auseinanderzusetzen. Es zeigt jedoch auch, wie stark sich Gewalt als Normalität im eigenen Selbstverständnis verankert hat: nichts wert zu sein oder nicht so viel wert zu sein, sich selbst nicht zu mögen oder mit Selbstlieben zu begegnen, sich nicht okay zu finden, können Indizien sein für eine verinnerlichte strukturelle Gewalt bei Diskriminierten.

Lieber nichts zu sagen, weil du Angst hast als wütend, aggressiv, zu laut, zu vorlaut, zu emotional... eingelesen zu werden, oder, weil du dann überhaupt sichtbar wärst, können auch Indizien einer verinnerlichten Diskriminierung sein, die dazu führen, sich selbst anzupassen, sich selbst nicht ernst zu nehmen, sondern sich negativ zu bewerten und das eigene Empfinden herunterzuspielen oder zu ignorieren. Die über Genderismus oder Rassismus oder BeHindert-Werden so in das

Selbstempfinden einsickernden Diskriminierungsmuster und -vorstellungen sind nur schwer wieder aus dem eigenen Selbstempfinden zu lösen.

Bei dir selbst anzufangen, indem du als genderistisch diskriminierte Person diese Selbstaussagen als Indizien verinnerlichter Diskriminierung begreifst und sie als solche hinterfragst, kann eine wichtige erste Bewegung sein hin zu einem Ausstieg aus Genderlogiken. Exit Gender kann also auch eine Strategie sein, um sich verinnerlichte strukturelle Gewalt bewusst zu machen und sich davon Stück für Stück zu verabschieden.

Die folgende Übung richtet sich an Menschen, die über Genderismus diskriminiert werden.

Schreibe Sätze auf, die du dir selbst sagst und mit denen du dich potentiell schlecht bewertest, negativ vergleichst oder von Handlungsmöglichkeiten abschneidest.

Reflektiere über diese Sätze und überlege, wie du dich von diesen starken negativen Selbstbewertungen verabschieden kannst. Was braucht es, damit du dich okay findest?

Schreibe als zweites auf, was du dir in solchen Situationen von dir und von anderen wünschen würdest. Wie kannst du dir liebevolle Einfühlung geben zu den vielen verinnerlichten Diskriminierungen von dir selbst?

Privilegierten diskriminierungskritisches Handlungsvermögen zusprechen

Die hier vorgestellte Strategie, Genderismus zu benennen ist recht komplex – wir teilen sie in verschiedene Perspektiven auf: An einem Beispiel über die Wahrnehmung von Menschen, die über Genderismus privilegiert sind, verdeutlichen wir im folgenden Abschnitt, inwiefern eine Trennung zwischen Individuen und genderistischen Strukturen relevant ist. Diese Perspektive kann herausfordernd sein, ist jedoch, wie wir im Anschluss an das Beispiel diskutieren, in keiner Weise als eine Bagatellisierung von Genderismus zu verstehen.

Stell dir vor, du steigst in eine volle U-Bahn. Eigentlich wäre noch ein Platz frei, aber rechts und links von diesem Platz sitzen zwei Personen so breitbeinig, dass dieser Platz blockiert ist und du dich nicht setzen kannst. Vielleicht ist dein erster, unvermittelter Gedanke: Typisch männlich! Bleibst du bei diesem Gedanken und ersten schnellen Eindruck stehen, wäre deine Einschätzung der Situation an diesem Punkt abgeschlossen. Wenn du aber stattdessen versuchst, die erste Strategie – exgendernd wahrzunehmen und die beiden Personen also versuchst zuerst als Personen wahrzunehmen, statt als Verkörperungen von Cis-Männlichkeit, dann werden vielleicht plötzlich ganz andere Einschätzungen der Situation möglich. Zum Beispiel käme nun die Annahme infrage, dass die breitbeinige Sitzposition der beiden darin begründet sein könnte, dass sie im Vergleich zu geschlossenen Beinen bequemer ist. Oder es wäre auch die Annahme möglich, dass die Personen mit ihren Beinen viel Raum einnehmen, weil sie versuchen, körperlichen Nahkontakt zu vermeiden. Denn mit der breitbeinigen Sitzhaltung sichern sie sich einen größeren individuellen Raum. Indem du verschiedene Gedanken ausprobierst, deren Ausgangspunkt nicht die von dir angenommene männliche Genderpositionierung der Personen ist und ein ›typisch männliches Verhalten‹, kann sich das Spektrum deiner Einschätzungen vom Handeln und den Motivationen anderer Menschen erweitern. Du lässt in diesem Moment stereotype Rollenbilder los.

Noch stärker ist dies der Fall, wenn du versuchst, nicht zu interpretieren, sondern zu beobachten. Also nicht den Personen Männlichkeit zuschreibst, sondern versuchst, so präzise und kleinteilig wie möglich zu beobachten, ohne Interpretationen und Bewertungen mit einzubauen. Die Beobachtung könnte dann lauten: »Ich komme in die U-Bahn. Auf einer Bank sitzen zwei Personen. Zwischen den beiden ist ein Platz frei. Die Beine der beiden Personen sind so breit auseinander, dass eine dritte Person sich nicht setzen kann, wenn die beiden so sitzen bleiben.«

Beim Ausprobieren, die Handlungen anderer Menschen zu exgendern, soll nicht potentielle Gewalt relativiert werden oder potentiell gewaltvolles Handeln entschuldigt, kleingeredet, individualisiert oder normalisiert. Es kann vielmehr Unvoreingenommenheit geübt werden, um mit dem Menschlichen einer anderen Person in Kontakt zu kommen, anstatt durch die Zuschreibung eines Genders von vorne herein jeden zwischenmenschlichen Kontakt zu unterbinden und durch eine bewertende und schließende Genderzuschreibung zu ersetzen. Aus einer unvoreingenommenen Grundhaltung heraus wird es leichter, dich auf dein Gegenüber zuzubewegen und zum Beispiel auf das Platzproblem aufmerksam zu machen und zu sagen, dass du dich setzen möchtest. Zwar macht diese Offenheit die Handlungen anderer Personen nicht weniger machtvoll (und potentiell cis-männlich privilegiert in diesem Fall), sie bringt dich aber in eine machtvollere Position, weil du mehr ins eigene Handeln kommst: Du gestattest dir den Wunsch nach Platz in der U-Bahn und gibst deinen Raum nicht schon vorher verloren, weil du keine Lust hast, einem potentiellen Machogehabe etwas entgegenzuhalten oder gegen die Verkörperung privilegierter Macht anzugehen. Du bleibst stärker bei dir, setzt dich für deine Bedürfnisse ein und – und das ist der entscheidende Unterschied – eröffnest so gleichzeitig auch einen Raum von Handlungsmöglichkeiten und Verantwortungsübernahme für eine andere Person. Du schreibst der breitbeinig sitzenden Person nicht die Macht zu und überlässt ihr damit den geteilten Raum und ziehst dich zurück – und bestätigst auf diese Weise die Wirkmächtigkeit einer privilegierten Genderrolle. Du liest die andere Person also nicht auf eine Weise ein, die dich vielleicht von vorneherein zur Resignation, zur Aufgabe deiner Bedürfnisse und damit zu einer impliziten Bestätigung eines genderistischen Machtmodells bewegt. Sondern du bleibst bei dir und eröffnest der anderen Person eine vielleicht ganz neue Handlungsoption – zum Beispiel kollektiv geteilten Platz achtsamer zu nutzen. Du eröffnest in einer solchen Re_Aktion der anderen Person also ein ganz anderes Handlungsspektrum und euch beiden damit eine ganz andere Möglichkeit des Begegnens. Du übernimmst Verantwortung für dein eigenes Handeln, statt dein Handeln durch vorgefertigte Genderschablonen zu begründen und die eigene internalisierte Diskriminierung fortzuschreiben.

Der spannende Punkt ist hier also, dass auch durch Genderismus diskriminierte Personen wie Frauen*, Trans* und exgendernd handelnde Personen Machträume bestätigen, wenn sie von vornherein aufgeben und indem sie auf der Basis einer Einlesung von Personen den Raum und den Wunsch nach eigenem Raum abgeben. Dies zu realisieren kann ein schwieriger und schmerzhafter Prozess sein, denn er macht dir bewusst, dass du, wenn du Machtpositionen hinnimmst, diese so bestätigst und damit auch teilhaftig wirst an der Aufrechterhaltung genderistischer Wirklichkeiten. Diesbezüglich andere Handlungsmöglichkeiten zu erlernen und auszuprobieren ist in keiner Weise gleichzusetzen damit, so zu tun als gäbe es Genderismus nicht, als wärst du in einer Post-Gender-Gesellschaft. Dies ist definitiv nicht der Fall. Genderzuschreibungen scheinen wichtiger denn je. Die Aufrechterhaltung konservativer Genderrollen ist ein wichtiger Bestandteil institutioneller Politiken. Das Absetzen einer gegenderten Brille muss also gleichzeitig mit einem Perspektivwechsel passieren. Dann kann die Vielschichtigkeit von Genderismus auch über die Herstellung von sozialen Genderrollen wahrgenommen werden (und mensch kann sich dazu kritisch verhalten). Das heißt, es ist wichtig sich zu fragen, inwiefern das eigene Verhalten in einer Situation versucht Gender infrage zu stellen, oder inwiefern Genderismus durch das eigene Verhalten ignoriert und kleingeredet wird.

Es ist für uns wichtig zu versuchen, genderistische gewaltvolle Wirklichkeiten zu verändern und gleichzeitig die durch Genderismus hervorgebrachte Unverbrüchlichkeit von Gender nicht zu re_produzieren.

Dies ist immer auch eine Gratwanderung. Bezogen auf die U-Bahn-Situation könnte eine solche Auseinandersetzung bearbeitet werden mit der Frage:

Was würde eine Wahrnehmung einer anderen Person als ›typisch Mann‹ in dieser Situation bringen – außer dass du frustriert bist und keine möglichen sozialen Veränderungen für dich wahrnimmst?

Privilegierungen funktionieren vor allem auch darüber, dass sie den Menschen nicht bewusst sind – nicht bewusst sein müssen, weil sie unter anderem nicht darauf angesprochen werden. Wenn du anwesend bist mit deinen Bedürfnissen und eine Person also bittest Platz zu machen, damit du dich auch setzen kannst, eröffnest du der Person die Möglichkeit, reflektiert und respektvoll zu handeln.

Wenn du an einem öffentlichen Ort wie in einer U-Bahn, einem Wartezimmer oder einem Café bist, versuche doch mal, die Personen um dich herum nicht über ihr Verhalten zu gendern. Bei welchen Verhaltensweisen kommt es dir schwierig vor, diese zu exgendern und warum? Mache dir in deinem Überlegen gendernde Stereotype und Bewertungen deutlich. Wenn du zum Beispiel das Telefonieren einer anderen Person laut und schrill findest und sie als Cis-Frau einliest, das Miteinander-Kommunizieren von einer Gruppe von Menschen auf der Straße als Gröhlen und als cis-männlich – und du bist von beidem jeweils genervt, frage dich, ob du das Sprechen auch als laut, schrill und gröhlend einlesen würdest, wenn du es nicht auch gleichzeitig genderst.

Deine eigene Handlungsverantwortung und die Verantwortung anderer Menschen anerkennen

Andere nicht zu gendern setzt voraus, sich der Verantwortung für das eigene Handeln bewusst zu werden. In dem Zusammenhang kann es in bestimmten Interaktionssituationen hilfreich sein, nicht nur zwischen Strukturen und Personen, sondern auch zwischen deiner Eigenverantwortung und der Verantwortung anderer Menschen zu unterscheiden. Verantwortung für dein Handeln zu übernehmen bedeutet nicht, dass du für den gesamten Handlungskontext, an dem auch andere Menschen beteiligt sind, verantwortlich bist. Anders formuliert:

Wenn du andere Menschen exgendernd wahrnimmst, heißt das nicht umgekehrt, dass andere Menschen keine Verantwortung mehr trügen. Sie sind weiterhin verantwortlich für ihre gegebenenfalls unreflektierten und machtvollen Handlungen, die sie aus potentiell privilegierten Genderpositionierungen heraus machen.

Denn strukturelle Privilegierungen realisieren sich nun mal auch in individuellem Handeln und werden über individuelles Handeln erfassbar. Es liegt in der Verantwortung jeder Person, solidarisches und achtsames Verhalten mit den eigenen potentiellen Privilegierungen zu finden. Das heißt umgekehrt jedoch nicht, dass alle privilegierten Personen dazu eine Bereitschaft entwickeln möchten. Es gibt auch privilegierte Personen, die sich ihrer machtvollen Position und der Macht, die sie aus dieser Position über andere ausüben, bewusst sind und Machtstrukturen auch gar nicht verändern möchten. Wenn über Androgenderung privilegierte Personen darauf beharren, es sei völlig okay, dass ›Männer‹ besser bezahlte Jobs haben als ›Frauen‹ und ›Frauen‹ nun mal besser seien in (unbezahlten) Repro- und Care-Arbeiten, oder wenn über Andro- und Heteragenderung privilegierte Personen darauf beharren, es sei völlig okay, wenn ›Männer‹ ›Frauen‹ anhand von sexistischen Schönheitsnormen be- und abwerten, oder wenn über Cisgenderung privilegierte Personen darauf beharren, es sei völlig okay, trans*, non-binäre und exgendernd handelnde Personen aus Antidiskriminierungsprogrammen, aus Sportgruppen, aus Umkleidekabinen und aus öffentlichen Toiletten auszuschließen, dann kannst du das vielleicht genauso wenig verändern, wie solche Personen etwas an Diskriminierungsstrukturen verändern möchten: Diese Personen handeln dann gewaltvoll und Gewaltstrukturen immer wieder neu bestätigend. In unserem Ansatz hier wäre es trotzdem eine Möglichkeit, aus einem solchen Verhalten kein Pauschalurteil abzuleiten über alle Menschen, die über Genderismus privilegiert positioniert sind. Es wäre stattdessen eine Möglichkeit, dass du dich auf Kontakte mit Personen konzentrierst, die zuhören und die an einem kritischen und solidarischen Miteinander interessiert sind. Du könntest dir außerdem bewusst machen, dass viele Menschen vielleicht grundsätzlich zu solidarischem Handeln bereit sind, aber bisher noch kaum einen Anlass wahrgenommen haben, sich mit ihren Privilegierungen auseinanderzusetzen.

Breitbeinig in der U-Bahn zu sitzen kann ein unreflektiertes männliches Platzeinnehmen sein, eine Unachtsamkeit, die eine Person bisher gar nicht reflektieren musste, da sie nicht darauf angesprochen worden ist – die machtvollen Normen in ihrem eigenen Handeln also vielleicht noch nie hinterfragt gefunden hat. Es ist ein Kennzeichen von Privilegierungen, dass sie für die privilegierten Personen zumeist unbeachtet und unreflektiert ›einfach so‹ sind. Privilegierte Personen sind sich ihrer machtvollen Privilegien häufig nicht bewusst, sondern nehmen sie als normal und bequem wahr, ohne sich der Konsequenzen bewusst zu sein, die sie für diskriminierte

Personen haben. Sich Privilegien bewusst zu machen, kann mitunter ein herausfordernder Prozess sein, da die Bewusstmachung eine Auseinandersetzung damit erfordert, dass mit dem eigenen Handeln unter Umständen unreflektiert Macht ausgeübt und gewaltvoll in das Leben anderer Personen eingegriffen wird.

Eigene Privilegien zu reflektieren und aus ihrer unbewussten Normalität zu entlassen kann ein inspirierender und erweiternder Prozess sein, um Wirklichkeit vielschichtiger wahrzunehmen.

Für Personen, die zu Genderismus (teil-) privilegiert positioniert sind:

Erinnere dich an eine Situation, in der du eine Person aufgrund des Genders, dass du ihr zugeschrieben hast, entweder

- als in bestimmten Räumen nicht zugehörig, oder
- als in bestimmten Situationen weniger handlungsfähig/urteilsfähig/leistungsfähig/kompetent...

bewertet hast.

Wir geben dir hier zunächst ein paar Beispiele zur Verdeutlichung:

Zweigendernde, cisgendernde Privilegien (Du verstehst dich als Cis-Mann):

> Du warst in der ›Männerabteilung‹ eines Bekleidungsladens und hast eine Person dort einkaufen sehen, von der du dich gefragt hast, ob sie in dieser Abteilung überhaupt richtig ist. Um dir diese Frage zu beantworten, hast du den Körper der Person auf Anzeichen von ›Männlichkeit‹ abgesucht.

Zweigendernde, androgendernde Privilegien (du verstehst dich als Mann):

Du warst als helfende Person bei einem Umzug dabei und hast Personen, die du als ›Frauen‹ eingelesen hast, gefragt, ob du ihnen nicht lieber die Waschmaschine oder die Geschirrspülmaschine abnehmen sollst, weil du der Meinung warst, diese seien zu schwer für die von dir als ›Frauen‹ eingelesenen Personen.

Zweigendernde, cisgendernde Privilegien (du verstehst dich als Cis-Frau):

Du warst in einer öffentlichen Umkleidekabine für ›Frauen‹, hast dort eine andere Person als ›Mann‹ eingelesen, warst empört und hast eventuell die Person dazu aufgefordert, die ›Frauenumkleidekabine‹ zu verlassen.

Zweigendernde, heteragendernde Privilegien (du verstehst dich als Hetera):

Du bist mit einer Person bekannt/befreundinnt* die du als ›Lesbe‹ einliest und fragst sie, wie das denn bei ihr so ist mit Sexualität, ob das denn nicht komisch und umständlich ist mit zwei ›Frauenkörpern‹.

Transgendernde, zweigendernde Privilegien (du verstehst dich als Person mit Transitionsgeschichte):

Du bist genervt von einer Person, mit der du arbeitest, die ein paar Monate ein neues Pronomen hatte und dann auf einmal wieder ein anderes Pronomen will und auch andere Sprachformen, die nicht Sternchen oder Weiblichkeit oder Männlichkeit aufrufen und die du alle noch nie gehört hast.

Stelle dir nun die folgenden Fragen:

- Auf Grundlage welcher visuellen oder akustischen Wahrnehmungen hast du die Person(en) gegendert?

- Welches vermeintliche Wissen über diese Personen hast du aus der Genderung abgeleitet?

- Was für Bewertungen der Personen hast du wegen dieses vermeintlichen Wissens gemacht?

Was für Handlungsalternativen, die nicht gendernd sind, hätte es in diesen Situationen gegeben und was hätten diese Alternativen an deiner Wahrnehmung der Person und/oder der Interaktion mit der Person verändert?

Privilegierungen sind relativ, wie aus den Beispielen deutlich wird. Auch Personen, die durch Androgenderung diskriminiert werden, können teilprivilegiert sein gegenüber Personen, die über Cisgenderung diskriminiert werden und so weiter. Privilegierte Personen können bereit und willens sein, ihre Privilegierungen zu hinterfragen und ihr Verhalten zu verändern – oder eben auch nicht.

Es macht also Sinn, einzelne Erfahrungen mit Personen, die ihre Privilegierungen nicht hinterfragen wollen, nicht zur Basis der Wahrnehmung anderer, ähnlich positionierter Menschen zu machen. Das heißt, einzelne Erfahrungen nicht auf andere zu übertragen und stattdessen offen zu bleiben und auch die eigene Beteiligung an Genderungen zu reflektieren.

Wenn du also Personen, wie im Beispiel mit der U-Bahn, als cis-männlich einliest und dich über deren vermeintlich cis-männliches, Raum einnehmendes Verhalten aufregst, dann stellst du keine die Personen betreffende Tatsache fest, die auch ohne dein Einlesen einfach so zutreffend oder wahr wäre. Vielmehr ist dein Einlesen einer Person als männlich ein Handeln – du stellst in dem Moment Männlichkeit als machtvolle Kategorisierung und Zuordnung her. Diese Zuordnung hat auch Auswirkungen auf dein eigenes Verhalten in raumgreifenden, potentiell diskriminierenden Situationen. Die folgenden Punkte machen dies deutlich:

- Du kannst nicht wissen, ob es sich bei den Personen um cis- oder um transmännlich positionierte Personen handelt, ob die Gender-Performance für die Person also machtstabilisierende oder andere Funktionen hat. In dem Moment aber, wo du die Person als ›typischen Mann‹ festschreibst, hat diese Überlegung keinen Raum mehr. Deine Kategorisierung der Person und damit auch deine Einschätzung der Situation sind mit der gendernden Einlesung abgeschlossen.
- Eine machtvolle Performance wird auch dadurch legitimiert, dass du sie in ihrer Macht anerkennst. Du könntest der Performance einer Person auch ihre Legitimation entziehen, indem du sie nicht annimmst, nicht akzeptierst durch dein Einlesen, Wahrnehmen, Verhalten. Es ist – zumindest bedingt – immer auch

deine Entscheidung, ob du eine sich selbst immer wieder re_produzierende Autorisierung einer Person anerkennst oder nicht. Erkennst du sie nicht an, setzt dies zwar nicht die Machtstrukturen, welche diese Rolle legitimieren, außer Kraft, aber es versetzt dich in die Position, die Menschen ›hinter‹ ihrer Rolle anzusprechen und mit ihnen in einen Dialog zu kommen. Ein Stück weit entzieht es privilegierten Personen auch ihre (unbewusste) Macht, wenn du diese nicht für gegeben hinnimmst.

- Auch wenn die Macht von der privilegierten Person ausgeübt wird und diese für ihre Machtausübung verantwortlich ist, hast du doch auch die Möglichkeit, auf diese Weise die Machtposition nicht einfach weiter zu bestätigen und damit teilhaftig an ihrer Realisierung zu werden. Denkst du also in der U-Bahn ›typisch Cis-Mann‹ und gehst in der Bahn woanders hin, bleibst dort stehen stattdessen oder machst dich klein, dann wirkst du mit an der Machtausübung der privilegierten Person, erleichterst und vereinfachst die Machtausübung, normalisierst sie und lieferst dich ihr ein Stück weit – sofern du es bestimmen kannst – auch selbst aus. Dieses genderistische Schema der Verinnerlichung von Gewaltstrukturen durch Diskriminierte führt häufig dazu, ein privilegiertes – in diesem Fall männliches – Verhalten zu entschuldigen: »Er kann nun mal nicht anders – er ist ja ein Mann.«, oder klein zu reden: »Männer können nun mal nicht so gut über Gefühle reden«, »Der versteht doch sowieso nicht, was das Problem ist.« Diskriminierten fällt es häufig leichter, die sozialen Zuschreibungen, denen sie kontinuierlich ausgesetzt sind, als solche wahrzunehmen und zu hinterfragen. Privilegierte erleben das eigene Leben in der Regel nicht als geformt von sozialen Normen, sondern verstehen sich als Individuen, die unabhängig von Diskriminierungsstrukturen ›einfach als Menschen‹ handeln, dies gilt auch für Privilegierte in Bezug auf andere Machtverhältnisse wie Rassismus und BeHindert-Werden. Privilegierte neigen zu Universalisierungen des eigenen Standpunkts und der eigenen Erfahrungen und sind schockiert, ungläubig oder aggressiv, wenn dies nicht von anderen übernommen wird. Eine Auseinandersetzung mit den sozialen Rollen, die eine Privilegierung mit sich bringt, fällt vielen Privilegierten schwer: Sie würden damit ihren Glauben an ihre Allgemeinmenschlichkeit aufgeben müssen. Die Welt, die sich so klar in allen Einzelheiten auf sie bezog, wird auf einmal unsicherer. Sie fühlen sich herausgefordert, ohne es fassen zu können. Eine nicht durch Gender vorgeprägte Wahrnehmung kann Menschen dazu verhelfen, sich mit den sozialen Zuschreibungen des eigenen Verhaltens und ihren gewaltvollen Effekten auseinanderzusetzen.

Menschen zu exgendern bedeutet also nicht, schwieriges oder respektloses Verhalten auszuhalten oder wegzureden, sondern die Handlungsfähigkeit und -verantwortung der anderen Person genauso ernst zu nehmen wie die eigene. Wir wissen, dass dies für viele Personen eine herausfordernde, neue Perspektive ist. Sie ist zugleich immer auch gut abzuwägen, falls eine Situation potentiell gewaltvoll oder gefährlich ist.

Die hier eingenommene Perspektive soll neue Handlungsräume eröffnen und damit auch zu einer Gesellschaft beitragen, in der alle Personen Verantwortung für ihr Verhalten übernehmen und lernen dürfen, achtsam und respektvoll miteinander zu sein.

Exgendernd zu handeln kann dazu führen, dir selbst und anderen Personen mehr zuzutrauen: Alle Menschen können diskriminierungskritisch handeln.

Alle Menschen können respektvoll und wertschätzend miteinander sein. Allen Menschen kann es ein Anliegen sein, andere nicht in ihrer Entfaltung einzuschränken und auch natürliche Ressourcen nicht so zu verbrauchen, dass der Welt insgesamt Gewalt angetan wird. Exit Gender ist ein intersektionaler Ansatz, der nicht nur ein Verbunden-Sein von allen Menschen zur Grundlage hat, sondern auch ein Verbunden-Sein mit Welt.

Ordnest du Menschen nicht als erstes nach Gender ein und schreibst ihnen damit unbewusst normalisierte Rollen zu, eröffnest du ihnen die Möglichkeit, eine diskriminierungskritische Wirklichkeit aktiv mitzugestalten. Du verbindest dich mit dem Potential aller Menschen, human, respektvoll und wertschätzend mit sich, anderen und Welt zu agieren.

Du entschuldigst einen genderistischen Witz nicht mehr mit einem »Männer sind nun mal so«. Du ignorierst es nicht, wenn eine Person so viel Sprechzeit einnimmt, dass andere nicht zu Wort kommen. Du gehst nicht darüber hinweg, wenn eine Person, die genderistisch privilegiert ist und mit der du in der WG zusammenwohnst, nie putzt. Du argumentierst dies nicht länger selbstverleugnend und pseudo-harmonisierend mit »ach, das ist mir nicht so wichtig« oder »ach, das hab ich gar nicht gesehen«. Du ziehst dich dann nicht resigniert, hoffnungslos oder verbittert in entsprechenden Situationen zurück. Stattdessen fängst du mit Exit Gender an, schwieriges, respektloses und achtloses Verhalten anzusprechen und Menschen ihre persönliche Verantwortung für ihr respektvolles Verhalten zuzugestehen.

Erklärst du das Verhalten über eine Genderrolle, nimmst du in solchen Situationen eine machtvolle gendernde Zuschreibung vorweg – und stabilisierst damit eine gewaltvolle Situation. Stattdessen kannst du kommunikativ handelnd zum Ausdruck bringen, dass Veränderungen des sozialen Verhaltens jederzeit für alle möglich sind.

In Situationen, in denen du dich auf dein Handeln konzentrierst und nicht auf etwas, dass du irgendwie ›bist‹ als diskriminierte Person, akzeptierst du auch nicht länger diskriminierende Selbst- und Fremdzuschreibungen. Du vollziehst dann Äußerungen wie die folgenden nicht mehr: »Wir Frauen/Trans*/queers* wollen ja nun mal/können ja nicht anders/mögen ja besonders, dass...«. Oder auch Fragen wie: »Wie ist denn Sexualität für dich als trans*/queere/inter Person?«, oder Selbstbefragungen wie: »Bin ich eigentlich wirklich transmännlich, wenn ich kein Testo nehme/keinen Muskelaufbau betreibe/keinen Bartwuchs will/mir nicht die Brüste abbinde/keine Mastek mache?«

Wenn du dich selbst und andere so befragst, sprichst du dir selbst sowie anderen Diskriminierten die Möglichkeit zu handeln ab. Stattdessen re_produzierst du so stereotype diskriminierende Vorstellungen. Oder anders formuliert:

Wenn du Menschen nicht als Re_Präsentantin*nen eines Genders ansprichst, dann könnte es auch wahrscheinlicher werden, dass Menschen dir auch nicht als solche antworten. Sondern einfach als Menschen.

Menschen als Menschen wahrzunehmen ist im Konzept von Exit Gender die geteilte politische Verantwortung von allen Menschen – sowohl von über Genderismus diskriminierten als auch von privilegierten Personen.

Wenn du selbst über Genderismus diskriminiert positioniert bist, macht es Sinn, privilegiert Positionierte nicht auf ein (vermeintlich offensichtliches) Gender festzuschreiben und sie darüber als unveränderbar und in ihren Handlungsmöglichkeiten eingeschränkt zu definieren.

Du kannst in exgenderndem Handeln aus diskriminierter Positionierung allen Personen Verantwortung für ihr individuelles Handeln geben. Damit traust du allen den Wunsch nach diskriminierungskritischen Veränderungen zu und begegnest damit auch erstmal allen offen.

Es ist anzunehmen, dass es kaum Menschen gibt, die niemals mit der ihnen auferlegten Genderkategorie sowie den dazugehörigen Rollenerwartungen hadern. Viele Menschen haben zumindest zeitweise das Gefühl, nicht richtig in ein Gender zu passen und die gegenderten Erwartungen an sie nicht oder nur ungenügend zu erfüllen. Zugespitzte entsprechende Äußerungen, die solches Hadern oder das Gefühl, eine Rolle nicht richtig zu erfüllen, zum Ausdruck bringen, könnten sein: »Ich bin eben nicht weiblich/männlich/transweiblich/transmännlich/genderqueer/non-binär genug.« »Ich möchte meine Weiblichkeit/Queerness/Non-Binarität mehr leben.« Oder: »Ohne Mann/Kinder/jetzt im Alter fühle ich mich nicht als ganze Frau/werde ich gar nicht mehr als Frau wahrgenommen.« »Ohne Testo fühl ich mich nicht wirklich als Transmann anerkannt in der Szene.«

Auch mit allem Zweifeln an dem eigenen ausreichenden Erfüllen von Gendererwartungen wird so die Natürlichkeit und das Vorhandensein von Gender immer wieder neu bestätigt.

Gender(ung) als Praxis des Wahrnehmens, Zuschreibens und Deutens zu verstehen, kann dir bewusst machen, wie du Gendernormen von dir selbst und anderen kontinuierlich re_produzierst: in Anreden, Bekleidungsabteilungen, Vorstellungen zu zweigegenderten Reproduktionsrollen, in Aussehens-, Gefühls- und Verhaltensnormen zu Weiblichkeit und Männlichkeit, zu queer und trans*, in Anreden und im Gebrauch öffentlicher Umkleiden und Toiletten sowie unzähligen weiteren Praktiken. Denn ebenso wie exgendernde Praktiken sind auch Genderungspraktiken, wie beispielsweise Selbstinszenierungen als ›Cis-Frau‹ oder ›Transfrau‹, eben genau das: Gender-Praktiken.

Nicht mehr und nicht weniger. Genauso wenig, wie du Aufräumex bist, weil du dein Zimmer aufgeräumt hast, oder Schuhputzex, weil du heute morgen deine Schuhe geputzt hast, bist du über Zeit und Raum andauernd ›Cis-Frau‹ oder ›Transfrau‹, nur weil dir irgendwann einmal diese Genderkategorie zugeschrieben wurde und du die Zuschreibung in selbstgendernde, also selbstfrauisierende Praktiken übernommen und immer wieder neu bestätigt hast.

Identitäre Bezüge auf Gender stehen also handlungsbasierten Bezügen auf Gender diametral entgegen. Die Vorstellung von Gender als Identität impliziert, jemensch könnte mehr oder weniger handlungsunabhängig ein Gender sein. Exit Gender spricht Menschen nicht ihr Selbstverständnis ab, sondern bietet an, eigene gegenderte Naturalisierungen zu überdenken und sich diese bewusst zu machen. Dies basiert auf der Idee und Vorstellung, dass Gender eine Praxis und kein Personenmerkmal ist.

1. Welche Situation fällt dir ein, in der du einer über Genderismus umfassend privilegierten Gruppe pauschal ein Verhalten oder eine Bewertung unterstellst? Was würde es verändern, in einer konkreten Situation die handelnden Person/en als Individuum/Individuen wahrzunehmen? Besprich dies mit anderen, spielt verschiedene Re_Aktionsmöglichkeiten durch.

2. Welche Situation fällt dir ein, in der du einer über Genderismus diskriminierten Person ein bestimmtes Verhalten aufgrund ihrer Positionierung unterstellt hast? (»Frauen haben nun mal schneller

Angst.« »Dykes imiti eren ja nur Männer und machen auf genauso cool.« »Transfrauen übertreiben aber wirklich mit den Femininitätsperformances.« »Mit den ganzen neuen Trans-Identitäten hab ich ja kein Problem, aber wenn Leute jetzt schon nicht mal mehr er oder sie als Pronomen wollen – das ist jetzt dann doch etwas weltfremd und too much.«)

Wie könntest du in diesen Situationen die Person als Person wahrnehmen und ihr somit mehr Handlungsmacht in deiner Wahrnehmung geben? Diskutiere gerne mit anderen unterschiedliche Situationen, die euch einfallen und Möglichkeiten, euch auf verinnerlichte diskriminierende Abwertungen gegenseitig hinzuweisen. Diskutiert dies aus eurer eigenen Positionierung heraus: Wo traut ihr euch weniger zu, weil ihr diskriminiert seid? Was könnt ihr euch davon bewusst machen?

Personen als Individuen wahrzunehmen und Machtstrukturen als übergeordnete Instanzen, welche Personen, ihr Verhalten und ihre Selbstwahrnehmung prägen, aber nicht Personen ausmachen, eröffnet die Chance, dich selbst und auch andere Menschen wieder als handelnd zu erleben.

Menschen sind primär Menschen und nicht als erstes bestimmten sozialen Gruppen zugeordnet, denen du bestimmtes Verhalten stereotyp unterstellst. Denn Menschen zuallererst als Menschen, die für ihr eigenes Handeln selbst die Verantwortung tragen, zu begreifen, macht es in unserer Wahrnehmung möglich, mehr bei sich selbst zu bleiben. Du arbeitest dich dann nicht am Gegenüber ab und machst dein eigenes Handeln nicht vom Handeln des Gegenübers abhängig. Du erlaubst dir die Vorstellung, dass alle Menschen verantwortungsvoll und respektvoll und achtsam handeln können. Du entschuldigst ein bestimmtes Verhalten nicht schon im Vorhinein über eine Gender-Zuschreibung (»Männer sind nun mal so, sie sehen nicht, dass geputzt werden muss, dass sie zu viel Rederaum einnehmen…«) oder erklärst es weg und nimmst somit Individuen aus ihrer Verantwortung. Exit Gender eröffnet also die Möglichkeit, Individuen kontinuierlich als handelnd zu verstehen.

Egal wie privilegiert du bist, kannst du respektvoll und achtsam mit anderen Menschen und mit Ressourcen sein. Exit Gender eröffnet diese wichtige, grundlegende und Welt verändernde Perspektive als Möglichkeit individuellen politischen Handelns.

Exit Gender erfordert eine Auseinandersetzung damit, wie Genderungen das eigene Wahrnehmen prägen und sich darüber kontinuierlich re_produzieren. Wirst du dir dessen bewusst, kannst du dein Wahrnehmen verändern. Du kannst lernen, zwischen einer strukturellen Ebene und einer individuellen Ebene zu unterscheiden. Du kannst lernen differenziert wahrzunehmen, wie die individuelle mit der strukturellen Ebene zusammenhängt.

Genderistische Gewaltstrukturen realisieren sich über die Manifestation von Genderrollen, die dann wiederum Personen von sich selbst, von anderen und von der Gesellschaft kontinuierlich zugeschrieben werden. Ein wichtiger Ansatz für exgenderndes Handeln ist es, diese sozialen Rollenbilder (wieder) von der Wahrnehmung von Individuen zu lösen. Dazu gehört auch zu verstehen, wie alle Menschen durch strukturelle Gewaltformen wie Genderismus, Rassismus und Klassismus auch in ihrer Selbstwahrnehmung und -performance geprägt sind.

Es ist wichtig, zwischen genderistischen Strukturen und Personen, die in diesen Strukturen leben, aber diese Strukturen nicht per se ›sind‹, zu unterscheiden. Diese Differenzierung erleichtert es, anderen die Fähigkeit zuzugestehen, Verantwortung für ihr Handeln zu übernehmen. Dies wiederum ermöglicht es, beim Agieren in der Welt mehr bei sich selbst zu bleiben, was wiederum Einfluss auf das eigene exgendernde Handeln hat – es wird möglich, anderen unvoreingenommener zu begegnen. Und Unvoreingenommenheit ist umgekehrt eine Grundvoraussetzung für exgenderndes Handeln.

Die Vorstellung von Unvoreingenommenheit ist dabei nicht gleichbedeutend mit der Annahme, dass Genderismus und daraus abgeleitet Gender plötzlich aus allen Köpfen verschwände. Exit Gender heißt nicht, dass es keinen Genderismus mehr gibt. Es ist auch weiterhin wichtig, genderistisches Handeln als solches zu benennen, zu kritisieren und dagegen anzugehen. Exit Gender heißt, sich über ein Existieren von Gender hinaus zu öffnen. Aus ›ExiSt Gender‹ wird so Exit Gender. Das bedeutet, die eigenen Anteile an der Re_Produktion von Gender und damit Genderismus stärker in den Fokus zu nehmen und kontinuierlich zu versuchen, nicht über jede Situation eine gendernde Folie zu legen. Das ist nicht immer möglich und schon gar nicht einfach. Aber es ist eine Voraussetzung, um der Utopie einer exgegenderten Welt ein Stück weit näher zu kommen.

Gender zieht aus

Gender zieht aus, ich ziehe ein,
in meinen Körper,
an diesem Morgen.
Ich laufe am Wasser entlang,
gegen die Stromrichtung.
Es ist früh, ich bin allein.

Ich habe einen forschenden Gang.
Meine Füße lösen sich vom Boden, lösen sich gegenseitig ab in einer gleichmäßigen Schrittabfolge, die kein bisschen gleichförmig ist.
Während ein Fuß in den Boden wächst, hebt sich der andere und bewegt sich nach vorne, hängt in der Luft für einen Moment – es hängt an mir, was wird passieren? – um dann wieder, für einen Moment, Halt zu finden auf dem Untergrund, an einem anderen Ort, wo ich zuvor noch nicht war.
Trap. Trap. Trap. Trap. Trap. – Haftung und Lösung, Innehalten und Bewegen, Sicherheit und Unsicherheit in jedem Schritt.

Ich habe einen Resonanzkörper,
höre die Bewegung meiner Schritte im Raum
zwischen Beinen und Kopf –
Bauchgefühl.

Innen erzeugt der Widerhall meiner Schritte Vibrationen, deren Rhythmus klingt als wäre es meine Körpermitte, die mich geht.
Ich bin ein Resonanzkörper, nur nicht hohl.
Ich bin gefüllt mit Bewegung - in Momenten wie diesem, die mich sein lassen, ohne mich anzuhalten, ohne den Atem anzuhalten.
Ein... Aus... Ein... Aus... Ich bin gefüllt mit Atem.

Ich habe einen Berührungsatem.
Es ist kalt, ich sehe mich vor mir als fließende Nebelwolke - mein Atem, Teil der Welt.
Gehe ich einen Schritt weiter, wird mein Atem schon vor mir dort gewesen sein. Über meinen Atem bin ich verbunden mit dem Raum, den ich betrete.
Ich atme ein, nehme auf, atme aus, gebe ab.
Ich habe Vertrauen in mich. Ich bin zuversichtlich, denn was immer kommt, ich werde Teil davon sein, mich nicht verlieren.

Ich habe eine unbesetzten Brustkorb,
der Korb ist meine Knochen, mein Gewebe, meine Muskeln und meine Bilder.
Der Korb ist wellenförmiges Hebe- und Senkbewegen, in das sich mein Atem legt, flexibel und angepasst, doch angepasst nur an mich und was ich brauche.

Gerade brauche ich nichts, was nicht schon da wäre.
Ich spüre, ich bin ganz.
Ich denke mich ganz.

Ich habe einen Schwebekopf,
der sich manchmal von meinem Hals löst, wenn ich den Hals voll habe von Dingen, für die kein Platz ist in meinem Denken.
Ich mag es, in meinem Kopf zu schweben, ohne die ziehende Schwerkraft zu spüren, die manchmal in meinen Körper wächst.
Doch spüre ich dann zugleich auch nicht meinen Forschungsgang, meinen Resonanzkörper, meinen Berührungsatem, meinen unbesetzten Brustkorb.
Jetzt gerade ruht mein Schwebekopf auf meinen Schultern, fühlt sich dort gehalten.
Ich habe die Schwerkraft vergessen.

Ich habe ein Gedächtnis, eine Gedächtnisblase im Unterleib.
Sie erinnert mich daran, dass etwas nicht gut für mich war.
Erinnern tut weh
und
Erinnern ist wichtig - Erinnern sagt mir, was ich in Zukunft veräußern möchte.
Doch gerade ist weder Vergangenheit noch Zukunft da.

Meine Gedächtnisblase schweigt,
ich bin im Jetzt.

Jetzt zieht Gender aus und ich ziehe ein,
in meinen Körper,
an diesem Morgen.
Ich laufe am Wasser entlang,
in die Richtung gegen den Strom.
Es ist früh, ich bin allein.

Ich habe Gender hinter mir gelassen,
für den Moment,
Trap. Trap. Trap. Trap,
Gender atmend an die Luft gesetzt,
Ein... Aus... Ein... Aus...,
mein Dasein bewegt mich, mein Dasein bewegt sich
um mich,
heben, senken, heben, senken,
und macht mich offen für die Verbindung von mir
und Welt, ich setze nichts voraus,
unbesetzt,
und ich halte mich nicht fest,
loslassen,
kein Grund, mich zu erinnern jetzt.

5 Warum Exit Gender handeln? Anregungen für Handlungsformen bei inneren und äußeren Herausforderungen

Gender ist eine zentrale und zumeist unhinterfragte Basis, ein selbstverständlich erscheinender Bezugspunkt konventionellen Sprachhandelns, Wahrnehmens, Einordnens und Bewertens von Personen. Willst du exgendern, dann bewegst du dich damit in einem Bereich außerhalb dessen, was selbstverständlich sag- und hörbar ist. Dementsprechend kann exgenderndes Handeln Irritationen auslösen – bei anderen, oder auch bei dir selbst. Wahrscheinlich kommt es immer mal wieder zu Situationen, in denen dein Gegenüber überfordert ist mit deinem Sprechen und verständnislos oder ablehnend re_agiert. Vielleicht gibt es auch Situationen, in denen du selbst überfordert bist von verständnislosen oder ablehnenden Re_Aktionen anderer. Oder vielleicht bist du manchmal auch selbst überfordert mit Exit Gender – zum Beispiel aus Angst, nicht mehr anschlussfähig oder verständlich zu sein, nicht mehr gehört zu werden. Diese ganzen verschiedenen Aspekte können auch zusammen auftreten, sie sind nicht klar voneinander trennbar.

Für alle solche Situationen diskutieren wir im Folgenden Argumentations- und andere Handlungsstrategien. Sie können dich darin unterstützen, klare, selbstsorgsame und zugewandte Formen des Handelns in Herausforderungen zu finden.

Abwehr von Exgenderung loslassen

Kennst du solche oder ähnliche Äußerungen dir gegenüber, wenn du versuchst dich exgendernd auszudrücken?

»Wieso sollte ich andere Pronomen als ›sie‹ und ›er‹ verwenden, das ist doch in Sprache überhaupt nicht vorgesehen und grammatikalisch falsch!«

»Immer diese komischen Sprachpolitiken, manchmal sagt man halt was einfach so und meint es gar nicht böse – es gibt ja wohl wirklich wichtigere Themen.«

»Gender spielt doch heutzutage sowieso keine Rolle mehr, warum sich also noch den Kopf darüber zerbrechen?«

Vielleicht kommen dir diese oder ähnliche Äußerungen bekannt vor, weil du sie erlebt hast als Re_Aktionen, wenn du versuchst exgendernd sprachlich anwesend zu sein in Kommunikationssituationen. Vielleicht kennst du sie auch als Re_Aktion auf deine konkrete Bitte an andere, im Sprechen über dich bestimmte genderkritische oder exgendernde Sprachformen zu benutzen. Wir verstehen solche Äußerungen und Gedanken als Ausdruck von Abwehr, vielleicht auch verinnerlichter Selbstabwehr. Menschen, die sich exgendernd ver_orten und Menschen, die sich als trans*, genderqueer, dyke oder non-binär verstehen, sind häufig mit Abwehr anderer konfrontiert, wenn sie versuchen, sprachlich anwesend zu sein. Wenn du exgendernd sprichst, kann sich die Abwehr unter Umständen sogar massiv äußern. Das könnte daran liegen, dass Exit Gender nicht nur für die sprachliche Anerkennung einzelner diskriminiert positionierter Personengruppen kämpft – wie etwa sich als trans* oder non-binär verstehende Personen. Denn Exit Gender setzt sich darüber hinaus für ein Sprechen ein, dass Gender als Definitionskategorie für Menschen grundsätzlich zurückweist. Mit der grundlegenden Hinterfragung von genderndem Sprechen greift Exit Gender also ungleich stärker in genderistische Sprachnormen ein, als es beispielsweise die Wechsel von einem Pronomen in ein anderes tun. Letzteres wäre der Fall bei einem Wechsel von ›sie‹ zu ›er‹ oder umgekehrt. Solche sprachlich flexiblen

Genderungen sind empowernd für Personen, die sich auf Gender beziehen. Sie weisen aber Genderordnungen nicht grundlegend zurück.

Da du also in exgenderndem Sprechen vermutlich mit Abwehr-Re_Aktionen anderer konfrontiert wirst, wollen wir im Folgenden erstmal deutlich machen, was Abwehr überhaupt ist und woran du Abwehr erkennen kannst. Im Anschluss daran formulieren wir einige Vorschläge für Möglichkeiten eines produktiven Reflektierens von Abwehr.

Macht- und gewaltvolle Abwehr-Re_Aktionen

Abwehr meint die Ablehnung von Haltungen, Vorstellungen und Meinungen, die nicht in das eigene Weltbild passen. Abwehr ist dadurch gekennzeichnet, dass die Ablehnung von Haltungen nicht nach intensiven Auseinandersetzungen mit diesen Haltungen erfolgt. Ganz im Gegenteil erfüllt sie eben gerade den Zweck, differenzierte und zuhörende Auseinandersetzungen zu vermeiden. Dies kann der Fall sein, um sich selbst nicht herauszufordern, um Selbstverständlichkeiten nicht in Frage zu stellen, oder aus Angst vor dem Verlust von Orientierungssicherheiten.

Sprachhandelnd wird Abwehr auf viele unterschiedliche Weisen zum Ausdruck gebracht. Formen von Abwehr, die auch kombiniert miteinander auftreten können, sind:

Unvermittelte Gegenargumentationen/ Pauschalisierungen

Bislang unbekannte Perspektiven werden schnellstmöglich zu widerlegen versucht durch Gegenargumente, ohne die eingebrachten Exit-Gender-Argumente wirklich wahrzunehmen, das heißt, sie beispielsweise paraphrasieren zu können und sich differenziert mit ihnen zu beschäftigen. Die ›Gegenargumente‹ sind dabei häufig nicht sonderlich komplex – wie die nachfolgenden Beispiele zeigen – sondern re_produzieren gewaltvolle Allgemeinplätze.

- »Es gibt nunmal zwei Geschlechter, selbst im Tierreich ist das so. Alles, was da nicht reinpasst, ist krankhaft, ein Fehler der Natur.«
- »Mädchen sind nun mal sensibler als Jungen, das ist schon am Verhalten von Kleinkindern beobachtbar.«
- »Heterosexualität ist natürlich, denn sonst würde die Menschheit aussterben.«

Die Äußerungen sind häufig nicht auf den Punkt gebracht, sondern basieren auf einer fälschlichen Einlesung. Sie beziehen sich, ohne dies explizit zu machen, auf eigene Ängste, diskriminierende und als neutral erklärte Vorurteile. Sie stellen ›wir-ihr‹-Logiken her und sind Ausdruck von vermeintlichem ›Allgemeinwissen‹. Da sie so verallgemeinernd argumentieren, transportieren sie ein in sich geschlossenes Weltbild, fokussieren die ›eine richtige‹ Perspektive und formulieren, dass alles andere falsch, abwegig, dogmatisch und gefährlich ist. Häufig ignorieren sie unterschiedliche Positionierungen und Ver_Ortungen in Bezug auf Diskriminierung und tun so, als gäbe es eine allgemeingültige Wahrheit. Auf diese Weise re_produzieren sie häufig privilegierte, als ›allgemeinmenschlich‹ verallgemeinerte Vorstellungen.

Abwiegeln/Kleinreden

Es wird bei diesen Strategien versucht, bislang unbekannten Perspektiven ihre Berechtigung zu entziehen, indem sie als irrelevante ›Sondermeinungen‹ abgetan werden. Häufig werden die so hergestellten ›Sondermeinungen‹ auch emotionalisiert, als extrem, übersensibel und übertrieben abgetan. In Bezug auf exgenderndes Handeln können sich abwiegelnde und kleinredende Abwehrformen in Äußerungen wie den folgenden ausdrücken:

- »Nur 11 Prozent aller Menschen sind lesbisch oder schwul. Das zeigt, dass Homosexualität eine genetische Störung ist.«

- »Es gibt halt so ein paar Verrückte, die nichts besseres zu tun haben als über Pronomen nachzudenken.«
- »Also wissenschaftlich belegbar ist das nicht, was du hier erzählst.«

Handelt es sich um konkrete Sprachveränderungen, wird zusätzlich häufig das Argument der Sprachzensur oder der politischen Korrektheit angebracht – die Sprachveränderung würde zu einem zensierten Sprechen_Schreiben führen, wäre Gewalt an der natürlichen Sprache, würde die Sprache verunstalten und so weiter. Interessanterweise wäre alles das genau zu der Abwehr zu sagen: denn genau hier werden antidiskriminierende Sprachveränderungen zensiert. Es findet hier also eine Umdrehung der Gewaltverhältnisse statt. Wie so häufig in Konflikten, die nicht wirklich ausgetragen werden, sondern bei denen versucht wird eine Seite mundtot zu machen, handelt es sich hier um eine argumentative Übertragung: das, was die äußernden Personen vielleicht unbewusst zu ihrem eigenen Verhalten wahrnehmen, wird hier auf die andere Position übertragen und als negativ und schlecht bewertet. Auch diese Form der Abwehr basiert häufig auf der Vorstellung, dass Wissensproduktionen herrschender Meinungen einen alleinigen Anspruch auf Wahrhaftigkeit hätten und dass es ein objektives und neutrales Wissen gäbe. Sie führen also ebenso zu Verallgemeinmenschlichungen *w*eißer männlicher Positionen. Die so hergestellten ›Sondermeinungen‹

werden dabei häufig entnormalisiert, indem sie ver_rückt gemacht werden, wie in dem zweiten Beispielsatz oben. Darüber verstärken sich ver_rückende und genderistische Gewalt gegenseitig.

Hohn und Spott

Perspektiven werden ins Lächerliche gezogen. Anhand übertriebener Beispiele wird eine versuchte Sprachveränderung als absurd hergestellt, die höchstens Witzcharakter hat.

Beispiele für Äußerungen dieser Abwehrformen sind:

- »Wenn die sich ex nennen, nenne ich mich jetzt Osterhase.«
- »Wer so grundlegende Wahrheiten wie Geschlecht in Frage stellt, sollte sich mal ganz dringend den Kopf untersuchen lassen.«
- »Die Feministinnen regen sich doch nur so über Männer auf, weil die keinen abgekriegt haben.«

Hohn und Spott sind perfide Mittel der Abwehr, weil im Sich-Lustig-Machen die Respektlosigkeit des eigenen Handelns unter dem Deckmantel des ›Humors‹ kaschiert wird. Darüber hinaus erschweren Hohn und Spott kritische Re_Aktionen auf die Abwehr bzw. werden kritische Re_Aktionen häufig als ›Humorlosigkeit‹, ›Biestigkeit‹ oder ›Bitterkeit‹ ausgelegt. Auch hier findet, wie schon in der letzten Rubrik, eine rhetorische projizierende Übertragung statt. Im zweiten Beispielsatz findet sich wieder ein Beispiel der Entnormalisierung über Ver_Rücktheits-Zuschreibungen.

Gehörtes vergessen/nicht anwenden

Neue Perspektiven zu vergessen oder das neu Gelernte nicht anzuwenden, ist häufig ein Versuch, sich potentiellen Veränderungen und Handlungskonsequenzen neuen Wissens zu entziehen.

Beispieläußerungen sind:

- »Andere Pronomen zu verwenden als ›sie‹ und ›er‹, oder schlimmer noch, gar kein Pronomen, ist viel zu kompliziert und außerdem kann sich ja wohl kein Mensch merken, wer da jetzt nochmal wie angesprochen werden will.«
- »Was hast du gesagt? Aha, du willst ohne Pronomen angesprochen werden. Also Lio sagt, sie will ohne Pronomen angesprochen werden.«
- »Ich habe mal versucht Personen exgendernd wahrzunehmen, aber es hat nicht funktioniert. Sie sind nun mal so offensichtlich Männer oder Frauen.«

Diese Formen der Abwehr kommen zum Ausdruck, wenn Menschen auf einer Faktenebene vorher vielleicht etwas verstanden haben, das Gelernte aber nicht in das eigene Handeln integrieren. Dies ist der Fall, wenn Namen und selbstgewählte Pronominaformen immer wieder neu ›vergessen‹ werden. Diese Handlungsweise könnte darauf hindeuten, dass die strukturelle Gewalt nicht wahr- oder ernstgenommen wird.

Ignorieren/Schweigen

Auch Schweigen kann eine Abwehrstrategie sein, weil Schweigen eine Handlung ist, für oder gegen die sich Menschen bewusst entscheiden können. Schweigen ist häufig die praktische Umsetzung eines Ignorierens.

In Bezug auf exgenderndes Handeln zeigen sich diese Abwehrformen in folgenden Beispielen:

- Situation: Eine Person erzählt in einer Gruppe, dass sie mit einem neuen, nicht gegendert eingelesenen Namen angesprochen werden möchte. Einige aus der Gruppe sehen betreten zu Boden und eine Person fragt: »Möchte noch wer Tee?«
- Situation: Eine Person wird auf der Straße genderistisch beleidigt und die Menschen im näheren Umkreis gehen schnell weiter und sehen weg.

Schweigende Abwehr kann sich äußern im Unterlassen von respektvollem, offenen Nachfragen, im betretenen Blicke-Senken, Wegsehen, Abwenden oder auch in abrupten Themenwechseln. Differenziertes interessiertes und offenes Zuhören mündet in offenen Nachfragen und nicht im Schweigen. Schweigen ist häufig ein Vermeiden von Auseinandersetzungen.

Über diese kurze systematische Darstellung hinaus gibt es noch mehr abwehrende Argumentationsformen. Sie dienen alle dem Zweck, sich nicht mit Diskriminierung und mit sprachlichen diskriminierungskritischen Sprachveränderungen auseinandersetzen zu müssen. Dazu gehören auch Gegenwehr mit ›aber du‹-Äußerungen (»Aber du kannst dir meinen Geburtstag ja auch nicht merken!«), Vergleiche und Übertreibungen (»Wenn sich jede Person jetzt ein eigenes Pronomen sucht, steige ich wirklich nicht mehr durch.«) und sich selbst opferisieren (»Ich kann mir das alles nicht mehr merken, das ist wirklich zu viel Neues.«). Eine ausführlichere Zusammenstellung und Diskussion von argumentativen Abwehrstrategien gegen feministische Sprachveränderungen findet sich in Hornscheidt 2008. Es ist auffällig, dass die rhetorischen Figuren der Abwehr über Jahrzehnte konstant bleiben können bei Privilegierten und die Überschneidungen zwischen rassistischen und genderistischen Abwehrstrategien immens hoch ist.

Produktive Ansätze zu Abwehrhandlungen

Für produktive Auseinandersetzungen mit den jeweiligen Formen von Abwehr stellt sich zunächst einmal die Frage, wo die Abwehr gerade stattfindet. Sind es andere, die auf dein exgenderndes Handeln mit Abwehr reagieren, oder nimmst du bei dir selbst Abwehr gegen Exit Gender wahr? Vielleicht ist auch beides der Fall? Die nachfolgende Sammlung unterschiedlicher Punkte soll dir helfen, eigenes Verhalten und das von anderen zu reflektieren.

Abklären, ob ein wirklich respektvolles Kommunizieren stattfindet

Für die Auseinandersetzung mit der Abwehr anderer Menschen macht es Sinn, dieser nicht vom ersten Moment an verurteilend zu begegnen. Wichtig für Kommunizieren ist, dass es eine gegenseitige Offenheit, Neugier und Interesse gibt.

Erlebst du Abwehr, kann es also sinnvoll sein, zuerst für dich zu untersuchen, ob du Interesse an einer Argumentation mit der anderen Person hast und ob die andere

Person gerade die Fähigkeit hat, dir zuzuhören, Einfühlung zu geben und dir und deinem Anliegen zugewandt zu begegnen.

Wenn du diskriminiert positioniert und kritisch zu dieser Diskriminierungsform ver_ortet bist und die andere Person ist privilegiert, dann ist es wichtig festzustellen, ob die privilegierte Person die Offenheit und Bereitschaft hat, deine Diskriminierungserfahrung wahrzunehmen und Empathie dazu zu entwickeln. Hast du das Gefühl, dass die andere Person dich unterbricht, alles besser weiß, dir deine Wahrnehmung abspricht, dich lächerlich und klein macht, dann handelt es sich aller Wahrscheinlichkeit nach nicht um eine respektvolle Ausgangssituation zum Kommunizieren.

Eine Möglichkeit ist, in einer solchen Situation genau dies anzusprechen und deutlich zu machen, was du dir von der Begegnung wünschst. Dies könnte sinngemäß so lauten: »Ich versuche gerade eine Diskriminierungserfahrung mit dir und einen Wunsch nach Veränderung und Wahrnehmung zu teilen. Ich wünsche mir, dass du das wahrnehmen und stehenlassen kannst und Interesse daran hast, wenn wir weiter dazu kommunizieren wollen. Für mich ist es wichtig, in unserem Kontakt mit meinen Emotionen und Empfindungen wahrgenommen und ernst genommen zu werden.« Es ist auch möglich, diese Äußerung noch weiter zu ergänzen: »Könntest du mir noch mal sagen, was von meinen Wünschen und Bedürfnissen gerade bei dir angekommen ist? Mir ist wichtig mich zu vergewissern, dass wir eine gemeinsame Grundlage haben, um gemeinsam weiter miteinander zu kommunizieren.«

Abwehr nicht persönlich nehmen

Es ist dabei hilfreich, sich bewusst zu machen, dass das Abwehrverhalten anderer Menschen nichts mit der eigenen Person zu tun hat, sondern mit Unsicherheiten und Irritationen, die bei den anderen liegen und nicht in dir begründet sind. Wenn dein exgenderndes Handeln also auf Abwehr im Außen stößt, versuche dir bewusst zu machen, dass du gerade nicht als Person abgelehnt wirst, sondern Menschen überfordert sind aus Gründen, die bei ihnen und nicht bei dir liegen. Menschen sind nicht nur überfordert, sondern haben häufig auch nicht gelernt, dazu in Kontakt zu sein und sinngemäß zu formulieren: »Oh, ich merke ich bin gerade ganz schön herausgefordert von dem, was du sagst. Ich muss noch mal kurz nachdenken, was das gerade bei mir auslöst – welche Dinge da gerade offenbar bei mir ins Wanken geraten und irritiert worden sind. Vielleicht bin ich gerade auch an etwas ganz anderes, was mal emotional war, erinnert – ich muss mal kurz nachdenken.«

Ein Grund für eine abwehrende Äußerung kann also sein, dass dein Gegenüber keine konstruktiven Handlungsformen mit Überforderungen gelernt hat. Wenn du das Abwehrverhalten anderer als Ausdruck von deren Verunsicherung liest, musst du Abwehr nicht als Angriff gegen dich begreifen und musst dich also auch nicht verteidigen.

Unbewusstes Abwehren

Mache dir außerdem bewusst, dass Abwehr häufig keine bewusste und keine böswillige, gegen dich gerichtete Entscheidung anderer ist.

Abwehr drückt etwas über die Person aus, die in einer Abwehrhaltung ist und nicht über dich.

Für uns ist es manchmal hilfreich zu versuchen uns vorzustellen, welche Bedürfnisse und Emotionen bei der anderen Person vielleicht dazu führen, in Abwehr zu sein oder zu verharren. Das kann es einfacher machen, dies als Zustand und Gefühlsausdruck der anderen Person zu verstehen und nicht auf sich selbst anzuwenden und zu interpretieren.

Was könnte es also sein, was zur Abwehr führt? Ein zweigenderndes Verständnis der Wirklichkeit ist für viele Menschen so grundlegend wichtig und zugleich so selbstverständlich, dass sie sich der Ängste, die Exgenderung in ihnen auslöst, nicht klar und formulierbar bewusst sind. Sie nehmen ihre Abwehr gegen exgenderndes Handeln wahrscheinlich schon nicht mal als Abwehr war. Abwehr ist für viele Menschen nur schwer als solche zu erkennen. Die Gesellschaft ist so grundlegend durch Gender geprägt, dass viele Menschen gar nicht bemerken, dass sie in der Weise, wie sie sprachlich auf Gender Bezug nehmen, aktiv und diskriminierend handeln.

Es ist ein allgemeines Kennzeichen von Privilegierung, dass das eigene Handeln gar nicht als Handeln oder gar als machtvoll, ausschließend und zuschreibend wahrgenommen wird. Dies gilt in starkem Maße für Sprachhandeln. Menschen zu gendern wird oft nicht als sprachliches Handeln begriffen, sondern wird eher als unhinterfragte, selbstverständliche Voraussetzung verstanden, um überhaupt sprechen zu können. »Das sagt man halt so.« »Wie bitte sollte ich das denn sonst ausdrücken?« »Das hör ich aber zum ersten Mal, dass das problematisch sein könnte.« Hier wird Sprache nicht als Handlung verstanden, sondern als etwas, was ›einfach so‹ da ist.

Diese Ignoranz gegenüber jeglichem Sprachgebrauch als Handeln kommt auf übergeordneter struktureller Ebene zum Ausdruck, zum Beispiel in Formularen von Ämtern, Formularen bei Bestellungen, bei der Buchung von Reisetickets oder in medizinischen Anamnesebögen. In allen diesen Formularen muss grundsätzlich eine der Kategorien ›Frau‹ oder ›Herr‹ angekreuzt werden, ansonsten wird das Formular und entsprechend der jeweilige Antrag, die Buchung oder die Bestellung für ungültig erklärt – zumindest aktuell noch, vor der Umsetzung der dritten Option ›divers‹ in offizielle amtliche sprachliche Neuregelungen. Vermutlich wird auch zukünftig in entsprechenden Formularen nicht auf einen Geschlechtseintrag verzichtet. Dies ist wahrscheinlich, da ›divers‹ vom Innenministerium extrem restriktiv in einem normierten Rahmen medizinischer Zuschreibungen ausgelegt und zugelassen wird.

Kein Gender anzukreuzen ist momentan nicht vorgesehen. Höchstens ist es möglich, eine Genderoption anzukreuzen, welche nicht bei Geburt zugeschrieben wurde, zumindest, wenn eine Person sich bereit erklärt und es auf sich nimmt, die entsprechenden normierten gewaltvollen notwendigen Strategien für eine Zuschreibungsveränderung umzusetzen.

Innerhalb eines zweigendernden Rahmens werden kritische Auseinandersetzungen mit Gender gesellschaftlich immer vorstellbarer und akzeptabler, oder zumindest tolerierbarer. Dies kommt zum Ausdruck in der zunehmenden gesellschaftlichen Akzeptanz von Personenstands-Wechseln von einem Gender in das andere und zeigt sich auch in der nun gesetzlich verankerten Form ›divers‹. Wird jedoch der Rahmen von der Notwendigkeit von Gender als solcher in Frage gestellt, ist auch zukünftig weiter mit einer starken Abwehr zu rechnen.

Mache dir also auch bewusst, dass viele Menschen überhaupt nicht das Bedürfnis haben oder sich auch nur vorstellen können, exgendernd wahrzunehmen. Es ist definitiv nicht deine Aufgabe, sie irgendwie ›umzustimmen‹ oder davon zu überzeugen. Nicht jede Person hat die Offenheit dir zuzuhören. Wähle also aus, mit welchen Menschen du wann, wie und wo exgendernd sprechen möchtest. Sicher kannst du nicht immer von vorne herein wissen, wie andere Menschen auf dein Kontaktangebot reagieren werden, aber vertraue dennoch deiner Einschätzung und mache exgenderndes Handeln nicht zu deinem universellen Pflichtprogramm in jeder Kommunikationssituation, unabhängig davon, wie sich das in der jeweiligen Situation anfühlt. Die sprachlichen konkreten Veränderungsvorschläge, die wir ab Kapitel 6 machen, ermöglichen es dir auch, das Sprechen und Schreiben zu allgemeineren, genderlosen Formen zu verändern, die nicht neue Endungen oder Ausdrucksweisen einführen. Eine Möglichkeit ist es, ›die Person, die...‹ zu sagen und Namen zu wiederholen.

Versuche nicht, andere zu überzeugen. Bleib bei dir und deinem Selbstausdruck. Wenn Menschen keine kommunikative respektvolle Offenheit haben in einer Situation, wird sich diese nicht durch Sachargumente einstellen. Das Handeln anderer liegt nicht in deinem Verantwortungsbereich. Es liegt auch nicht in deinem Vermögen, andere zu ändern. Du kannst nur das Angebot machen, mit deinem Empfinden und deinen Bedürfnissen anwesend zu sein. Das kann andere inspirieren und für Diskriminierungen sensibilisieren und sie darin unterstützen, mutig zu sein.

Situationen, in denen du starker Abwehr begegnest, musst du nicht alleine bewältigen. Sprich mit anderen darüber und verbünde dich mit Menschen, die dir zuhören und dich verstehen. Such Kontakt mit anderen Menschen, die exgendernd handeln. Dadurch könnt ihr euch gegenseitig Empathie geben und euch mit Herausforderungen nicht alleine fühlen. Falls du in einer Gegend lebst, wo du keine anderen exgendernd handelnden Menschen kennst, kann es helfen, Kontakte über Internetforen, Mailinglisten und Chats herzustellen.

Wenn du exgendernd handelst und

- eine andere Person dir immer wieder sagt, dass sie kein Wort versteht, oder
- du den Eindruck hast, dass eine Person etwas ganz anderes hört, als du sagst:

bitte die Person zu paraphrasieren, also in eigenen Worten wiederzugeben, was von deinem Gesagten bei ihr angekommen ist. Dies ist eine gute interaktive Übung, um Abwehr zu begegnen. Die andere Person wird durch das Paraphrasieren in die Verantwortung geholt, deine Wahrnehmung nachzuvollziehen und sich irgendwie zu deinen Äußerungen zu verhalten. Sie kann sie so nicht einfach ignorieren.

Für ein Loslassen der eigenen Abwehr gegen exgenderndes Handeln macht es ebenfalls Sinn, dieser nicht verurteilend zu begegnen. Du kannst einen nicht-verurteilenden Umgang mit deiner Abwehr entwickeln, indem du dir diese erst einmal bewusst machst. Du kannst dich dann liebevoll damit auseinandersetzen, warum du dich nicht näher mit der Idee, Menschen oder eine konkrete Person nicht zu gendern oder Genderismus zu reflektieren, auseinandersetzen möchtest. Hast du Angst, dass dir über das Ausbleiben einer Genderung wichtige Orientierungspunkte für deinen Kontakt mit Menschen verloren gehen? Oder davor, nicht mehr verständlich zu sein? Oder dich angreifbar zu machen, wenn du genderistische Diskriminierungen benennst? Oder befürchtest du vielleicht, dass dir durch das Loslassen von Genderungen etwas weggenommen wird – ein Teil deiner Identität oder deiner sozialen Rolle? Es ist wichtig, sich mit solchen Verunsicherungen und Zweifeln auseinanderzusetzen, anstatt sie – weil du denkst sie dürften nicht sein – einfach wegzudrücken. Vielleicht merkst du dabei, dass du gar keine Angst davor hast, Gender loszulassen sondern nur davor, wie dir nahe Personen oder Personen, mit denen du zusammenarbeitest, auf dein exgenderndes Handeln re_agieren werden. Mit einem solchen Ansatz kannst du dann noch mal ganz anders weiter nachdenken: Du musst nicht dich selbst zum Mittelpunkt des ›Problems‹ machen, sondern kannst es in den Strukturen verorten. Drückst du Verunsicherungen und Zweifel dagegen weg, kann das dazu führen, dass deine Abwehr bestehen bleibt und sich nur auf subtilere und unbewusste Weise äußert.

Mit pauschalisierenden Genderungen aufhören – mit Strukturkritik an Genderismus beginnen

Wenn Unterschiede zwischen Personengruppen als Differenzierungen zwischen ›wir‹ und ›ihr‹ benannt werden – etwa bezüglich politischen Haltungen oder Lebensweisen – dann werden häufig gleichzeitig asymmetrische oder hierarchische Bewertungen dieser Unterschiede gemacht. Die hergestellten Differenzierungen basieren auf bewertenden Vergleichen. Ihnen liegen implizit Aussagen zugrunde wie: »Wir sind schlauer, fortschrittlicher, moralischer oder überhaupt besser als ihr.«

Über solche Differenzierungs-, Bewertungs- und Hierarchisierungspraxen entstehen häufig prototypische gruppenbezogene Vorstellungen und Bilder: andere Menschen werden pauschal Gruppen zugeordnet, die negativ bewertet oder überhöht, gefeiert und als Vorbilder wahrgenommen werden.

Auf diese Weise normalisieren Menschen sich selbst in sozialen Gefügen. Wenn du andere einer Gruppe zuordnest und diese pauschal als anders herstellst, dann bist du im Umkehrschluss eben gerade nicht anders, sondern normal. Wenn du andere als ›die sind zu laut‹ herstellst, bedeutet das gleichzeitig, dass deine Lautstärke angemessen ist. Wenn du andere als Teil einer Gruppe, als ›abzockend, falsch, hinterhältig‹ herstellst, erklärst du damit gleichzeitig, ohne es explizit zu machen, dass das für dich und ›deine Gruppe‹ nicht gilt. Äußerst du, dass ›Männer einfach stärker sind‹, stellst du damit zugleich auch eine Annahme und Wirklichkeit her dazu, wie stark oder nicht stark die Vergleichsgruppe, in der Regel hier ›Frauen‹ sind.

Gruppenzugehörigkeiten, und damit zusammenhängend Feind*innenbilder zu konstruieren, bedeutet, bestimmte Personengruppen als Gegensatz zu eigenen Haltungen und eigenem Handlungsvermögen zu erklären. Sie werden damit als potentielle Bedrohung der eigenen Interessen und Ziele wahrgenommen.
Eine wichtige Strategie exgendernden Handelns ist es, die Idee von kollektiven ›Anderen‹ als Gruppenzuordnung loszulassen. Das ist nicht immer einfach.

Da exgenderndes Handeln Gender und Genderungen an sich in Frage stellt, liegt dem Ansatz auch ein gewisses Potential zu Grunde, die Menschen, die nicht exgendern wiederum zu ›Anderen‹ zu stilisieren, darauf festzuschreiben und sie abzuwerten. Auf diese Weise würde Menschen ein politisch wirksames, respektvolles, diskriminierungskritisches Handlungsvermögen abgesprochen.

Menschen können sich aber kontinuierlich dahin bewegen, andere nicht mehr zu gendern. Dies gilt insbesondere, wenn die Personen mehrfachdiskriminiert werden und es Teil ihrer Diskriminierung ist, dass sie vielleicht nicht als gegendert wahrgenommen werden (das heißt, sie werden gewaltvoll entgendert). Durch ein sensibles Loslassen von genderistischen Genderungen kann dazu beigetragen werden, Genderismus nicht zu re_produzieren. Mit einer pauschalen Vorstellung Männer seien ›die Feinde‹ und das Problem in einer genderistischen Welt, wird die privilegierte Gruppe innerhalb der Konstruktion Genderismus als essentiell und nicht-veränderbar hergestellt. Letztendlich wird auf diese Weise die soziale Macht dieser Gruppe bekräftigt und verstärkt. Den privilegierten Individuen wird ihre Verantwortung und ihre Möglichkeiten diskriminierungskritisch handeln zu können abgesprochen. Nicht einzelne, über Männlichkeit privilegierte Personen sind das Problem, sondern die unreflektierte Übernahme von gesellschaftlich akzeptierten genderistischen Verhaltensweisen. Diese Verhaltensweisen sind in starkem Maße durch privilegierte Rollenvorstellungen zu Männlichkeit legitimiert. Diskursiv finden sie sich in gewaltvollen, männliches Verhalten runterspielenden und beschwichtigenden Äußerungen wie: »Männer reden nun mal nicht so gerne über ihre Gefühle.« »Ihm ist einfach die Hand ausgerutscht. Du weißt ja, dass er seine Gefühle manchmal nicht so kontrollieren kann.« »Männer brauchen nun mal Sex.«

Diese Beispiele zeigen zugleich auch, dass mit einer gegenderten Zuschreibung an Individuen auch Machtverhältnisse zementiert werden und gewaltvolles Verhalten naturalisiert wird und als unveränderbar hergestellt. Die soziale Gruppenzugehörigkeit ›männlich‹ eröffnet Individuen umfassende Privilegien. Privilegiert zu sein bietet die Chance, die damit zusammengehörenden Möglichkeiten und Normen zu reflektieren und verantwortungsvoll für eine diskriminierungskritische Gesellschaft zu handeln. Es ist ein politisches Anliegen von Exit Gender nicht einfach diese Gruppenzuschreibung zu bestätigen, sondern daran zu glauben, dass Privilegierte ein Interesse daran haben, sich ihre Privilegien bewusst zu machen, um dann machtsensibler zum Wohle aller agieren zu können. Eine offene Haltung zu der Veränderungsmöglichkeit auch Privilegierter ist ein wichtiger Teil unserer diskriminierungskritischen Utopie.

Zielen antidiskriminierende Politiken lediglich darauf ab, Diskriminierte zu stärken oder gar nur zu schützen, wird die Macht und die Handlungsweise Privilegierter normalisiert statt genau diese als veränderungswürdig und -notwendig wahrzunehmen.

Exit Gender fokussiert also auf individuelles Handlungsvermögen. Dazu gehört eine aktive Auseinandersetzung mit eigenen Privilegien. Auf diese Weise arbeitet Exit Gender als Politikform daran mit, dass alle Menschen nicht diskriminieren, nicht diskriminiert werden und größtmögliche Entfaltungsmöglichkeiten haben, ohne andere zu schädigen.
Gleichzeitig fokussiert Exit Gender damit auf Gewaltstrukturen, die sich vielfältig und tiefgreifend auch in soziale Identitäten, eigene unreflektierte Normalvorstellungen Privilegierter und Selbstabwertungen Diskriminierter eingeschrieben haben.

Exit Gender betont also zum einen den Unterschied zwischen Individuum und Gewaltstruktur. Gleichzeitig fokussiert Exit Gender zum anderen so die enge Verbindung von individuellen Selbstvorstellungen und Handlungsmöglichkeiten und der in ihr wirksam werdenden gesellschaftlichen Gewaltstruktur.

Exit Gender versucht so auch auf eine gesamtgesellschaftliche Beschwichtigung hinsichtlich struktureller Gewalt zu antworten, und das auf eine neue und unkonventionelle Weise: Wir beobachten eine starke Tendenz, bestimmte Formen von Genderismus als soziale Normalität herzustellen und nicht als Gewalt zu betrachten. Dies zeigt sich auch immer wieder in dem Engführen von Gewaltvorstellungen auf körperliche direkte Gewalteinwirkungen. Durch diese insbesondere auch juristisch als zentral genommene Ebene von Gewalt wird die sich subtil und massiv als soziale Normalität hergestellte Gewalt gar nicht mehr als solche wahrgenommen. Aktuelle feministische Aktionen wie #MeToo beispielsweise zeigen, wie genderistische Gewalt von den Betroffenen beschwiegen, runtergespielt, kleingeredet, verdrängt und verinnerlicht worden ist.

Wie kann eine Gesellschaft es sich leisten, weiterhin Lohnunterschiede zwischen den als exklusiv hergestellten zwei Gendergruppen zuzulassen? Das gleiche gilt für die extrem ungleichen Verteilungen in jobmäßigen Machtpositionen hinsichtlich rassifizierter, gegenderter und beHindert werdender Positionierungen sowie bei der Verteilung von Positionen in öffentlichen hochstehenden Ämtern, religiösen und anderen Institutionen. Wie kann eine Gesellschaft es sich leisten, weiterhin

Frauen als Spezialfall zu verstehen und Männer als allgemeinmenschlich, was Argumentationen und sprachliche Benennungen betrifft? Dies alles ist nur möglich, wenn Genderismus nicht die einzelne Handlung von Individuen ist, sondern ein gesellschaftliches System, welches als normal und natürlich erklärt wird.

Der Anspruch, Menschen zuerst als Personen statt als Re_Präsent*antinnen eines Genders wahrzunehmen, ist ein wichtiges Moment, wenn mensch Gewaltstrukturen aufgeben möchte. Mit dem Anspruch, Gender-Gruppenzuschreibungen und Feind*innenbilder aufzugeben, verschiebt sich der Schwerpunkt nochmal: Es findet eine Verlagerung statt, weg von der grundlegenden Argumentation der Notwendigkeit einer Unterscheidung von Personen und Strukturen. Stattdessen ist es wichtig zu untersuchen, welche inneren Konflikte entstehen können, wenn der Wunsch, Gender loszulassen und die Sehnsucht nach einer genderlosen Realität kollidieren mit anderen Wünschen, Überzeugungen und lange gelernten und gelebten Politiken.

Denn wenn die Umstände problematisch sind, dann müssen doch ganz klar identifizierbare Personen daran Schuld tragen, oder? Wenn du innerhalb einer Sozialstruktur benachteiligt bist, dann müssen doch diejenigen Schuld daran sein, die Vorteile haben, oder?

Die Strukturen verantwortlich zu machen, anstatt Individuen Schuld zuzuschreiben erfordert umdenken, macht es dir aber möglich, offener in der Welt zu sein und die Welt auch anders begreifen zu können. Du bleibst auch ohne struktur-individualisierende Schuldzuschreibungen handlungsfähig und veränderst vielleicht auch deine Perspektive mehr in Richtung ›für etwas sein‹ anstatt ›gegen etwas sein‹.

Genderistische Strukturen zu kritisieren statt Menschen zu kritisieren kann zu Irritationen politischer Handlungsgewohnheiten führen, die sich vielleicht erstmal frustrierend anfühlen. Feministisches Handeln speist sich häufig daraus, gegen (bestimmte Ausformungen von) Genderismus zu sein. Wenn du deinen Fokus verschiebst von »gegen bestimmte Personen sein« zu »gegen bestimmte Strukturen sein«, kann es sich unbefriedigend anfühlen, wenn deinem ›Gegen‹ plötzlich das direkte, persönliche Gegenüber fehlt. Und wenn du individualisierte Vorstellungen von Schuld in Frage stellen musst. Schuldzuschreibungen sind häufige Effekte von Feind*innenbildkonstruktionen.

Pauschalisierende gegenderte Bilder aufzugeben erfordert Umdenken. Im folgenden nennen wir einige

Beispiele für Denk- und Sprachhandlungen, über die gegenderte Wahrnehmungen von Personen vermieden werden können und über die Zugänge zu Genderismus möglich werden, die die Strukturen fokussieren:

Individualgendernde Äußerung:
»Ey, der blöde Typ da vorne läuft ohne T-Shirt rum! Kann dem vielleicht mal jemensch sagen, er soll sein Shirt wieder anziehen?«

Strukturkritik:
»Wie nervig, dass Menschen, denen bestimmte Brustformen zugeschrieben sind, sich nach wie vor nicht problemlos und ohne (sexualisiert) angemacht zu werden mit freiem Oberkörper in der Öffentlichkeit bewegen können. Wo und wie können wir das verändern? Wie können privilegiert positionierte Personen solidarisch handeln?«

Individualgendernde Äußerung:
»Die Frau da hinten hat das Kind von Kopf bis Fuß in rosa gekleidet. Das Kind wird durch die Mutter bestimmt mal eine richtige Tussi.«

Strukturkritik:
»Warum gibt es eigentlich überwiegend hellblaue und rosa Babybekleidung? Warum gibt es kaum Kleidung für Säuglinge ohne zweigendernd besetzte Farben? Und was machen zweigendernde Farbkonzepte mit meiner Bewertung der Menschen, die diese Farben tragen?«

Individualgendernde Äußerung:
»Wie besitzergreifend der Typ dahinten seiner Freundin den Arm um die Taille legt! Kann der die vielleicht mal in Ruhe lassen?«

Strukturkritik:
»Interessant, dass ich automatisch die größere, breitere Person als Mann und die kleinere, schmalere Person als Frau einlese und dies zur Grundlage meiner Bewertung von Körpernahkontakt mache. Was würde es in meiner Einlesung des Körperkontakts verändern, wenn ich die beiden Personen nicht gendere? Wie könnte für mich ein exgenderter respektvoller Körpernahkontakt in der Öffentlichkeit zwischen zwei Personen aussehen?«

Gendernde Konstruktionen von Differenzen zwischen Menschen können unter Umständen auch zu Perspektiven führen, in denen die eigene gegenderte Position zum Feind*innenbild wird. Oder in denen doch zumindest die eigene Position gegenüber der anderen Position abgewertet wird.

Hierfür wäre ein Beispiel:

Individualgendernde Äußerung:
»Wir Frauen sind einfach viel zu unsicher und passiv. Warum nur kann ich nicht so durchsetzungsfähig sein wie mein Mann?«

Strukturkritik:
»Wie kommt es, dass ich Verhalten, welches überwiegend Männern zugeschrieben wird, wie ›Durchsetzungsfähigkeit‹, so erstrebenswert finde? Warum ist ›Durchsetzungsfähigkeit‹ ein größeres gesellschaftliches Ideal als ›solidarisches oder empathisches Handeln‹ oder ›achtsames Zuhören‹? Und warum ist das Erste Männern und das Zweite Frauen zugeschrieben? Wie wird über diese Gegensatzkonstruktion überhaupt erst Zweigenderung hergestellt? Wie wird das jeweilige Verhalten unterschiedlich bewertet, belohnt oder getadelt? Und was macht das wiederum mit Gendervorstellungen?«

Individualgendernde Äußerung:
»Nee, das macht gar nichts, dass das Schwimmbad so organisiert ist, dass es nur Frauen- und Männer-Umkleiden gibt. Das wäre jetzt echt viel verlangt nur wegen mir als agender Person noch andere Duschmöglichkeiten zu schaffen. Ich finde Joggen genauso okay, ich muss nicht schwimmen gehen.«

Strukturkritik:
»Wie könnte eine gleiche Teilhabe von allen an öffentlichen Erholungsorten geschaffen werden, die Menschengruppen nicht ausschließt und andere als selbstverständlich erklärt? Mir ist es wichtig schwimmen gehen zu können, und ich möchte gerne eine gesellschaftliche Situation, in der es allen ein Anliegen ist, dass es keine

ausschließenden Barrieren für unterschiedliche Gruppen und ihre Teilhabe am gesellschaftlichen Leben gibt.«

Der Perspektivwechsel weg von Genderzuschreibungen an Individuen hin zu einer Kritik an Strukturen ist für uns immer wieder herausfordernd. Gendervorstellungen sind stark verinnerlicht. Vielleicht machst du auch im Versuchen, Genderzuschreibungen loszulassen, manchmal die Erfahrung, dass es dir so vorkommt, als würden deine Aussagen dadurch weniger präzise, weniger genau. Dies bedeutet jedoch nicht, dass du etwas falsch machst, sondern, dass Vorstellungen davon, unter welchen Bedingungen Sprechen klar, deutlich und verständlich ist, auf genderistischen Kriterien beruhen.

Die Beispiele zeigen zugleich auch, dass ein Wechsel von Individualgenderung hin zu Strukturkritik nicht ein einfaches Auswechseln von ein paar Wortformen bedeutet. Stattdessen verändert sich damit die Perspektive komplett und dadurch auch das, was als mögliche und wünschenswerte Handlung erlebt wird. Nicht der eine Mann, der keinen Unterhalt zahlt/der genderistische Witze lauthals erzählt/Frauen nach Aussehensnormen bewertet und ihnen Intelligenz abspricht... ist das Problem, sondern ein System, welches solches Verhalten ermöglicht, normalisiert, neutralisiert, ohne es zu skandalisieren und als Gewalt zu benennen.

Exit Gender meta-kommunizieren

Exgenderndes Sprechen und Genderismus benennen sind die beiden zentralen Strategien von Exit Gender. Es kann jedoch in bestimmten Situationen ebenso wichtig sein, auf einer Metaebene über Exit Gender zu sprechen. Neue, ungewohnte Sprachhandlungen können, wie weiter vorne in diesem Kapitel ausgeführt, beim Gegenüber Irritationen auslösen, welche unter Umständen – je nachdem, wie alle an der Kommunikation beteiligten Personen sich zu- und miteinander verhalten – zu Konflikten, Missverständnissen oder Abbruch der Kommunikation führen.

Für die Gestaltung einer offenen, zugewandten Kommunikationssituation sind alle Beteiligten verantwortlich, nicht nur diejenigen, die exgendernd sprachhandeln. Wenn dein exgenderndes Sprechen also von Anderen nicht respektvoll aufgenommen wird, ist das nicht dein ›Versagen‹ und auch kein Anlass, exgenderndes Sprachhandeln grundsätzlich sein zu lassen. Es ist der Effekt von genderistischen Strukturen, die exgenderndes (Zu)Hören ebenso erschweren wie exgenderndes (An)

Sprechen. Trotzdem kannst du in Situationen, in denen du exgendernd sprachhandelst, einiges zu einer konstruktiven Gesprächssituation beitragen.

Einer deiner Beiträge könnte sein, potentiellen Irritationen anderer nicht ablehnend, sondern wohlwollend zu begegnen. Es macht daher Sinn auf Äußerungen zu verzichten, wie:

- »Wie, du kennst dieses Wort nicht? Das solltest du aber schon mal gehört haben!«
- »Wie, du verstehst das nicht? Dann lies was dazu.«
- »Was du eben gesagt hast ist mega genderistisch, mit dir diskutiere ich nicht.«

Anstatt also anderen ihre Unkenntnis vorzuhalten und sie mit Pauschalaussagen oder Gesprächsabbruch zu bestrafen, wäre es möglich, auf eine Metaebene zu wechseln.

Du kannst mit deinem Gegenüber über die Sprachformen, die du verwendest, sprechen. Du kannst erklären, was sie für dich bedeuten und warum du sie wichtig findest. Du könntest, wenn dein Gegenüber bestimmte Begriffe, die du verwendest, noch nie gehört hat und irritiert ist, etwas sagen wie:

- »Ich sage ›die Person‹ anstatt ›die Frau‹ oder ›der Mann‹, weil ich der Person, über die ich gerade spreche, kein Gender zuschreiben möchte.«
- »Ich habe keine Ahnung, wie diese Person zu Gender positioniert ist. Ich finde es wichtig, ihr nicht einfach ein Gender aufzudrücken auf Grundlage von visuellen Normen, die ich der Person zuschreibe. Ich möchte meine eigenen Phantasien zum eventuellen Gender einer Person auch nicht an dich weiterreichen.«
- »Exgenderndes Handeln meint, dass ich versuche, in meinem Sprechen Gender nicht immer wieder zu re_produzieren. Ich will Menschen vor allem als Menschen wahrnehmen. Das versuche ich auch sprachlich umzusetzen.«

Falls dein Gegenüber eine Überforderung mit deinem Sprechen artikuliert, kannst du – sofern die Überforderung respektvoll und nicht beschädigend vorgetragen wird – zugewandt darauf reagieren. Du kannst sagen:

- »Ich kann gut verstehen, dass sich das für dich ungewohnt anhört. Ich selbst bin da auch in einem

Lernprozess, der mich ganz schön herausfordert. Ich merke jetzt die ganze Zeit, dass ich handle, wenn ich spreche. Wir sind so stark daran gewöhnt, jederzeit sprachlich auf Gender Bezug zu nehmen, dass es richtig schwierig ist, das sein zu lassen. Es gibt auch kaum Worte dafür.«

- »Wenn du möchtest, dass ich ›normal‹ spreche, muss ich an Sprechnormen anschließen, in denen ich mich nicht wiederfinde. Wäre es nicht viel schöner, wenn wir auf eine Weise miteinander sprächen, in der Raum für uns beide ist? Ich mag keine Normalität fortführen, die mich und andere ausschließt und diskriminiert.«

Was wünschst du dir idealerweise für eine Re_Aktion von Anderen auf dein exgenderndes Sprechen? Erinnere dich an eine Situation (oder denke dir eine aus), in der eine Person auf dein exgenderndes Handeln anders reagiert hat als du es dir wünschst. Überlege, wie du in dieser Situation deine Wünsche oder Bedürfnisse hättest äußern können. Vielleicht fallen dir mehrere Äußerungsmöglichkeiten ein. Schreibe dir diese auf. Sie können dir in

einer vergleichbaren, zukünftigen Situation dabei helfen, dir deiner Bedürfnisse bewusster zu sein und diese auch zu artikulieren.

Als weiteren Teil dieser Übung kannst du dann noch überlegen, ob dir eine Situation einfällt, in der eine Person richtig toll und für dich wünschenswert re_agiert hat oder du positiv überrascht warst. Was war so gut in dieser Situation? Schreib dir auch das auf.

Vielleicht hast du mehr Übung und Erfahrung in exgenderndem Sprachhandeln als die Person, mit der du gerade sprichst. Das bedeutet aber nicht, dass du die Rolle der allwissenden Person ausfüllen musst, die Antworten auf alle Fragen kennt. Du kannst auch umgekehrt offene Rückfragen stellen.

Damit kannst du die Fähigkeit der anderen Person anerkennen, für sich selbst zu denken. Auf diese Weise überforderst du dich selbst nicht. Du bist anwesend damit, dass Sprachhandeln ein kontinuierliches Suchen nach Ausdruck und Begegnung ist. Du könntest fragen:

- »Findest du es nicht merkwürdig an ›normaler‹ Sprache, dass es nicht möglich ist über andere zu reden, ohne diese zu gendern? Dabei spielt in den meisten Situationen, in denen über andere gesprochen wird, Gender eigentlich gar keine Rolle.«
- »Fühlst du dich denn immer wohl in dem Gender, das dir zugeschrieben ist?«
- »Was heißt es für dich eine ›Frau‹ oder ein ›Mann‹ zu sein?«

Wenn du offen nachfragst, ohne der Person von vorne herein Motive und Gründe zu unterstellen, warum sie was wie denkt und sagt, ist eine zugewandte Kommunikation möglich. In einer solchen Kommunikationssituation fühlt sich auch die andere Person ernst genommen.

Wie andere Personen jedoch ihrerseits auf deine Gesprächsangebote reagieren, ist nicht in deiner Verantwortung.

Achte darauf, dass du bei dir bleibst. Dafür kann es hilfreich sein, dass du in dich hinein spürst und überprüfst, was dir in der jeweiligen Gesprächssituation gerade wichtig ist, wie du dich fühlst und was deine Wünsche an das Gespräch und an die andere Person sind.

Dafür könntest du dir selbst Fragen stellen, wie:

- »Wie fühle ich mich gerade? Bin ich gelassen? Oder bin ich eher angespannt und möchte Wut, Trauer, Enttäuschung, Verletzung oder etwas anderes dazu zum Ausdruck bringen, dass exgenderndes Sprechen so wenig anschlussfähig ist? Übertrage ich meine Emotionen vielleicht auf mein Gegenüber? Wie kann ich mein Fühlen bei mir lassen, ohne die andere Person dafür verantwortlich zu machen?«
- »Wie ist mein Gefühl zu meinem Gegenüber? Reden wir miteinander oder gegeneinander? Will ich eine Diskussion tendenziell eher ›gewinnen‹? Oder ist es mir vor allem wichtig, mich auf die andere Person zuzubewegen? Will ich der anderen Person ihre Unkenntnis vorführen? Oder möchte ich vor allem nachvollzogen werden? Fühle ich mich gerade ausgesaugt und habe das Gefühl mich beweisen oder verteidigen zu müssen? Habe ich das Gefühl etwas teilen zu können?«
- »Wie ist mein Gefühl zum Thema Exit Gender in der jeweiligen Situation? Bin ich froh, mit dieser Person darüber reden zu können? Kommt es mir so vor, als

würde ich zum hundertsten Mal die gleiche Auseinandersetzung führen? Möchte ich eigentlich jetzt gerade mit dieser Person eher über etwas anderes sprechen?«

Wenn du dich fragst, was du dir in der jeweiligen Kommunikationssituation wünschst, kannst du viel gezielter auf die Gesprächsentwicklung Einfluss nehmen. Du kannst entscheiden, ob du gerade überhaupt in der Lage dazu bist und den Wunsch verspürst über Exit Gender zu kommunizieren. Hast du gerade die nötige Offenheit für das Gespräch? Es ist völlig okay, das nicht immer zu wollen.

Grundsätzlich gilt, dass wenn du dich mit einer offenen Haltung und dem Wunsch, dich verständlich zu machen, in eine Kommunikationssituation begibst, in vielen Fällen auch dein Gegenüber offen und zugewandt re_agiert. Ist dies nicht der Fall, ist es gut auf dich zu achten und das Gespräch sein zu lassen. Nur weil eine andere Person spricht, heißt es nicht, dass die Person wirklich mit dir kommuniziert.

Vielleicht arbeitet sich die Person gerade an einem Bild ab. Das bist gar nicht du. Vielleicht lädt die Person gerade eigene Emotionen auf dich ab. Dann nimmt die Person dich potentiell gar nicht wahr. Vielleicht hört die Person dich gar nicht und argumentiert, ohne dich wahrzunehmen. Alles das können Indizien dafür sein, dass es sich gerade gar nicht um ein Kommunizieren handelt. In diesen Fällen ist es respektvoller dir selbst gegenüber, aus der Situation zu gehen. Das kannst du auch explizit machen:

- »Ich habe das Gefühl du hörst mich gerade nicht. Ich möchte lieber eine Gesprächspause machen. Danach können wir uns ja dann sagen, was wir beide gehört haben von der anderen Person und was unsere Bedürfnisse mit dem Gespräch sind. Dann können wir noch mal neu schauen, ob und wie wir kommunizieren wollen.«
- »Ich bin unsicher, was von dem, das ich gesagt habe, gerade auf welche Weise bei dir angekommen ist. Könntest du noch mal wiederholen, was du gehört hast, damit wir besser aufeinander bezogen weiter diskutieren können?«
- »Ich versuche etwas Persönliches und mir Wichtiges mit dir zu teilen. Ich merke, dass ich anfange, in eine Verteidigungshaltung zu gehen. Das fühlt sich nicht gut an. Es ist mein Wunsch, dass du mein Selbsterleben stehenlassen kannst und empathisch mit mir sein kannst. Wie geht es dir damit?«

Diese verschiedenen Gesprächsmöglichkeiten sind alle aus Ansätzen der Gewaltfreien bzw. Wertschätzenden Kommunikation abgeleitet. Wichtig ist es, über eigene Bedürfnisse zu sprechen. Die andere Person zu bitten, die eigene Äußerung noch mal zu paraphrasieren, kann dazu verhelfen, Empathie zu fördern und zu hören, was wie bei der anderen Person angekommen ist.

Exgendernd zu kommunizieren und zu argumentieren, ist ein Prozess, der sich über die Zeit verändert, in dem du dich veränderst und in dem sich wahrscheinlich auch deine Argumentationsweisen verändern. Wenn du grundlegend versuchst, in diesem Prozess bei dir zu bleiben und dich mitzunehmen, dich von Abwehr und gegenderten Zuschreibungen zu lösen und im exgendernden Sprechen wie auch in der Metakommunikation über Exgenderung offen und zugewandt zu bleiben, schaffst du dir selbst Kontexte, in denen Veränderungen geschehen und wachsen dürfen.

Versuchen mich zu erklären

Dieser Text ist die Wiedergabe von verschiedenen Emails und Emailentwürfen, die ich nach der Teilnahme an einem Workshop zu Wertschätzendem Kommunizieren an die workshopleitende Person Kado geschrieben habe. Ich formuliere eingelassen und anwesend in Bezug auf mein exgenderndes Sein Feedback zum vergangenen Workshop. Ich suche auch den Austausch mit Kado, weil ich in der Zukunft an einer längeren intensiven Workshopreihe bei Kado zu Wertschätzendem Kommunizieren teilnehmen möchte. Diese Kommunikation geschah in der Endphase des Schreibens von Exit Gender - ich war empowert von Lios und meinem Arbeiten, gemeinsamen Nachdenken und Formulieren und wünschte mir eine umfassendere Anwesenheit von mir in einem anderen Kontext - den Workshops zu Wertschätzendem Kommunizieren. In und mit Exit Gender hatte ich das Gefühl, dass es möglich sein muss, mich zu formulieren und gehört zu werden. Hier finden sich jetzt verschiedene meiner Mails in abgeänderter Form. Sie zeigen zum einen Formulierungsvorschläge - zum anderen aber auch, wie schwierig es sein kann, wenn ich darauf hoffe, dass nicht nur ich mein Handeln exgendernd gestalte, sondern wenn ich auch damit gehört werden will. Es gab in dem Kommunizieren einige Momente des Frustes, der

Verzweiflung und Gefühle des Beschädigt-Seins in mir. Wie kann es sein, dass ich ein so langes Buch schreibe und gleichzeitig es mir in einem Kontext Wertschätzenden Kommunizierens nicht gelingt, so exgendernd anwesend zu sein und gehört zu werden, wie ich mir das wünsche? Auszüge aus dem Mailkontakt sind hier als ›Reality Check‹ für das Umsetzen von Exit Gender im eigenen Leben gedacht, als Aufzeigen, wie schwierig es häufig ist und welche großen Entscheidungen zu Anwesenheiten und potentiellen Verletzungen daran hängen, eigenes Exgendern kommunizieren zu wollen.

[10. Januar] Dear Kado,
ich schreibe dir, um mich noch mal differenzierter zu bedanken und zu feedbacken zu dem Wochenendkurs mit dir. [...]
[Hier folgte ein langer Abschnitt mit verschiedenen Punkten, für die ich im Workshop dankbar war, die ich hier auslasse.]
Du machst eine so wichtige, Gesellschaft transformierende Arbeit und ich bin sehr reich beschenkt, dies erleben zu dürfen und so viele Inspirationen von dir mitnehmen zu können.
Am Anfang, am ersten Abend, habe ich mich von einer Situation überfordert gefühlt, und das will ich gerne mit dir teilen:
Nach dem Kurs im Mai, den du organisiert hattest

und an dem ich teilgenommen habe, und nach unseren Gesprächen dort und schriftlichen Diskussionen dazu, war ich irgendwie davon ausgegangen, dass in der ersten einleitenden Runde dieses Kurses jetzt Raum wäre für alle, ihre Pronomenwünsche zu nennen - die Form, wie sie wollen, dass über sie gesprochen wird (in Kleingruppen oder in großen Diskussionen bei Bezugnahmen). In dieser ersten Runde hast du keine Anleitung oder einen Impuls zu einer Pronomenrunde gegeben. Ich habe mich mit meinem Bedürfnis anwesend zu sein, ohne als weiblich oder männlich eingelesen zu werden, nicht wahrgenommen gefühlt. Ich wollte mich nicht selbst stigmatisieren, indem ich als einzige Person ein Pronomen nenne. So bin ich sehr viel unpassend pronominalisiert worden im Workshop und in den Pausen und hatte sehr viele Einzelgespräche zu meinem Namen in einem Kontext, in dem ich dies lieber als ein selbstverständliches Hinnehmen erlebt hätte und nicht als ein zentrales Pausenthema. Ich wünsche mir ein Setting, in dem ich sein kann und mich nicht verbiegen muss, nicht über Ansprachen hinweghören muss, weil gewaltvolle Normen unausgesprochen als Normalität gesetzt werden. Für mich sind alle androgendernden Formen, also Formen, die für Männer verwendet werden und als allgemeinmenschlich gelten, richtig anstrengend und ich muss sie mir übersetzen. [...] Gender ist für

mich eine Zuschreibung und Interpretation und ist immer mit ganz vielen sozialen Bildern und Rollen behaftet. Ein Wahrnehmen von Menschen als Menschen – und nicht als Frau und Mann ›und noch was anderes‹ ermöglicht es mir, mich viel mehr mit allen zu verbinden, als wenn ich ihnen zunächst eine soziale Kategorie überstülpe. Dies ist eine definitiv sehr große gesellschaftliche Veränderung und würde für mich ganz zentral zu einer friedlichen Transformation der Gesellschaft beitragen. Ich hoffe sehr, ich kann mich verständlich machen und etwas von meinem Bedürfnis nach Anwesenheit vermitteln? Ich freue mich, wenn wir weiter dazu kommunizieren, wenn du magst. Pronomenrunden zu Beginn sind auch nur eine Strategie. Es wäre ja auch vielleicht möglich, dass wir uns alle nicht über Genderrollen und Genderzuschreibungen wahrnehmen, sondern nur und ›nackt‹ als Menschen. Also immer die Vornamen verwenden statt der Pronomen. Dear Kado, ich danke dir von Herzen und ich freue mich schon sehr auf unser nächstes Begegnen und die Möglichkeit, weiter von dir und mit dir zu lernen. Danke für dein Engagement, deine Authentizität, dein Teilen. Der Kurs, die Inhalte und die Begegnungen werden mich weiter begleiten und weiter mit und in mir wandern.
Herzlich,
Lann

[17. Januar] Dear Kado,
danke für deine Mail und Antwort.
Ich hab jetzt länger über deine Bitte nach Vorschlägen nachgedacht, wie mein Bedürfnis zu Beginn des Kurses von dir formuliert werden könnte, ohne dass ein so für dich ›sperriger‹ Ausdruck wie ›Pronomenwunsch‹ benutzt würde. Ich habe viele Ideen im Kopf hin- und herbewegt, aber konnte mich nicht entscheiden und habe mich gefragt, warum dies so ist. Ich denke jetzt, dass es vielleicht daran liegen könnte, dass es meine Ideen wären und nichts, was für dich stimmt, bei dir von Herzen kommt. Und dass es mir deshalb schwer fällt, Ideen für dich zu formulieren. So erfahre ich es jedenfalls immer wieder in den Workshops zu Sprache und Gewalt, die ich anbiete. Ich versuche nicht konkrete Sprachveränderungsideen zu vermitteln, sondern ich arbeite mit den am Workshop teilnehmenden Menschen daran, dass sie ihr Herz öffnen und in sich lassen, wie gewaltvoll Sprache und ihr eigenes Sprachhandeln potentiell ist. Wenn sie das zulassen und spüren können, wollen sie ihr Sprachhandeln verändern. Ich unterstütze sie dann in ihrem Weg, ihre eigenen Strategien zu finden und auszuprobieren. Mit Vorschlägen zu beginnen würde den Schritt überspringen selbst ins Handeln zu kommen und zu spüren, wie grundlegend es ist, sich mit dem eigenen Sprachhandeln als potentiell

gewaltvoller und potentiell respektvoller Handlungsweise zu beschäftigen. Ich möchte dir auch noch mal sagen, dass es mir um eine allgemeine Wertschätzung geht und nicht um eine individuelle für mich. Gender in unserem Erleben loszulassen ermöglicht es, uns mit den Menschen zu verbinden, jenseits aller sozialen Kategorien und Vorstellungen, die wir auf sie legen. Vielleicht hilft das noch mal zum Weiterdenken?

Ganz herzliche Grüße,
Lann

Die letzte Antwort erfolgt nachfolgend in vier möglichen Varianten, über die ich gerade nachdenke. Das ist natürlich alles zugespitzt und soll dir beim Lesen auch helfen, deinen eigenen Weg in solchen Situationen zu finden: Was spricht dich an, was regt dich auf, was stößt dich ab, was berührt dich, was ist dir vorstellbar, was unvorstellbar?

1. Variante
Dear Kado,
danke für dein Überlegen und die Idee am Anfang eines Kurses alle zu fragen, ob sie etwas teilen wollen. Etwas an dieser Idee mag ich. Gleichzei-

tig bedeutet sie doch wieder, dass ich mich selbst stigmatisiere, als außerordentlich und anders darstelle. Ich arbeite mich jetzt nicht an diesem Vorschlag ab, sondern versuche mich noch mal neu zu formulieren. Danke für den Austausch und Prozess, der mir eröffnet, genauer über meine Bedürfnisse nachdenken zu können und zu versuchen eine Bitte zu formulieren.

Ich beobachte, dass ich Angst habe vor Situationen und mich unwohl fühle und innerlich zurückziehe, wenn es selbstverständlich ist, dass Personen Geschlecht zugeschrieben wird - ohne alle zunächst zu fragen, ob sie Geschlecht als Wahrnehmungsfolie für sich nehmen/haben/wollen. Das stellt Gender immer wieder neu als natürlich, selbstverständlich und für andere seh- und hörbar her. Für mich ist das ein Gewaltsystem, was sich so immer wieder neu manifestiert - und massive Auswirkungen auf mich hat, da ich mich nicht als weiblich oder männlich oder überhaupt gegendert in meinem Handeln begreife. Jede gegenderte Zuschreibung trifft mich also, ich fühle mich aufgrund von gewaltvollen gesellschaftlichen Normen eingelesen, zugeordnet.
Ich fühle mich falsch in den Situationen, nicht zugehörig. Ich bin traurig. Eine häufige Re_Aktion von mir ist Rückzug.

Dabei sind meine Bedürfnisse Anwesenheit, Verbindung mit Anderen, Akzeptanz ohne Bedingungen. Um anwesend zu sein und mich mit anderen verbinden zu können, ohne mich nur mit meinen Bildern und Vorstellungen von ihnen zu verbinden, will ich wissen, wie andere sich verstehen, wie ich sie benennen und mich auf sie beziehen soll. Und ich will, dass andere meine Benennungen und die Formen, wie sie sich auf mich beziehen können, ebenfalls hören können und mit mir in Kontakt gehen wollen. So dass wir achtsam miteinander kommunizieren können.
So, wie ich über Geschlecht, mal weiblich, mal männlich, auf jeden Fall immer nicht richtig passend, eingelesen werde, lese ich auch andere fast automatisch und vorschnell über geschlechtliche Zuordnungen als Frauen oder Männer ein.
Ich erlebe das als Gewalt, sehr tiefsitzende, normalisierte, gesellschaftlich legitimierte Gewalt.
Sie ist so stark normalisiert, dass wir sie alle kontinuierlich fortsetzen und nicht nur andere, sondern auch uns selbst gewaltvoll zurichten so.
Die Workshops zu Wertschätzendem Kommunizieren sind mir wichtige Orte des Begegnens, des Seinlassens von Zuschreibungen, des nicht urteilenden und interpretierenden Beobachtens. Geschlecht zuzuschreiben ist eine Interpretation für mich und keine Beobachtung. Ich empfinde mich nicht

als Gender-Ausnahme, die eine Sonderbehandlung braucht oder will. Personen, die diskriminiert werden, sind kein Problem und brauchen keine Sonderbehandlung in meiner Wahrnehmung. Vielmehr braucht es einen sensiblen Umgang mit Privilegien, die sich darüber äußern, dass sie so selbstverständlich genommen werden und nicht angesprochen werden – wie es bei zweigeschlechtlichen Zuordnungen der Fall ist. Um Diskriminierungen zu verändern, darf das politische Handeln nicht auf Schutzprogramme für Diskriminierte reduziert sein, die so in der Opfer- und Abhängigkeitsrolle festsitzen. Stattdessen braucht es eine Reflektion von Privilegien, die gewaltvoll wirken, werden sie nicht reflektiert, sondern als unnötig auszusprechende Norm reproduziert. So, wie ich einer Person nicht ansehen kann, ob sie in Deutschland geboren ist, ob sie einen deutschen Pass hat, wie eine Person aufgewachsen ist und welche Rolle das spielt in ihrem Leben, so wie ich einer Person nicht ansehen kann, ob sie sich als verRückt oder beHindert positioniert, kann ich einer Person auch nicht ansehen, ob sie sich als weiblich, männlich, genderqueer, non-binär oder überhaupt nicht gegendert versteht. Wenn ich aber meine das sehen zu können – bei einer Schwarzen Person, dass sie ja sicherlich nicht ›von hier‹ ist, bei einer Person, die auf der Straße tanzt oder nicht in Gruppen

spricht, dass sie verRückt ist und bei einer Person mit Bart, dass sie ein Mann ist, reproduziere ich gewaltvolle Zuschreibungen. An diesen Zuschreibungen hängen immer auch viele, sich automatisch einstellende Bewertungen - ich beobachte nicht, ich interpretiere. In meiner Wahrnehmung wäre es so viel schöner, wenn wir uns wieder als Menschen wahrnehmen könnten - und uns so auch bedingungslos miteinander verbinden könnten und das Lebendige und Gute in jeder Person sehen könnten. Gleichzeitig würde dies Personen, die privilegiert sind in der Gesellschaft auch die Möglichkeit eröffnen, für ihre eigenen Handlungen Verantwortung zu übernehmen und sich nicht darauf zurückziehen zu können, dass Männer, *W*eiße, Nicht-BeHinderte »ja nun mal so sind«, »das ja nicht wissen können«, »das doch klar ist«, usw.
Meine Bitte ist also, dass du als leitende Person einen Workshop-Raum gestaltest, in dem alle als Menschen anwesend sein können und sich als Menschen begegnen können - und alle gewaltvolle soziale Kleidungen am Eingang ablegen können, um so eine neue unbelastete vorurteilsfreie, nicht interpretierende Form der Begegnens zu ermöglichen. In einer solchen Situation könnten wir alle dann ganz neu überlegen, warum uns manche Kategorien für uns selbst und andere eigentlich so wichtig sind, wie wir sie automatisch füllen mit

Vorstellungen, Bewertungen und Normen und was wir damit an Bedürfnissen erfüllen (wie Sicherheit, Ordnung...?).
Was das jetzt genau heißt für dein Agieren – ich weiß es nicht. Wie ich schon in der letzten Mail geschrieben habe, kann ich mich mit Menschen verbinden, wenn sie selbst von Herzen und weil sie das wollen, gesellschaftliche Veränderungen versuchen. In einer Gesellschaft, die so stark von Diskriminierung geprägt ist, kann das in meiner Wahrnehmung immer nur ein Versuchen sein. Wichtig ist mir, dein Handeln als Handeln von dir, wie du dir zu handeln wünschst, zu erleben – und nicht als etwas, was du meinst machen zu müssen, weil ich anwesend bin und Wünsche oder Erwartungen habe.
Alles, was wir teilen wollen in so einer Vorstellungsrunde, was wir für relevant erachten, ist ein Geschenk für mich. Mir ist es wichtig, den anderen Menschen auf Augenhöhe zu begegnen. So, wie ich mit ihnen teile, wie ich mich in Bezug auf Geschlecht verstehe (falls das denn überhaupt notwendig ist, weil Geschlecht eine Rolle spielt), so will ich das auch von ihnen wissen: wie verstehen sie sich in Bezug auf Geschlecht, falls das überhaupt eine Rolle spielt. Da gibt es für mich keine Selbstverständlichkeit und Natürlichkeit von »ich kann ja sehen, dass die anderen Menschen im Raum Frauen und Männer sind«. Das kann ich nicht. Und

wenn Privilegierte anfangen, ihre unbenannten Privilegien, sich so selbstverständlich und schon immer als Frauen und Männer verstehen zu können zum Beispiel, als nicht-normal, nicht-selbstverständlich, sondern als auch nur eine Option anfangen zu begreifen – wenn dann also alle markiert sind und nicht nur einige, alle sich ›outen‹ in einer solchen Vorstellungsrunde, dann gibt es viel mehr Chance auf Begegnen auf Augenhöhe, als wenn ich mich, übertragen gesprochen, ausziehe und andere in ihren privilegierten Komfortpelzmänteln bleiben. Es sind Mäntel – keine Haut. Verstehst du mein Bild? Es ist alles nur ein Versuchen von Teilen und Verbinden und Begegnen für mich.
Das war jetzt eingelassen und offen und teilend von mir, und dadurch und damit auch ganz schön groß und anstrengend, weil ich meine Bedürfnisse zeige und nicht mir selbst schon vorher wegrede. Ein Versuch. Ich hoffe du kannst mich hören. Ich freue mich über weiteren Austausch mit dir dazu.
Herzliche Grüße
Lann

[Ob ich teilnehme? Mal sehen, wie die Kommunikation weitergeht. Ich bleibe auf jeden Fall im Kontakt – mit mir und mit der anderen Person.]

2. Variante

Dear Kado,

danke für die Kommunikation zu Diskriminierung, Gender, Anwesenheiten und die Anfangsrunden von Workshops. Ich bin sehr damit beschäftigt und freue mich über deinen Vorschlag, alle zu fragen zu Beginn, ob sie was teilen wollen. Etwas mag ich an der Idee, etwas macht mich ängstlich und zurückschreckend daran. Mein Bedürfnis wäre es, zu Beginn meinen Wunsch zu teilen, dass alle wertschätzend und offen miteinander sind und keine Vorannahmen machen über die anderen, sondern die anderen als Menschen wahrnehmen und nicht mehr, keine anderen Interpretationen. Denn Gender wäre eine Interpretation für mich, die ich auf mich und andere lege.

Ich sitze zeitgleich mit der Mail an dich an der allerletzten Überarbeitung eines Buches, in dem es um das Loslassen von Gender als Bezugsgröße und Identität geht. Das macht das Kommunizieren mit dir zu der konkreten Situation einfacher und zugleich schwieriger.

In dem Schreiben und Auseinandersetzen mit dem Buch ist für mich noch mal so viel deutlicher geworden, dass Gender für mich eine Interpretation ist, die ich auf Menschen und auch mich selbst lege, und keine Beobachtung. Diese Interpretation hat sich so verselbstständigt in der Gesellschaft (die auf Genderismus – auf Diskriminierung über Gender aufbaut), dass sie gemeinhin als Beobachtung wahrgenommen wird. Diese Wahrnehmung von anderen verlasse ich gerade Stück für Stück für mich – ein befreiender und ungewohnter Prozess. Ich merke jetzt, ich hatte mir einen Wertschätzenden Kommunikationskontext gewünscht, in der dies auch der Fall ist: die Offenheit, uns als Menschen zu begegnen ohne Interpretationen als selbstverständlich zu nehmen. Ich weiß eigentlich, dass dies nicht der Fall ist. Ich habe es mir wohl sehr für mich gewünscht und kann es erst jetzt, nach vielen Schlaufen, auch formulieren. Ich hatte das Bedürfnis nach Anwesenheit in einem umfassenden Sinne in dem Workshopkontext zu Wertschätzendem Kommunizieren. Zu dieser umfassenden Anwesenheit gehört für mich auch, dass ich mich nicht als Ausnahme, als besonders, als besonders zu markieren und zu kommunizieren erlebe, sondern, dass ich einfach ein Mensch bin und alle anderen auch einfach Menschen sind – und nicht als erstes Frauen und Männer, wo ich dann nicht reinpasse, auch wenn es potentiell eine akzeptierende neugierige Offenheit gäbe, dass ich ›anders‹ bin. Ich wollte nicht anders sein. In der Tat erlebe ich mich nicht als anders, sondern uns alle als Menschen. In einem Kontext aber, wo die anderen sich zunächst als Frauen und Männer erleben und nicht Gender als

eine gewaltvolle Zuweisung, die sie ihr Leben lang schon bekommen, bin ich weiter anders. Das hab ich jetzt im Schreiben und Nachdenken zu unserem Kommunizieren verstanden. Es tut mir leid, dass ich so wenig akzeptierend und hinhörend war zu der Situation und unserem unterschiedlichen Erleben, was Beobachtung und was Interpretation ist in Bezug auf Menschen. Ich bin auch traurig, das verstanden zu haben, da es meinem Wunsch nicht entspricht und ich mir jetzt überlegen muss, wie ich überhaupt anwesend sein kann und will. Und zugleich erleichtert es mich, da die Situation vorher anstrengend und enttäuschend für mich war. Ich denke jetzt noch mal nach und danke dir für unser Kommunizieren dazu.
Herzliche Grüße
Lann

[Im Moment fühlt es sich so an, als würde ich nicht am nächsten Kurs teilnehmen. Mal sehen.]

3. Variante
Dear Kado,
danke für deine Mail.
Ja, das ist gut so für mich, wenn es für dich stimmig ist. Es bedeutet nicht, dass ich was sage in der Situation, vielleicht will ich mich da nicht so

ausziehen und schutzlos sein. Ich werde sehen, wie ich mich fühle, wie sich die Gruppe anfühlt.
Herzliche Grüße
Lann

[Ich weiß noch nicht, ob ich an dem Kurs teilnehmen werde.]

4. Variante

[Ich antworte nicht weiter. Ich werde nicht an dem Kurs teilnehmen.]

6 Exit Gender Sprachhandeln

Durch sprachliches Handeln können gegenderte Logiken und Wahrnehmungen verlassen werden. Denn durch veränderte sprachliche Ausdrucksweisen verändern sich Vorstellungen, die Menschen sich beim Schreiben, Lesen, Hören und Sprechen machen – egal ob in Bezug auf Personen, Gegenstände, Tätigkeiten oder Eigenschaften. Es gibt keine neutrale Ausdrucksweise zu Dingen, die Menschen wahrnehmen und es gibt keine objektive Vorstellung davon. Sprachlicher Ausdruck und die eigene Vorstellung hängen von vielen Faktoren ab und bedingen und verstärken sich gegenseitig. In Bezug auf die Genderung oder Exgenderung von Personen und wie diese sprachlich getragen werden, geben wir viele Beispiele in diesem Buch.

Die folgenden Kapitel 6-10 des Buches handeln von Exit Gender in Bezug auf Sprachhandeln. In diesem Kapitel beginnen wir mit einer Diskussion dazu, inwiefern sprachliches Handeln eine diskriminierungskritische politische Strategie ist. In Kapitel 7 stellen wir nochmal die schon eingeführten Exit-Gender-Strategien vor – hier dann in Bezug auf sprachliches Handeln. Anschließend haben wir in Kapitel 8 Texte wie Zeitungsartikel und Romanausschnitte unterschiedlich umgeschrieben, um auf diese Weise Möglichkeiten politischer Sprachveränderungen zu konkretisieren. In Kapitel 9 und 10 geben wir einen Überblick über konkrete Möglichkeiten der sprachlichen Umsetzung von Exit Gender. Diese enthalten auch Beispiele für unterschiedliche Anwendungskontexte. Die Vorschläge zur sprachlichen Umsetzung sind nicht abschließend. Sie haben keinen Anspruch auf Vollständigkeit oder Allgemeingültigkeit. Es sind momentane und potentiell erweiterbare Ausdifferenzierungen von uns bekannten und durch uns entwickelte exgendernde und Genderismus benennende sprachliche Ausdrucksweisen.

Dieser Abschnitt des Buches gibt Anregungen dazu, wie du, wenn du dich für diese Form des Handelns entscheidest, Gender als Kategorie loslassen kannst. Wir diskutieren auch, an welchen Stellen dies in unserer Perspektive Sinn macht. Wir stellen dir einen Ansatz vor, der gegenderte Menschen- und Weltbilder als durchgängig sozial konstruiert und normiert durch eine ›Genderbrille‹ begreift. Diese prägt die Wahrnehmung von Menschen und führt dazu, dass Menschen nicht in erster Linie als Menschen, sondern als Re_Präsentant*innen eines Genders ›betrachtet‹ und darüber normalisiert und diskriminiert werden. Wir formulieren den Vorschlag, Gender nicht mehr wahr_zunehmen und erläutern, warum für dieses Projekt sprachliches Handeln eine wichtige Bedeutung hat.

Was hat Sprechen mit Wahrnehmen zu tun?

Sprachliches Handeln prägt und beeinflusst die Vorstellungen, die Menschen sich von Welt machen, von sich selbst und von anderen Personen. Wie Menschen andere Personen einordnen und bewerten, hängt von den unbewusst stattfindenden Zuschreibungen ab, die über das Verwenden sprachlicher Kategorien aufgerufen werden. Menschen benutzen Sprache zumeist unbewusst – und verfestigen auf diese Weise durch Sprache hergestellte Kategorien mit allen ihren konventionellen, normalisierten Assoziationen, prototypischen Vorstellungen und ›allgemeinen‹ Bewertungen. Im Sprechen und Schreiben re_produzieren sie diese automatisch ablaufenden und sich einstellenden Vorstellungen und Bilder.

Politisch gedacht bedeutet dies: Es macht einen entscheidenden Unterschied, wie du sprachlich handelnd auf Personen Bezug nimmst – egal, ob du dich am Telefon mit einer Nahperson unterhältst, in der Kita Kindern etwas erzählst, einen Einladungstext für einen Workshop schreibst, oder einen Artikel für ein Zine deiner Politgruppe verfasst. Mit deiner Ausdrucksweise bildest du einen Rahmen, innerhalb dessen dein Gesprochenes für andere einles- und verstehbar wird. Du gibst also in deinem Sprechen nicht eine objektive Wahrheit über eine Situation und die darin agierenden Personen wieder, sondern schaffst eine bestimmte Perspektive auf Situationen und Personen, die auch eine ganz andere sein könnte.

Es könnte in einem Lokalteil einer Tageszeitung beispielsweise stehen:

»Person nach Streit auf Campingplatz in Untersuchungshaft genommen.«

Oder es könnte dort stehen:

»25jährige deutsche Person nach ausfallenden Äußerungen gegen eine britische Jugendgruppe auf einem Campingplatz in Untersuchungshaft genommen.«

Es könnte vielleicht auch über ein- und dieselbe Situation geschrieben werden:

»25jährige Person nach antisemitischen Äußerungen gegenüber einer britischen jüdischen Jugendgruppe auf einem Campingplatz von der örtlichen Polizei in Untersuchungshaft genommen.«

Eher unwahrscheinlich ist, dass dort etwas stehen würde wie:

»25jährige, sich nicht-jüdisch verortende Person mit deutschem Pass ist in Untersuchungshaft genommen worden, nachdem sie auf einem Campingplatz gewaltvolle antisemitische Äußerungen gegen britische jüdische Jugendliche gemacht hat. Die Jugendlichen sind Nachkommen in der 2. und 3. Generation von an diesem Ort ansässigen jüdischen Personen, die in der Zeit des Nationalsozialismus vertrieben und ermordet wurden und auch in der Zeit danach daran gehindert wurden, sich wieder in ihrer Heimat anzusiedeln.«

Ebenso unwahrscheinlich ist, dass irgendeiner dieser Artikel noch den weiteren Satz enthielte:

»Alle anderen, die zu dieser Zeit auf dem Campingplatz waren und die lautstarken gewaltvollen Aktionen mitbekamen, haben weggehört, die verbalen Angriffe aktiv ignoriert und sind schnell wieder in ihre abgezäunten eigenen Campinggrundstücke verschwunden.«

Alle diese Sätze sind hypothetisch – und kommen doch in hundert verschiedenen Varianten täglich in Tageszeitungen vor – oder eben auch nicht. Sie alle beziehen sich auf dieselbe Situation, rufen aber ganz unterschiedliche Bilder auf. Sie schreiben unterschiedlichen Individuen, Menschen in bestimmten öffentlichen Funktionen und größeren Personengruppen Handlungsfähigkeit zu oder ab. Sie stellen historische Zusammenhänge her, bewerten Gewalt und die Verstrickung von Menschen in Gewaltsysteme unterschiedlich. Darüber hinaus, und für den Zusammenhang hier äußerst relevant, schreiben sie Identitäten zu, die in dem fiktiven Beispiel über Antisemitismus und über Genderismus definiert werden. Du kannst dich fragen, welche Gendervorstellungen du nach dem ersten Satz hattest für die Person, die gewaltvolle Äußerungen gemacht hat, und ob diese Vorstellungen beim dritten und vierten Satz immer noch gleich waren. Durch die unterschiedlichen Ausdrucksweisen zu ein- und derselben Situation legen die Darstellungen Deutungen, Weltbilder und die Relevanz genau dieser Kategorisierungen nahe.

Je nachdem, welche Kategorisierungen du aufrufst, produzieren deine Erzählungen ein völlig anderes Bild von einer Situation. Es kann wie ein harmloser Campingplatzstreit wirken. Vielleicht hast du dir ein gewisses Maß an Alkoholisierung vorgestellt. Vielleicht ein jugendliches ›über-die-Stränge-schlagen‹. Indem du zum einen soziale Kategorien benutzt wie ›jüdische Jugendgruppe‹, ›25jährige Person‹ als nur altersspezifiziert und ›Polizei‹ ohne weitere Spezifizierung, rufst du zugleich, ohne es zu merken oder zu wollen, prototypische Vorstellungen auf. Sie werden im Kopf mit dem, was du sagst, verbunden und erzeugen dort ein vermeintlich klares und zutreffendes Verständnis von Situationen. Du kannst dich hier beispielsweise auch fragen, wie sich deine Bilder und Vorstellungen ändern würden, wenn die verbalen Angriffe sich gegen eine Gruppe minderjähriger syrischer Geflüchteter gerichtet hätten. Wie würden sich deine Bilder und Vorstellungen im Kopf ändern? Welche Geschichte ›glaubst du‹, wie schätzt du die Situation dann ein?

Wenn du Texte, zum Beispiel Tageszeitungsartikel, liest, werden kausale Begründungen, auch wenn sie gar nicht explizit gemacht werden, automatisch hergestellt und verlinkt. Um das Gelesene nachzuvollziehen, musst du die darin enthaltenen Handlungsabläufe, Kategorien und Zuschreibungen übernehmen, was meist unbewusst geschieht. Dies ist bei gesprochenen Texten wie Fernsehnachrichten noch viel stärker der Fall als bei geschriebenen Texten. Um der Argumentation weiter folgen zu können, musst du die dort aufgerufenen Kategorien in Sekundenbruchteilen in deine Vorstellung integrieren. Zudem legen solche Berichte dir nahe, dass ihre Logik der Wahrheit entspräche und es keine alternativen Erzählungen mit anderen Logiken gäbe. Erzähllogiken stellen sich selbst in ihrer Exklusivität zumeist als alternativlos her. Weder steht in den fiktiven Tageszeitungsbeispielen, dass auch der Umgang der örtlichen Polizei Antisemitimus verharmlosend war, da es sich um einen Kontext handelte, in dem die jüdische Gruppe die Personen ›von außen‹ sind – in einem langen historischen Prozess als Personen von außen macht- und gewaltvoll hergestellt. Noch wird in einem Tageszeitungsartikel tatsächlich sprachliche Gewalt als Gewalt bezeichnet werden. Alle oben aufgeführten möglichen Anfänge eines Zeitungsartikels machen potentiell unterschiedliche Verständnis- und Erklärungsangebote für eine gewaltvolle Handlung, ohne explizit zu benennen, warum bestimmte Wahrnehmungen und Kategorien als relevant gesetzt werden.

Dieses hier deutlich werdende unbewusste, aber umso machtvollere Wirken von Sprachhandlungen wird in der Kognitionsforschung unter dem Ansatz der sogenannten Rahmenanalyse gedeutet. Die Rahmenanalyse nach Elisabeth Wehling (2017) zeigt auf, dass die Ausdrücke, die du verwendest, einen Rahmen in deinem Denken schaffen. Dieser wird ›gebaut‹ und kontinuierlich stabilisiert von den sozialen Bildern, die dir durch Sozialisation vertraut sind und die durch jeweils schlüssig so gedeutete eigene Erfahrungen bestätigt werden. Die Bilder werden fortwährend durch Medien und Alltagsgespräche genährt, die sie voraussetzen und dadurch machtvoll bestätigen. Dieses Gewohnheitswissen verbindet sich zu einer unbewussten Idee einer selbstverständlichen, objektiven, für alle gleichen Wirklichkeit, die in und mit dem Verwenden von Sprachformen aufgerufen wird und sich so beständig immer weiter verfestigt.

Je nachdem, welche Sprachformen du also im Schreiben und Sprechen, Hören und Lesen verwendest, spiegeln sich darin unterschiedliche Vorstellungen von Welt und stellen diese so gleichzeitig auch her.

Es erscheint häufig unvorstellbar, sich Welt anders vorzustellen als in den Bildern, die sich innerhalb des eigenen Gewohnheitssrahmens automatisch beim Hören und Lesen einstellen. Höchstens kommt es vor, in bestimmten Situationen nicht die richtigen Worte finden zu können, um etwas Bestimmtes auszudrücken. Meistens aber kommst du gar nicht an so einen Punkt, sondern nimmst die sprachlichen Ausdrucksweisen für gegeben, bemerkst sie kaum, begreifst sie als ›einfach so da‹.

Dir sind die sozialen Strukturen, die sprachliche Konventionen vorgeben, möglicherweise so vertraut und so selbstverständlich, dass du dir gar nicht vorstellen kannst, Dinge könnten anders wahrnehmbar sein als sie es aktuell für dich sind und als es in den kritischen und linken Medien dargestellt wird. Du stellst den Vorstellungsrahmen, den dein gewohntes SprachHandeln aufruft, also nicht in Frage. Oder du schluckst dein Unwohlsein runter und zweifelst an dir und deiner Wahrnehmung statt an den machtvollen Normen, die das System ausmachen, in dem du dich bewegst. Dabei könnte doch eigentlich vieles anders sein – anders sagbar und damit auch anders versteh- oder wahrnehmbar. Du könntest versuchen etwas sagbar zu machen, indem du nicht nur Worte aus einem bestehenden Repertoire auswählst. Du könntest dadurch das bestehende Repertoire ausweiten und Worte er_finden.

Er_Findungen von neuen Ausdrucksformen in Bezug auf Gender, die versuchen nicht diskriminierend zu sein, werden von der breiten Öffentlichkeit häufig als skurril oder unnötig abgetan. Sie werden lächerlich gemacht oder als kompliziert oder unpraktisch bewertet. Dies ist insbesondere der Fall, wenn eine Sprachveränderung flächendeckend umgesetzt werden soll, wenn sie also in staatlichen Rechtschreibnormen berücksichtigt werden soll – auch wenn es nur eine Option wäre – oder auf Formularen auftauchen soll, zum Beispiel mit dem Ziel, mehr als zwei Gender-Optionen zu ermöglichen. Negative Reaktionen auf Genderismus ansprechende Sprachveränderungen stechen umso deutlicher hervor, wenn mensch bedenkt, dass in allen möglichen Bereichen andauernd neue Worte erfunden werden. So gibt es ein permanentes Wechselspiel zwischen neuen Begriffen und technologischen Neuerungen: Smartphone, SMS, Tablet, Wlan, App, Flatrate und Messenger sind heute aus dem Sprachschatz nicht mehr wegzudenken – als Begriffe, die im deutschen Sprachgebrauch noch gar nicht lange üblich sind. Sie gelten kaum noch als erklärungsbedürftig. Ähnliche selbstverständlich gewordene sprachliche Neuerungen gibt es auch in Bezug auf Krankheitskonzepte: ›Burn Out‹, ›Laktoseintoleranz‹, ›Klimapanik‹; in Bezug auf die Wahrnehmung von Menschen in Bezug auf Berufe: ›CEO‹, ›Lobbyistin‹, ›Hedgefondsmanager‹; sowie in Bezug auf sich kontinuierlich verändernde soziale Verbindungen: ›Patchwork-, Wahl- oder Regenbogenfamilie‹, ›Lieblingsmensch‹, ›Co-Mutter‹, ›Polybeziehungen‹ oder auch ›Nahbeziehungen‹. Solche Sprachveränderungen machen es möglich, die gelebte, sich ständig verändernde Realität und ihre Wahrnehmung auszudrücken und zu kommunizieren mit anderen.

Neue Ausdrücke integrieren sich in der Regel subtil und nicht explizit reflektiert in dein bestehendes Weltbild und verändern dieses für dich unbemerkt. Auf diese Weise verändert sich entsprechend auch die Folie oder der Filter deiner Wahrnehmung. Nur in Momenten von Irritationen machst du dir diese Folie überhaupt bewusst.

Dies können deine eigenen Irritationen sein oder auch die Irritationen anderer Menschen, wie die lautstarken und emotionalen, häufig aggressiv und drohend in sozialen Medien vorgebrachten Vorbehalte gegen diskriminierungskritische Sprachveränderungen. Manchmal werden solche Irritationen, die häufig auf eigene Verunsicherungen zu Identitätsvorstellungen und der Rolle von Sprache basieren, direkt und mündlich kommuniziert. Vielleicht sind dir zum Beispiel Irritationen anderer daher bekannt, dass du Pronomen benutzt, die nicht in die vertrauten ›sie-er‹-Schemata passen. Andere ignorieren dies, wechseln das Thema, machen sich lustig, stellen ›Fakten‹-Nachfragen und respektieren so deinen Pronomenwunsch nicht.

Exit-Gender-Ausdrucksweisen führen für viele Personen zu neuen Wahrnehmungsmöglichkeiten in Bereichen, die sie vorher gar nicht als veränderbar, sondern als ›einfach so da‹, als natürlich und selbstverständlich wahrgenommen haben. Exit-Gender-Ausdrucksweisen eröffnen neue Perspektiven auf Sachverhalte, Handlungen und Einstellungen, die du vorher vielleicht als klar, selbstverständlich, ›normal‹ wahrgenommen hast.
Genau das ist es, was vielen Menschen so viel Angst macht, dass sie so massiv gegen Sprachveränderungen

im Bereich der Diskriminierungskritik argumentieren: Sie sind verunsichert, sie wollen eine pseudoneutrale Position in ihrer Selbstvorstellung beibehalten, sie wollen keine Herausforderungen und keine sozialen Veränderungen. Viele privilegierte Menschen haben sich darin eingerichtet, die eigene Privilegierung als Normalzustand zu leben. Diskriminierungskritische Sprachveränderungen partikularisieren privilegierte verallgemeinmenschlichte Positionen. Sie eröffnen eine neue Perspektive auf die eigene Pseudoneutralität als potentiell veränderbarer diskriminierungskritischer Handlung. Dass Menschen so vehement auf diskriminierungskritische Sprachveränderungen re_agieren, zeigt letztendlich vor allem, dass sprachliche Veränderungen normierte Vorstellungsrahmen herausfordern – sonst müssten sie nicht kleingeredet, lächerlich gemacht, ignoriert und übergangen werden.

Viele Menschen sind zunächst überfordert mit neuen Sprachformen, die Gender als Bezugsgröße herausfordern. Dies ist der Fall, wenn Pronomina und andere Sprachformen zuvor vielleicht als klar und eindeutig erlebt wurden. So klar und eindeutig, dass Personen nicht darüber nachdenken mussten, sondern wie selbstverständlich zweigendernde Formen benutzt haben. Und sich damit doch eigentlich verständlich fühlten.

Innerhalb der bestehenden sprachlichen Muster gibt es viel Spielraum. Du kannst wählen, wie du deine Wahrnehmung von einer anderen Person in einer bestimmten Situation formulierst. So könntest du beispielsweise über eine Person, die ihren körperlichen Zustand mitteilt, sagen: »Die Person nimmt sich selbst wahr, spürt differenziert hin und teilt sich mit.« Oder: »Die Person jammert, äußert Schmerzen, wimmert, ist wehleidig, ist tapfer, ist sensibel...« oder noch viele andere Möglichkeiten mehr. Die Situation, über die du sprichst, ist in jedem Fall dieselbe – der Einlesungsrahmen verändert sich durch deine Formulierung jedoch ganz grundlegend. In jeder Formulierung stecken unterschiedliche Assoziationen, Vorstellungen und auch Bewertungen, die dir bei der Aussage über eine andere Person gar nicht unbedingt alle bewusst sein müssen. In vielen Äußerungen schwingen auch genderstereotype Bilder und Bewertungen mit, die automatisch auch aufgerufen werden.

Deine Äußerungen bilden in ihrer Gesamtheit den zumeist unbewussten Rahmen deiner Vorstellungswelt zu dem jeweiligen Zeitpunkt und beeinflussen zugleich den Vorstellungsrahmen der Menschen, mit denen du sprichst oder die deine Texte lesen.

Ein weiteres Beispiel: »Wie geht's dir?«

Vielleicht hast du bisher nicht das Bedürfnis gehabt, bestimmte Gefühlszustände jenseits von ›gut‹ und ›schlecht‹ auszudifferenzieren. Vielleicht hast du auch das Gefühl, es gibt keinen Raum für eine differenziertere Antwort und eine solche wäre auch gar nicht erwünscht.

Übertragen wir dies auf Gendervorstellungen, könnte dies bedeuten: Vielleicht bist du sehr früh trainiert worden darin, Menschen in zwei Gruppen, weiblich und männlich, einzuteilen, unabhängig davon, wie die konkreten Individuen sich selbst verstehen. Vielleicht antwortest du reflexartig auf die Frage: »Wie geht's dir?« mit »Gut, und dir?« Genauso lebst du vielleicht auch, ohne darüber nachzudenken, schon lange die Gewohnheit, das Verhalten und Aussehen von in deiner Wahrnehmung zweigegenderten Menschen ebenfalls gegendert auszudrücken. Darüber würdest du dann Zweigenderung als selbstverständlichen Vorstellungsrahmen belegen: ›wimmern‹ oder ›jammern‹ beispielsweise sind Benennungen für emotionale Ausdrücke, die eher Frauen als Männern zugeschrieben werden – oder Männern, die ›zu schwach‹, ›weich‹ oder ›weiblich‹ sind – also nicht wirklich männlich. Über diese Zuschreibungen verfestigen sich wiederum Weiblichkeitsvorstellungen, ganz jenseits der konkreten Person, auf die sich die Äußerung bezieht. Diese Äußerungen wirken also nicht nur auf deine Vorstellungen zurück, sondern auch auf die Vorstellungen derjenigen, mit denen du kommunizierst. Damit du für andere nachvollziehbar bist, damit sie dir weiter folgen können in der Kommunikation, müssen sie bestimmte Voraussetzungen deines Sprechens hinnehmen. Nachrichtensendungen im Fernsehen arbeiten auch sehr stark damit: Damit du einer Neuigkeit in der Berichterstattung folgen kannst, musst du vieles akzeptieren und übernehmen in deiner Wahrnehmung, damit dein Verstehen und weiter Zuhören möglich bleibt – damit du nicht aussteigst, aus dem Zuhören, den Logiken von Nachrichten, den Selbstverständnissen der Gesellschaft.

Vorstellungen verstetigen sich also in und über Sprachformen, die wieder und wieder benutzt werden und die bestimmte Assoziationen in sich tragen. Diese werden über Zeit und Gebrauch so selbstverständlich, sind so verselbstständigt, dass du sie dir nur in einem häufig mühsamen Prozess der Reflexion wieder bewusst machen kannst.

Diese Bewusstmachungsprozesse können auch schmerzhaft sein, weil deine Normalvorstellungen herausgefordert werden. Sie haben dir vielleicht Sicherheit oder zumindest einen Rahmen für Weltverständnis ermöglicht. Auch verstehst du so vielleicht, wie du eigene Diskriminierungen verinnerlicht hast als ›persönliches Problem‹

und dir eigene Privilegien nicht bewusst gemacht und für selbstverständlich genommen hast.

Gender sprachlich nicht mehr wahr_nehmen

Sprachlich exgendernd zu handeln macht einen entscheidenden Unterschied: für dich selbst und deine eigene Anwesenheit, wenn du dich exgendernd verstehst, sowie für weitere Menschen, die sich nicht über Gender verstehen. Sie können sich dadurch ermutigt fühlen, eine eigene sprachliche Anwesenheit auszuprobieren. Exgenderndes Sprachhandeln macht für alle Menschen Sinn, die respektvoll kommunizieren und die Selbstwahrnehmung anderer respektieren wollen. Sprachlich exgendernd zu handeln macht einen Unterschied für Welt insgesamt, da durch Exit-Gender-Ausdrucksweisen Vorstellungen von exgegenderten Fühl-, Denk- und Lebensmöglichkeiten in die Welt gepflanzt werden. Sie können so wachsen und zu Bäumen und Blumen oder gar Wäldern und blühenden Landschaften werden. Sprache pflanzt, um in diesem Bild zu bleiben, altbekannte oder eben auch neue, unbekannte Gewächse in sich kontinuierlich verändernde Landschaften. Sprachliche

Landschaften entstehen und verändern sich durch die Pflanzen, die du und andere säen und pflegen und werden so zu der Gesellschaft, in der alle zusammen leben. Auch wenn es manchmal so wirkt, als hättest du keine Gestaltungsräume, als wäre der Boden mit Beton versiegelt, gibt es doch immer wieder Möglichkeiten, diese harte Oberfläche einzureißen oder aufzubrechen. Denn Pflanzen suchen ihren Weg und haben das Potential aus Betonwüsten Gärten wachsen zu lassen.

Dieses Bild kann dich dazu ermutigen, dich selbst als sprachpolitisch aktiv erleben zu können. Du kannst wahrnehmen, dass das eigene Sprachhandeln eine alltägliche Form ist, das eigene Leben und die Gesellschaft mitzugestalten. Du wirkst daran mit, einen Lebensraum entstehen zu lassen. Du kannst dich dazu entscheiden, ihn so zu gestalten, wie du ihn dir wünschst. Für uns als Personen, die dieses Buch geschrieben haben, bedeutet dies: wertschätzend und respektvoll zu sein, strukturelle Gewaltformen zu reflektieren und zu versuchen, das eigene Sprachhandeln immer wieder neu diskriminierungskritisch zu gestalten.

Dass Genderung, insbesondere in der Realisierung als Zweigenderung so unauflösbar erscheint, ist also vor allem durch die Sprachkonventionen der Gesellschaft bedingt. Zweigenderung ist über Sprache normalisiert und naturalisiert. Zweigenderung bildet den sprachlich getragenen Vorstellungsrahmen von Menschen in dieser Gesellschaft.

Wir finden es wichtig, sich immer wieder bewusst zu machen, dass über Sprache nicht nur Diskriminierungen realisiert werden, sondern auch Interventionen in Diskriminierungen auf sprachlicher Ebene möglich und verwirklicht werden. Wenn du sprachlich handelst, im Sprechen oder im Schreiben, im Zuhören oder im Lesen, kannst du dich immer wieder neu entscheiden, ob du konventionelle Gendervorstellungen re_produzieren und tradieren willst. Oder ob du diese veränderst, herausforderst, bewusst nicht wahr_nimmst. Du kannst dich dazu entscheiden, androgendernde Formen (wie ›die Leser‹, oder ›man sollte mal ein Buch lesen‹), die immer und immer wieder neu eine männliche Allgemeinmenschlichkeit zementieren, nicht länger auszuhalten oder zu überhören, sondern stattdessen mit deinem Sprechen Teil einer diskriminierungskritischen, respektvollen, sozialen Veränderung zu sein. Sprachliche Handlungen sind eine schnelle, alltägliche, immer machbare Möglichkeit, eine gewaltvolle Norm, wie Zweigenderung, herauszufordern und zu verändern.

Sprachliches Handeln spielt in nahezu allen Situationen des Lebens eine Rolle und kann permanent, ohne lange Vorbereitung und ohne auf politische Strukturen und Organisationen angewiesen zu sein, einfach verändert werden: indem du dich anders ausdrückst als bisher; indem du anders nachfragst und sprachliche Diskriminierungen nicht mehr hinnimmst. Indem du Texte anders (vor)liest und anders Stellung beziehst. Du kannst deine Genderbrille absetzen.

Deine Genderbrille absetzen

Menschen in westlich geprägten Gesellschaften bekommen – metaphorisch gesprochen – bei Geburt eine Genderbrille aufgesetzt. Dies geschieht so früh, dass Menschen sie wahrscheinlich noch nicht mal als Brille wahrnehmen, sondern sie als ihre Augen, ihr Sehvermögen, ihre natürliche Wahrnehmung verstehen. Es kann sein, dass sich die Brille im Laufe des eigenen Lebens mit verschiedenen Sehstärken verändert, sie immer wieder an unterschiedliche Situationen und Funktionen (weit- oder nahsehen) angepasst werden muss. Es ist und bleibt aber eine Brille, durch die Menschen sich selbst und die übrige Wirklichkeit wahrnehmen, ohne dass sie die Brille noch als solche bemerken. Stattdessen gehen alle davon aus, die Wirklichkeit direkt ›sehen‹ zu können. Dabei ist Sehen nur eine von vielen Wahrnehmungsformen. Zudem wird Sehen in westlich geprägten Gesellschaften häufig als objektiv hergestellt und nicht wahrgenommen, wie stark das, was Menschen sehen, von gesellschaftlichen Konventionen bestimmt ist. Dies hat machtvolle diskriminierende Konsequenzen.

Die Metapher der Genderbrille passt also auch insofern gut, da die Idee ›etwas objektiv zu sehen‹ an sich eine machtvolle soziale Konstruktion von Wirklichkeit ist. Sehen wird in der Gesellschaft, in der wir leben, so wahrgenommen, als sei es eine neutrale, allgemeine und objektive Wahrnehmungsform.

Wenn du eine Person als Frau oder Mann wahrnimmst und sie so bezeichnest, dann bist du vermutlich fest davon überzeugt, hier lediglich ein Abbild einer klaren, selbstverständlichen Realität zu benennen. Stell dir die Situation einer öffentlichen Toilette oder Umkleidekabine vor: Solche Räume sind (im Moment noch) vor allem zweigegendert plus der nicht gendermarkierten sogenannten Behindertentoilette oder Umkleide, die vor allem auf Personen, die sich mit Rollstuhl bewegen, bezogen ist. In Letzterem spiegelt sich auch die zuvor erwähnte machtvolle Entgenderung von Menschen, die über körperliche oder kognitive Normen beHindert werden. Es gibt also Räume für Frauen und solche für Männer. Viele Personen, die die Räume für Frauen benutzen und nicht in konventionelle *weiße* Vorstellungen von Weiblichkeit passen, kennen es, von anderen als Nicht-Frau eingelesen, als ›falsch hier‹ angesprochen und des

Raumes verwiesen zu werden. Hinter solchen Ansprachen liegt vermutlich ein Gefühl von Angst und Bedrohung. Zusammen mit der versuchten oder angedrohten Verbannung aus entsprechenden Räumen machen diese Ansprachen deutlich, dass Menschen zumeist nicht im entferntesten glauben oder sich vorstellen können, dass die eigene Wahrnehmung durch eine eigene persönliche, nicht vom Gegenüber geteilte Gender-Brille hervorgebracht ist. Es handelt sich aber um eine höchst persönliche Einschätzung, die nicht von der anderen Person, der sie so begegnen, geteilt sein muss. Sie glauben aber, lediglich die ›Wirklichkeit‹ zu sehen, zu benennen und entsprechend ›zu Recht‹ empört, bedroht und schockiert re_agieren zu können.

Menschen kommen oft gar nicht auf die Idee, dass eine Genderzuordnung an eine andere Person über einen kurzen visuellen Eindruck oder in einem Telefongespräch eine Gewaltausübung ist. Sie schreiben damit anderen eine Rolle oder Identität zu, die diese vielleicht gar nicht teilen.

Es gibt in westlichen Gesellschaften eine starke unhinterfragte Vorstellung, dass Gender sekundenschnell auf der Körperoberfläche anderer Personen zweifelsfrei ab- les- und benennbar wäre. Das ist ein kontinuierlicher äußerst gewaltvoller, alltäglicher Akt, der nicht nur genderistisch, sondern häufig auch rassistisch und beHindernd ist: die Normalisierten und normierten Zweigenderbilder basieren auf *weißen* Normalvorstellungen, die sich so immer wieder aufrufen und weiter verfestigen.

Genauso verhält es sich auch mit der Verwendung zweigendernder Sprachformen: Du glaubst vielleicht nicht, in deinem Sprechen eine sozial geprägte und gesellschaftlich legitimierte Vorstellung von anderen Personen auszudrücken, sondern lediglich auf ›die Wahrheit‹ zu referieren. Du spürst also die soziale Genderbrille, die du so früh aufgesetzt bekommen hast, gar nicht mehr als Brille, sondern verstehst das durch sie entstehende Bild als einzig mögliche Form zu sehen und hier also: zu sprechen. Zusätzlich dazu verstehst du Sehen nicht als eine persönliche, interpretierende Handlung, sondern als objektive Wahrnehmung der Wirklichkeit. Auch das gilt für die gesellschaftliche Akzeptanz von Zweigenderung – es ist wie das Sehen der Wirklichkeit: für sehr viele Menschen ist dies keine aktive Handlung, keine Zuschreibung, sondern lediglich eine Wiedergabe der ohnehin vorhandenen zweifelsfreien Wirklichkeit. Gegen diese passive und unkonstruktivistische Einlesung von Wirklichkeit wendet sich Exit Gender: Denn mit dem Nicht-Mehr-Bemerken der eigenen Genderbrille wird machtvoll ein genderistisches Regime als neutral, objektiv und einfach-so-da hergestellt – und damit auch als unveränderbar.

Exit Gender bietet Möglichkeiten, die Brille zu bemerken, sie abzusetzen, auf andere ohne Brille zu schauen und die Brille selbst diskriminierungskritisch zu betrachten.

Dass du die Gender-Brille bekommen hast, hat umfassende gesellschaftliche Gründe, die auf Steuerung, Kontrolle und Normierung beruhen. Die Gender-Brille zementiert Machtstrukturen.

Die Genderbrille macht Farben und Kontraste kräftiger und reduziert gleichzeitig die Palette möglicher Schattierungen. Sie ist durch Diskriminierungsstrukturen gestaltet und formt den ›Blick‹, sodass Menschen als Männer und Frauen gesehen werden. Damit werden sie gleichzeitig an den entsprechenden hierarchischen Bewertungskriterien gemessen, welche eine gendernde Sichtweise immer impliziert. Die Genderbrille gibt eine gendernde Perspektive als vermeintlich einzige und richtige Sichtweise der Welt vor.

Da alle von Geburt an die Brille aufhaben, bemerken sie es nicht, sondern begreifen die reduzierte Möglichkeit, Farben und Farbkontraste zu sehen als einzig mögliche Wirklichkeit und fügen alles, was sie sehen, da ein und bewerten es nach der Maßgabe dessen, ob es ins ›Bild‹ passt.
Was der Genderbrille entgeht, was darüber nicht einlesbar ist, wird schlichtweg unbewusst ausgeblendet.

Im Versuch, über den Rand deiner Genderbrille hinaus zu blicken und zu artikulieren, was dann in dein Blickfeld rückt, kannst du dir in deinem Schreiben und Sprechen die folgenden Fragen stellen:

- Welche Rolle spielt Gender für die Wahrnehmung einer Person, über die du sprichst oder schreibst?
- Ist Gender hier überhaupt von Bedeutung oder ist deine ›Genderbrille‹ am Werk, die deine Wahrnehmung von Kleidung, Behaarung, Namen, Stimme, Auftreten einer Person filtert, reduziert und mit prototypischen Bildern überlagert?
- Was wäre Gender für dich jenseits von visuellen Eindrücken dazu, wie eine Person aussieht, und jenseits von akustischen Wahrnehmungen ihrer Stimme?
- Bliebe überhaupt noch etwas übrig von den vermeint-

lich so relevanten Kategorien ›Frau‹ und ›Mann‹ – etwas, das mehr wäre als die strukturellen Machtverhältnisse, die ›Weiblichkeit‹ und ›Männlichkeit‹ kontinuierlich als bedeutungsvoll erscheinen lassen?

Erst, wenn du Gender nicht länger als gegeben voraussetzt, kannst du dir die Gewalt, die durch Genderungen ausgeübt wird, bewusst machen und dich aktiv dafür entscheiden, dein Handeln gegen diese Gewalt zu richten und Wege für eine aktiv exgendernde Wahr_nehmungs- und Sprachpolitik zu suchen.

Im Hotel

Wir stehen zu dritt vor der Eingangspforte eines kleinen Hotels in einer kleinen Stadt. Tami, Amu und ich klingeln, je abwechselnd, an der verschlossenen Tür, bis aus dem Hausinneren nahende Schritte ertönen.
Die Tür wird geöffnet - von einer Person, deren Gesicht mit einem beeindruckenden, weil den horizontalen Gesichtsraum komplett ausfüllenden Breitlächeln ausgestattet ist. Übergangslos schreit uns die Person begeistert an: »Die drei jungen Herren, hallo!«. Wir glotzen dumpf. Ich denke kurz, dass uns mit der expliziten Genderung, ebenso wie mit der Alterseinschätzung in Richtung Jugendlichkeit, gerade womöglich eine besonders nette Behandlung zuteil werden soll. Während ich noch meinen Gedanken zum Thema Nettigkeit nachhänge, variiert die Person ihre Begrüßung unvermittelt mit dem energischen Ausruf: »Oh, doch nicht!! Es ist ja auch eine Dame dabei!« Interessant. Ich kann mich nicht entscheiden, ob ich es für den Moment angemessener finde, mich herrisch und jung zu fühlen oder ob ich nicht doch lieber darüber nachdenken sollte, wex von uns dreien die zweifelhafte Ehre zugedacht ist, die Dame in der Herrenrunde zu sein. Ein Dilemma. Ich entscheide, beide Optionen zu verwerfen und sage statt dessen

entschieden: »Ääh, öhöm.« Dann setze ich hinterher: »Wir sind heute alle drei als Personen hier.« Einlass-Person lächelt tapfer weiter und wartet. Worauf, ist schwer zu sagen. Vielleicht wartet sie ab, ob auf diese scheinbar irritierende Stellungnahme noch weitere Erläuterungen folgen. Es folgt aber nichts, und wir werden mittlerweile wortlos eingelassen. Auch wir lächeln inzwischen tapfer. Wir werden zum Hoteltresen geführt, wo eine weitere, weniger begeistert dreinblickende Person uns Anmeldeformulare aushändigt, in die wir unsere Namen und Buchungsnummern eintragen sollen. Wir tragen ein. Einlass-Person positioniert sich derweil hinter uns. Ich meine, den Atem der Person in meinem Nacken zu spüren. Und, irritierender noch: Ich meine, die Person hinter mir denken zu hören. Ich denke: Da kommt doch noch was. Und so war es auch: es kommt noch was. Nach mehreren Sekunden hartnäckiger Ausfüll-, Schweige-, und Denkzeit brüllt die Person unvermittelt mit einer Euphorie, die der Begrüßung in nichts nachsteht, in unsere Rücken: »Ach, nein!! Es sind ja drei Damen!!!« Mich hebt es ob des lautstarken Enthusiasmus dieses Wortbeitrages kurz geschätzte drei Zentimeter vom Boden ab. Tamis Körper entscheidet sich derweil - so beobachte ich nach meiner Landung aus den Augenwinkeln - für einen entgegengesetzten Bewegungstrend. Tami sackt obenherum leicht nach

vorne ab in Richtung Tresen und flüstert dabei dem Anmeldeformular vertraulich zu: »Warum muss denn das jetzt schon wieder wichtig sein?« Abgesehen von Einlass-Person lächelt jetzt mal kurz niemensch mehr. Ich mache mir Sorgen um die Stimmung. Und ich mache mir Sorgen um Tamis sich zunehmend intim gestalteten Körperkontakt mit dem Anmeldeformular. Ich antizipiere Handlungsbedarf. »Ähäöm, hust«, sage ich eloquent, begleitet von einer, wie ich hoffe, seriös anmutenden Halbwärtsdrehung zu Einlass-Person »Wir beziehen uns nicht so auf Geschlecht.« Einlass-Person lächelt - nicht ganz unüberraschend - und ich versuche, mit einem freundlich-bestimmten Kopfnicken meinem Gesicht den Nachdruck zu verleihen, den ich meiner Äußerung in dieser speziellen Situation leider nicht zutraue. Einlass-Person und ich liefern uns noch einen kurzen Lächel-Glotz-Wettbewerb. Dann wende ich mich ab und fülle mein Formular fertig aus. Wir übergeben unsere Formulare an Einlass-Person und ich denke in einem kurzen Anflug von Mitgefühl, dass das Lesen unserer Namen der Person in ihrem Genderungs-Konflikt vermutlich auch nicht weiterhelfen wird. Die arme Person, noch nicht einmal das Papier kooperiert.
Im ersten Stock vor unseren Zimmern angekommen sagt Tami zu mir: »Wir beziehen uns nicht so auf Geschlecht. Das möchte ich bitte auf einen Aufnäher

gedruckt bekommen.« »Wann hast du Geburtstag?«, frage ich und träume von einer zukünftigen Karriere als Aufnäherentwerfex. Vielleicht lasse ich dann auch Einlass-Person einen Aufnäher zukommen. Und da steht dann drauf: »In unserem Service erhalten Sie zu jeder Genderung ein Lächeln.«

7 Sprachliche Exit-Gender-Strategien differenzieren lernen

Wie wir zu Beginn dieses Buches deutlich gemacht haben, gibt es zwei grundsätzliche Exit-Gender-Strategien, die maßgeblich über Sprachhandeln realisiert werden: Exgendern und Genderismus benennen. In diesem Kapitel stellen wir Entscheidungskriterien dafür vor, die eine oder andere Strategie sprachhandelnd umzusetzen.

Die hier vorgestellten Kriterien geben eine Hilfestellung, um selbst jeweils immer wieder neu zu entscheiden, welche Exit-Gender-Strategie gerade umgesetzt werden kann. Wie dies dann konkret realisiert wird in Bezug auf eigenes Sprachhandeln, stellen wir systematisch in den letzten drei Kapiteln dieses Buches dar.

Leitend bei der Erstellung von Beispielen und Umschreibungen ist unser Wunsch, möglichst leicht verständliche und einfache Ausdrucksweisen zu finden. Das ist gar nicht so leicht.

Viele diskriminierende Ausdrucksweisen erscheinen so ›einfach‹, ›leicht‹ und ›klar‹, weil die strukturelle Diskriminierung so tief in die Sprache und Gesellschaft eingeschrieben ist, dass sich strukturelle Gewalt wie eine einfache, leichte und klare Form zu sprechen anfühlt. Umgekehrt fühlen sich diskriminierungskritische Veränderungen häufig mühsam, anstrengend, umständlich, ausschweifend und manchmal sogar peinlich an. Das scheint paradox. Dass deine politischen Sprachveränderungen anstrengend wirken, kannst du als Effekt von Diskriminierungen verstehen, da diese sich so normalisiert haben, dass ihre Veränderung unnötig und zu viel erscheint.

Gegen die Normalität gesellschaftlicher Diskriminierung aktiv zu sein, fühlt sich zunächst immer auch auffällig und anstrengend an und bedarf einer Extraportion an Aufwand und Energie. Wäre dies nicht so, würde es sich wahrscheinlich auch nicht um eine Infragestellung von Diskriminierungsstrukturen handeln. Das immer mit zu bedenken, kann helfen, wenn eine Veränderung manchmal viel Kraft fordert: Sie ist es wert! Dass es dir Mühe macht, ist nicht Ausdruck davon, dass du es nicht ›richtig‹ machst. Die Anstrengung und die Mühe sind Ausdruck der starken Normalisierung der Gewalt, gegen die die Veränderung angeht.

Es ist immer wieder aufs Neue herausfordernd zu reflektieren, in welcher Situation und mit welchen Personen welche Sprachveränderung Sinn macht. Wann exgenderst du Äußerungen und wann benennst du stattdessen Genderismus möglichst konkret? Wie drückst du beides aus? Diese Fragen können nicht allgemein und Situationen übergreifend beantwortet werden. Du musst sie dir in jeder Situation immer wieder neu selbst stellen.

Wir versuchen in diesem Kapitel unsere Ideen und Überlegungen zu teilen, um Anregungen dazu zu geben, wie du dich für eine diskriminierungskritische Sprachveränderung jeweils konkret entscheiden kannst. Jede sprachliche Handlung ist einmalig und immer wieder neu von Situation, Kontext, Anwesenden und deinem eigenen Befinden abhängig. Auch je nachdem, ob du über dich selbst redest oder eine andere Person ansprichst, ob du über eine dritte unbeteiligte Person sprichst oder über eine Gruppe, drückst du dich potentiell unterschiedlich aus. Alles, was wir hier schreiben, sind also nur Anregungen, selbst aktiv zu werden, nachzudenken und das eigene Sprachhandeln diskriminierungskritisch zu gestalten.

Dein Sprechen von gendernden Sprachformen lösen

Um zu verstehen, wie grundlegend Gender im Sprechen und Schreiben immer wieder neu geschaffen und verfestigt wird, findest du im Folgenden zunächst eine systematische Übersicht über unterschiedliche sprachliche Konventionen für Genderungen. Diese Systematik soll dir dabei helfen, zu verstehen, wie umfassend, kontinuierlich und grundsätzlich sprachliches Handeln gendert – auch wenn dies gar nicht der Fokus der Äußerung ist.

Wir unterscheiden im Folgenden direkte und indirekte sprachliche Genderungen. Alle momentanen gesellschaftlichen Konventionen sprachlichen Genderns stellen die Idee her, dass es genau zwei Gender gäbe – Frauen und Männer, Weiblichkeit und Männlichkeit. Alle Konventionen sprachlichen Genderns re_produzieren zudem die Idee, dass das eine dieser beiden Gender (weiblich) aus dem anderen (männlich) abgeleitet sei. Diese in sich hierarchische Ableitungslogik führt auch dazu, dass Männlichkeit oder ›Männer‹ häufig gar nicht als Gender wahrgenommen werden, sondern lediglich als Menschen und Männlichkeit als allgemeinmenschlich. Es hat nicht nur Auswirkungen auf individuelle Wahrnehmungen, sondern auch auf alle Kontexte, in denen die Idee, es gäbe einfach Menschen, eine Rolle spielt. Ein in letzter Zeit vermehrt diskutiertes Beispiel ist die westliche Schulmedizin und Pharmazie, die von einem männlichen mittelalten Menschenmodell Ideen für Diagnosen und Medikamentierung verallgemeinmenschlicht hat – mit existentiellen Konsequenzen für diejenigen, die nicht in dieses implizit vorausgesetzte Modell passen. Diese Verallgemeinmenschlichung einer männlichen, mittelalten, zumeist *weißen* Person bezeichnen wir als Androgenderung, wie wir im Kapitel 2 näher erörtert haben. Weiblichkeit und ›Frauen‹ werden demgegenüber als das einzige Gender, als exklusiv gegendert, aufgefasst. So werden Frauen- und Genderthemen häufig in der öffentlichen Wahrnehmung in eins gesetzt. Auf diese Weise wird zum einen die Vorstellung von Zweigenderung zementiert, zum anderen wird Gender enggeführt auf die diskriminierte Kategorie ›Frauen‹. Welche weiteren Ausschlüsse jenseits von ›Frauen‹ es hier gibt, war lange überhaupt kein Thema in Debatten um ›geschlechtergerechte‹ Sprache – und ist es noch immer häufig nicht.

Direkte sprachliche Zweigenderungen

Sprachliche Genderungen werden in mehr oder weniger direkten Formen produziert.

Direkte Genderungen finden bei der allergrößten Zahl der sprachlichen Bezugnahmen auf Menschen statt. Es gibt sogar Sprachformen, die primär Informationen zu

Gender ausdrücken, auch wenn dies in dem jeweiligen Sprechkontext überhaupt nicht relevant ist. Dies sind die sehr häufig verwendeten Sprachformen ›Frau‹ und ›Mann‹ und ›Mädchen‹ und ›Junge‹ sowie die gängigen Ansprachen und Adressierungen ›Frau‹, ›Dame‹ oder ›Herr‹. »Na, meine Damen«, »Platz da, junge Herren«, »Meine sehr geehrten Damen und Herren«, »Der Mann hat mich nach dem Weg gefragt«, wären weitere direkte Formen.

Darüber hinaus wird Gender als zentrale und ausschließliche Wahrnehmung einer Person ausgedrückt durch Pronomen wie ›sie‹ oder ›er‹, beispielsweise in einer Äußerung wie »Der Mann hat mich nach dem Weg gefragt. Er wollte wissen, wo die Hannah-Arendt-Straße liegt.«

Beispiele für direkte Genderungen sind:

frauisierend	**typisierend**
sie, ihr, deren...	er, sein, dessen...
Frau, auch Berufs- oder Tätigkeitsbenennungen wie Bürokauffrau, Hausfrau...	Mann, auch Berufs- oder Tätigkeitsbenennungen wie Bürokaufmann, Hausmann...
Mädchen	Junge
Dame/Frau (als Anreden)	Herr (als Anrede)
weiblich	männlich
feminin	maskulin
Mutter, Tochter, Tante...	Vater, Sohn, Onkel...
Radfahrerin, Ärztin, Schülerin...	Radfahrer, Arzt, Schüler...

Diese Formen werden auch von Seiten der feministischen Linguistik seit Jahrzehnten kritisiert, da sie in vielerlei Hinsicht schon allein bezogen auf Zweigenderung asymmetrische Bedeutungen produzieren und auf diese Weise diskriminierende Assoziationen wecken und verfestigen (vgl. hierzu Pusch 1984 und Hornscheidt 2014). Es gibt Formen, denen auch in der Sprachkonvention eine unterschiedliche Bedeutung eingeschrieben ist:

frauisierend	**typisierend**
Zimmermädchen	Zimmermann
Gouvernante	Gouverneur
Jungfrau	Junggeselle

Allen diesen Formen ist gemeinsam, dass sie die Bezugnahme auf Menschen zweigendern. Zweigenderung erscheint fast unausweichlich in vielen konkreten sprachlichen Bezugnahmen auf Personen.

Welche anderen Anreden, die nicht Gender aufrufen, fallen dir ein? Welche benutzt du für Menschen, die sich nicht als Frauen oder Männer verstehen? Welche kennst du aus anderen Sprachen?

Zu den möglichen exgendernden Veränderungen dieser Formen schreiben wir später in diesem Kapitel mehr.

Daneben gibt es eine große Gruppe direkter sprachlicher Genderungen, die neben Gender und Alter auch noch andere Eigenschaften, Handlungen oder gesellschaftliche Funktionen aufrufen. In diese Gruppe gehört eine Großzahl der Berufs- und Funktionsbezeichnungen. Diese sind immer nach dem Muster gebildet, dass die männlich anrufende Form diejenige Form ist, aus der die weiblich appellierende Form abgeleitet wird. Ausnahmen für weiblich appellierende Grundformen sind Berufsbezeichnungen wie Krankenschwester und Hebamme. Aus Krankenschwester hat sich jedoch inzwischen die neue Berufsbezeichnung Krankenpfleger gebildet, bei der die männlich appellierende Form die vermeintliche Grundform ist, aus der dann wiederum die weibliche Form Krankenpflegerin abgeleitet wird. Vergleichbar ist aus Hebamme Geburtshelfer/Geburtshelferin geworden. Eine der wenigen Ausnahmen dieser Regel ist die Form Witwe, aus der die männliche Form Witwer abgeleitet werden kann. Dies liegt daran, dass für Frauen historisch der Status Witwe zu sein, sehr viel wichtiger für die soziale und wirtschaftliche Existenz war, als für Männer, da Frauen nur durch den Tod eines Ehemannes öffentlich ihren Status als Oberhaupt von Haus und Hof legitimieren konnten (vgl. Ingendahl 2006 und Hausherr-Mälzer

1991). Die häufigste Endung, die Weiblichkeit markiert, ist ein an die männliche Form angehängtes -in, wie die Beispiele in der nachfolgenden Tabelle veranschaulichen.

frauisierend	**typisierend**
Freundin	Freund
Informatikerin	Informatiker
Architektin	Architekt
Ärztin	Arzt
Handwerkerin	Handwerker
Schwimmerin	Schwimmer
Gouverneurin (/Gouvernante)	Gouverneur
Krankenpflegerin/Krankenschwester	Krankenpfleger (*Krankenbruder)
Geburtshelferin/Hebamme	Geburtshelfer (*Hebammerich)
Witwe	Witwer
Bürokommunikationsfachfrau/ Sekretärin	Bürokommunikationsfachmann (*Sekretär)

Die Formen mit vorangestelltem Sternchen in dieser Tabelle stehen für nicht vorhandene aber mögliche Formen wie Krankenbruder und Hebammerich oder für Formen, die neben der Genderdifferenz auch eine große inhaltliche Differenz aufweisen, wie Gouvernante und Sekretär (in Zusammensetzungen wie ›Staatssekretär‹ oder ›der ständige Sekretär des Vatikans‹).

Indirekte sprachliche Genderungen von Menschen

Häufig werden Genderungen auch indirekt produziert, indem Menschen auf Grundlage von zweigendernden Rastern bestimmte Eigenschaften oder Attribute zugeschrieben werden. Solche indirekten Formen sind beispielsweise die Beschreibung einer männlich eingelesenen Person als ›durchsetzungfähig‹ oder ›sportlich‹, während ähnliche Verhaltensweisen bei weiblich eingelesenen Personen konventionell eher als ›vorlaut‹ oder ›kräftiger Körperbau‹ beschrieben werden. Weitere Beispiele für indirekte Genderungen sind die folgenden Attributierungen:

frauisierend	**typisierend**
hübsch/schön	gutaussehend/attraktiv
kräftiger Körperbau/dürr/knackig	sportlich/stark
feingliedrig/mager/dünn	schlaksig/dürr
vorlaut/aggressiv	durchsetzungsfähig
anschmiegsam	anhänglich
aufmerksamkeitsheischend	unterhaltsam
eingebildet	selbstbewusst
keifend	cholerisch
hypersensibel	sensibel/weich/schwach
vorsichtig	feige
unnahbar	cool

schüchtern	unsicher
emotional	weich/sensibel
emotionsgesteuert/hysterisch	gefühlsbetont/einfühlsam

Richte deine Aufmerksamkeit darauf, wie du andere Personen beschreibst und schreibe auf, welche Eigenschaftsbenennungen du dabei verwendest.

Reflektiere, ob diese gendernd sind oder inwiefern du Genderungen in ihrer Verwendung unterstellst oder aufrufst. Überlege dir alternative Ausdrucksweisen.

Diese vermeintlich genderneutralen Attributierungen sind mit bestimmten Wertungen besetzt, die wiederum an zweigendernde Idealvorstellungen und das damit verbundene Machtungleichgewicht geknüpft sind. Sie können sowohl diskriminierende Ursachen, als auch diskriminierende Effekte haben. Verhaltensbeschreibungen, die in Weiblichkeit herstellenden Benennungen positiv besetzt sind, werden in Männlichkeit herstellenden Benennungen häufig negativ besetzt und umgekehrt. Generell sind Weiblichkeit herstellende Benennungen häufiger allgemeinmenschlich negativ konnotiert als männliche, die allgemeinmenschlich positiv bewertet sind: »Sei nicht so ein Mädchen!«, »Heulsuse«, »Milchmädchenrechnung«, »Im Beruf steht sie ihren Mann.«, »Du kannst ja anpacken wie ein Kerl.«, »Sie ist stark wie ein Mann.«

Gegenderte Vorstellungen sind so tief im Selbstverständnis von Menschen eingeschrieben und normalisiert, dass ein- und dasselbe Verhalten auch potentiell anders eingelesen und bewertet wird, je nachdem, ob es eine ›Frau‹ ist, die sich so verhält oder ein ›Mann‹. Eine Benennung einer über Männlichkeit hergestellten Person mit: »Der ist wirklich ganz fürsorglich mit seinen Kindern.«, kann sich auf eine Wahr_nehmung beziehen, die in Bezug auf eine als weiblich hergestellte Person gar nicht als besonders fürsorglich eingeordnet und benannt würde, sondern schlichtweg als nicht weiter erwähnenswertes ›normales‹ weibliches oder hier spezifischer noch mütterliches Verhalten.

Alle diese unbewusst ablaufenden Einordnungen und Bewertungen implizieren zudem prototypische Vorstellungen von zwei Gendern aus entnannt *w*eißen und nicht-be-

Hinderten Perspektiven. So wäre es auch denkbar, dass das Attribut ›vorlaut‹ ebenso einer über Rassismus diskriminierten, als männlich oder weiblich hergestellten Person wie einer über Rassismus privilegierten als weiblich hergestellten Person zugeschrieben wird. Dies bedeutet nicht, dass prototypische Vorstellungen von *weißen* als weiblich hergestellten und Schwarzen als männlich hergestellten Personen einander besonders ähnlich wären, sondern, dass die Bemessungsgrundlage der abwertenden Benennung eines Verhaltens als ›vorlaut‹ statt ›durchsetzungsfähig‹ in beiden Fällen die prototypische Figur für Menschlichkeit ›*weißer* Cis-Mann‹ ist.

Wenn also eine *weiße* Person eine Meinung mit Nachdruck vertritt und als ›vorlaut‹ benannt wird, ist es wahrscheinlich, dass die zuhörende Person diese unbewusst als ›weiblich‹ einliest. Auch die benennende Person hat vermutlich diese Kategorisierung beim Sprechen vorausgesetzt. Sie hat daher das überzeugte Vertreten einer Meinung entsprechend des implizit *weißen* Weiblichkeits-Ideals zurückhaltend zu sein mit dem Begriff ›vorlaut‹ besetzt und damit negativ bewertet. Dies muss gar nicht unbedingt eine intentionale Bewertung sein, sondern kann auch der Versuch sein, sich verständlich zu machen und soziale Zuschreibungen wieder aufzunehmen.

Andersherum formuliert: Redeführendes Verhalten entspricht einem Ideal von *weißer*, nicht beHinderter

Männlichkeit, sodass der Benennung dieses Verhaltens als ›durchsetzungsfähig‹ meist eine männliche und zugleich auch *weiße* und nicht-beHinderte Personenklassifizierung vorausgeht. ›Durchsetzungsfähigkeit‹ ist positiver konnotiert als ›vorlaut‹ zu sein. Die Zuschreibung, ›durchsetzungsfähig zu sein‹, hat Männlichkeit herstellende Effekte auf die Wahrnehmung dieser Person.

›Zickig‹ wird häufig als Bewertung weiblicher Kinder und Frauen benutzt. ›Zickig‹ drückt immer eine Abwertung aus. Diese ist so etwas wie die natürliche weibliche Genderrolle. Die negative Bewertung ist so ein essentieller Bestandteil der weiblichen Genderrolle, die sich automatisch im Wahrnehmen von frauisierten Personen einstellt. Dass ›zickig‹ eine grundlegend weibliche Eigenschaft sei, scheint unhinterfragbar und in dem weiblichen Gender bereits angelegt.

In zweigendernden Bewertungen von Verhalten kommt also nicht nur die Vorstellung zum Ausdruck, dass Frauen und Männer unterschiedlich seien, sondern vor allem auch die Überzeugung, dass Männer und Frauen unterschiedlich sein sollten.

Indirekte sprachliche Genderungen von Dingen

Indirekte Genderungen beschränken sich nicht auf Personen-Zuschreibungen, sondern werden auch in Benennungen von Gegenständen re_produziert. Sie wirken von dort aus auf Personen zurück. Wenn zum Beispiel eine Tasche in einem Laden als ›filigran‹ oder ›verziert‹ angepriesen ist, dann ist es wahrscheinlich, dass diese Tasche als ›Damentasche‹ verkauft wird, während umgekehrt die potentiell kaufende Person mit dieser ›filigranen‹ Handtasche – was dann vielleicht konkret heißt ›klein‹, ›schmaler Umhängeriemen‹, ›Blümchenmusterung‹, pastellige Farben oder starke Farben, zumindest aber Glitzer, Pailetten oder Stickereien – die eigene Weiblichkeitsperformance re_produziert. Accessoires sind also nicht nur visuelle Indizien für Genderzugehörigkeiten in dieser Gesellschaft. Auch, wie über Accessoires gesprochen wird, ist gegendert. Es findet also eine multiple, sich komplex miteinander verschränkende Genderung im Wahrnehmen und im Sprechen über das Wahrnehmen statt.

Schau dir einen Modekatalog an, schreibe die Adjektive in den Beschreibungen von einzelnen Kleidungsstücken auf und fülle sie in eine Tabelle, um dir klar zu machen, ob und welche Kleidungsstücke indirekt gegendert sind. Worüber findet die Genderung statt? Über Bezeichnungen (z.B.

Blazer oder Jacke), über Farben und Fotos (Darstellungen von Körpern und Körperhaltungen, Gesichtsausdrücken, Frisuren), über Adjektive (sportlich, figurschmeichelnd, tailliert, lässig). Vergleiche die Formen der Genderung in Outdoor-Katalogen mit denen in Stadtkleidungskatalogen. Welche Unterschiede gibt es? Besprich deine Beobachtungen mit anderen.

Indirekte Genderungen sind genau wie direkte Genderungen so fest in normalisierter Alltagssprache verankert, dass sie natürlich wirken und oft eher als Bestätigung für die Existenz von zwei Gendern verstanden werden denn als eine zentrale Produktionsform von Zweigenderung in und durch die menschliche Wahrnehmung. Sich diese stark naturalisierte Form von Genderung bewusst zu machen, ist ein erster Schritt, um sie zu verändern.

Wann exgendernd Sprachhandeln, wann Genderismus benennen?

Eine wichtige Frage für unser politisches Agieren ist es, welche der beiden grundlegenden Exit-Gender-Strategien (Exgenderung und Genderismus benennen) wann und wie Anwendung finden können, um diskriminierungskritisch wirken zu können.

Für uns ist dies ein Prozess kontinuierlichen Reflektierens, davon, was du in einer bestimmten Situation ausdrücken und worauf du den Schwerpunkt deines Ausdrucks setzen willst. Das heißt zugleich, dass es keine eindeutigen Regeln der Entscheidung gibt, sondern du selbst immer wieder nachdenken musst darüber, was du wann und wie durch dein Sprachhandeln bewirken willst.

Im folgenden bieten wir eine Zusammenstellung von Kriterien an, die wir im kontinuierlichen Entscheiden für die eine oder andere Strategie wichtig finden.

Exgendernd Sprachhandeln

- Du willst, dass die Person, über die du sprichst oder zu der du sprichst, im Fokus steht und beziehst dich dabei auf ihre Handlungen, ihre Eigenschaften oder ihr Aussehen:
  »Die Person, die mich vorhin an der Käsetheke be-

dient hat...« »Die mich sonst jeden Morgen an der Bushaltestelle so freundlich grüßende Person war diese Woche gar nicht da.« »Mir gefällt die Hose der Person mit den zusammengebundenen Haaren da drüben.«

- Du willst das, was du wahrnimmst, ohne den Umweg über Gender ausdrücken, um auf diese Weise soziale Zuschreibungen und gegenderte Stereotype und Voranahmen zu vermeiden:
  »Ich wünsche mir einen Workshop, in dem wir über unsere Gefühle reden und rücksichtsvoll miteinander sind.« [Statt: »Ich wünsche mir einen Workshop, in dem die weibliche Seite mehr betont wird.«]
  »Das empathische, klare, kommunikativ kompetente und transparente Auftreten der Person, die das Unternehmen leitet, ist bei den Personen, die dort arbeiten, äußerst beliebt.« [Statt: »Die Chefin mit ihren weiblichen Führungsqualitäten ist bei den Mitarbeiter*innen äußerst beliebt.«]
- Du willst versuchen, in der Darstellung von Personen möglichst beobachtend zu beschreiben, ohne implizite Wertungen vorzunehmen:
  »Im Café saßen zwei Leute mit mir an einem Tisch, die ich nicht kannte. Da es so eng war, hab ich viel von ihrer Kommunikation mitbekommen. Die eine Person redete und die andere Person nickte meistens, lachte, sagte ja und legte den Kopf manchmal

auf die Schulter der redenden Person. Die andere Person stellte in der halben Stunde, die wir am selben Tisch verbrachten, dreimal eine Nachfrage. Die erste Person redete dann noch mal ausführlicher zu dem Thema.« [Statt: »Im Café saß ich mit so einem unglaublich nervigen typischen Hetenpaar an einem Tisch: Er schwadroniert und sie lächelt ihn die ganze Zeit nur an.«]

- Du willst für eine oder mehrere Personen eine Handlungsfähigkeit zum Ausdruck bringen, statt gegenderte Handlungs- und Rollenzuschreibungen vorzunehmen:
  »Die Person vorhin auf dem Gehsteig ist geradeaus weitergegangen, als ich ihr entgegenkam. Ich konnte mit dem vollgepackten Rad, das ich schob, nicht großflächig ausweichen, sodass wir uns auf einmal gegenüberstanden und beide nicht weiterkonnten.« [Statt: »Du glaubst es nicht. Ich bin mit dem megavoll bepackten Rad unterwegs, und da kommt mir so'n Typ entgegen und ist zu blöd und selbstverliebt, um auszuweichen – kannst du dir das vorstellen? Das Ergebnis ist, dass wir beide voreinander zum Stehen kommen notgedrungenermaßen.«]

- Du willst deutlich machen, dass die konkrete Situation, die du erzählst, gewaltvoll ist und auf einer Gewaltstruktur beruht, statt durch die Art deiner Darstellung gegenderte Zuschreibungen zu machen und zu re_produzieren:
  »Genderistische Strukturen führen dazu, dass die Diskriminierten immer noch deutlich weniger verdienen als die durch Genderismus Privilegierten.« [Statt: »Frauen (und trans* Personen) verdienen immer noch weniger.«]
  »Frauisierte Erziehungsberechtigte nehmen durchschnittlich 12 Monate Erziehungsurlaub.« [Statt: »Erziehungsberechtigte nehmen durchschnittlich 12 Monate Erziehungsurlaub.«]
  Hier wäre eine noch weitere Umformulierung möglich: »Die Personen, die ein Kind austragen, nehmen durchschnittlich 12 Monate Erziehungsurlaub.« In diesem Fall würden Transmänner, die Kinder bekommen, mitgemeint sein, während dies bei den beiden ersten Äußerungen nicht der Fall ist. Oder, je nach Fokus der Äußerung, wäre auch folgendes formulierbar: »Die Personen, die erziehungsberechtigt sind und das Kind nicht ausgetragen haben, nehmen durchschnittlich die beiden ansonsten verfallenden Monate Erziehungsurlaub – und nicht mehr.« Es

wird deutlich, dass sich bei jeder dieser Formulierungen unterschiedliche Bilder einstellen, die teilweise gewaltvolle binäre Strukturen re_produzieren oder diese teilweise öffnen, vermeiden und zu neuen Deutungen einladen. Die Beispiele zeigen auch, dass der Wahrnehmung nicht einfach eine weitere kleine Splittergruppe hinzugefügt werden soll. Vielmehr wird in den Umformulierungen eine grundsätzlichere Wahrnehmung von Gewaltstrukturen deutlich. Ein weiteres Beispiel:
»Die Redezeitverteilung im Raum führt dazu, dass durch Genderismus diskriminierte Personen sehr viel weniger die Möglichkeit bekommen zu sprechen.« [Statt: »Ich bin mal wieder gar nicht zu Wort gekommen in der Diskussion – waren vor allem Männer da, kannste dir ja vorstellen, wie das war...«]
Hier wird deutlich, dass es in der politischen Analyse nicht um Schuldzuschreibungen geht, sondern um die Wahrnehmung machtvoller und machtloser gegenderter Rollen. Eine Benennung von Genderismus kann also auch dazu führen, dass Menschen sich weniger direkt angegriffen, schuldig oder als Opfer fühlen, sondern ihr Eingebettet-Sein in gewaltvolle Strukturen besser verstehen lernen. Dies führt häufiger zu einem Wunsch sozialer Veränderungen.

- Du willst benennen, dass es sich um eine genderismuskritische Handlung handelt und nicht um eine genderspezifische Handlung:

»Selbstbehauptungstraining für durch Genderismus Diskriminierte« [Statt: »Selbstbehauptungstraining für Frauen«] In diesem Beispiel wird in der ersten Variante konkret und präzise benannt, worum es geht, und zwar um Gewaltstrukturen. Es wird nicht der Umweg über eine soziale Kategorisierung genommen, wie in der traditionellen Variante in Klammern. Dadurch wird es vermieden, Gewaltstrukturen als soziale Identitäten von Personen zu naturalisieren. Auf diese Weise wird zugleich allen von struktureller genderistischer Gewalt Betroffenen hier eine Möglichkeit zur Teilnahme eröffnet. Die Äußerung ist somit nicht nur präziser, sondern auch umfassender und nicht selbst wiederum diskriminierend gegenüber in diesem Fall trans*, genderqueeren, non-binären und agender Personen.

»Jede dritte frauisierte Person erfährt sexualisierte Gewalt.« [Statt: »Jede dritte Frau erfährt sexualisierte Gewalt.« Oder: »Jede dritte Person erfährt sexualisierte Gewalt.«]

Der zweite Satz in Klammern verdeckt Genderismus komplett, indem er so tut, als wäre sexualisierte Gewalt gleichermaßen präsent im Leben von durch Genderismus Diskriminierten wie Privilegierten. Der erste Satz in eckigen Klammern stellt Zweigenderung her mit einer eindeutigen, in die soziale Identität eingeschriebenen Opferrolle. In der vorgeschlagenen

Umformulierung mit ›frauisiert‹ wird hingegen ausgedrückt, dass sexualisierte Gewalt Teil einer Genderherstellung, hier einer Frauisierung, ist. Gleichzeitig legt diese Äußerung nahe, dass Genderungen in einem binären Rahmen verbleiben. Um dies zu vermeiden und umfassender zu verändern, könnte geschrieben werden:

»Jede dritte Person, die durch Genderismus diskriminiert wird, erfährt diese Diskriminierung auch über sexualisierte Gewalt.«

Diese Umformulierung ermöglicht es, wahrzunehmen, dass auch Transmänner und -frauen beispielsweise massive sexualisierte Gewalt erleben – diese Gruppen wären bei den beiden ersten Äußerungen quasi entwahrgenommen. Aber es gibt hier noch einen weiteren wichtigen Unterschied in und mit der dritten Formulierungsvariante: Genderismus als Gewaltstruktur äußert sich unter anderem in und durch sexualisierte Gewalt, die ein Bestandteil der Herstellung von Gender ist. Diese komplexe aber zentrale Verbindung wird nur in der dritten Variante deutlich. Die beiden ersten Varianten trennen zwischen sexualisierter Gewalt und den Personen in ihren sozialen Positionen als Frauen bzw. Frauisierte. In der hier gewählten dritten Variante wird somit ein komplexerer Zusammenhang hergestellt zwischen Genderismus und sexualisierter Gewalt. Es gibt in dieser Variante keine sozialen Identitäten, die erstmal neutral wären und auf deren Folie dann Gewalt stattfindet. Die Herstellung der sozialen Identität und das Ausgesetzt-Sein zu spezifischen Formen von Gewalt sind hier eng miteinander verschränkt.

- Du willst benennen, dass es sich in deiner Wahrnehmung und Analyse um eine diskriminierende Vorstellung/einen diskriminierenden Sachverhalt handelt: »Ich habe die durch Genderismus genährte oder unterstützte Vorstellung von mir selbst, nichts zu können, so stark verinnerlicht, dass ich auf der Arbeit in meiner Leitungsfunktion ständig Angst habe, dass der Schwindel auffliegt, dass ich die Leitung habe. Ich versuche mir immer wieder klarzumachen, wie gewaltvoll diese Verinnerlichung der eigenen Diskriminierung ist und wirkt.« [Statt: »Gott, ich hab so eine Angst, dass der Schwindel auffliegt und die anderen merken, dass ich eigentlich nichts kann!«]

Hier wird zugleich auch deutlich, dass die verschiedenen Umschreibungen auch eine gewisse (Selbst) Analyse voraussetzen und dass sie eine andere Haltung ausdrücken, die wir als diskriminierungskritisch bezeichnen. Nicht persönliche Bewertungen oder gar Abwertungen stehen im Fokus, sondern das Nachdenken und sich selbst und anderen zugewandte Wahrnehmen, welches Möglichkeiten zu sozialer Veränderung eröffnet.

Du kannst hier spontan eine schriftliche Reflexionsübung anschließen. Schreibe deine Gedanken und Gefühle auf: Wie wirken die verschiedenen kleinen Beispiele im letzten Absatz auf dich? Welche Sätze lösen Abwehr bei dir aus, welche Verstehen, welche Unverständnis? Wie sind deine Wahrnehmungen der vorgestellten Situationen mit dem einen und mit dem anderen Satz jeweils?

Es kann auch interessant sein, sich selbst immer wieder zu befragen, wie Sätze und Äußerungen, die Gender benennen und damit aufrufen, umformuliert werden könnten, sodass stattdessen Genderismus explizit gemacht wird, der die Genderkategorien herstellt. Dies anzufangen, ist ein spannender, für viele sicherlich neuer und anhaltender Prozess, für den es täglich immer wieder neue Übungsmöglichkeiten gibt.

Als einzelnes Individuum kannst du zwar nicht allein, direkt und sofort gesellschaftliche Machtstrukturen aushebeln, aber du kannst die Sprache, die diese Macht-

strukturen re_produziert und stabilisiert, in deinem eigenen Sprachhandeln herausfordern. Dadurch kannst du ab sofort und mit langfristigen Auswirkungen daran mitarbeiten, die Normalvorstellungen in der Gesellschaft zu verändern. Verändertes Sprechen ist ein strategisches Handeln, dass jede Person zu jeder Zeit ausführen kann. Verändertes Sprechen ermöglicht verändertes Wahr_nehmen. Umso mehr Menschen dies machen, umso wahrscheinlicher werden größere gesellschaftliche Veränderungen.
Exgenderndes und Genderismus ansprechendes Sprachhandeln sind Strategien, die bei dir selbst ansetzen und für die du nicht mehr brauchst, als dich selbst. Nicht viel zu brauchen heißt jedoch nicht, nicht viel zu bewirken.

Die Wirkung deines Sprechens im Kommunizieren mit Anderen geht weit über dich hinaus. Indem du mit Anderen exgendernd oder Genderismus explizit machend sprichst – über dich, über dein Gegenüber, über Dritte – inspirierst du vielleicht auch andere Personen dazu, Gender aus dem Zentrum ihrer Wahrnehmung zu rücken und stattdessen Personen jenseits dessen wahrzunehmen oder Gewaltstrukturen zu bemerken. Oder du schaffst zumindest Voraussetzungen für eine Kommunikation, in der genderistische Bilder, Zuschreibungen und Ideale nicht bedient und entnormalisiert werden.

Es ist spannend und überraschend, wie sich Gespräche mit und über Menschen verändern, wenn du Genderungen vermeidest und Äußerungen machst wie:

- »Schau mal, die Person da vorne hat einen blauen Pullover an!«
- »Bist du ein Geschwister von der Person, die mich immer nach dem Volleyball-Spielen auf dem Gepäckträger mitnimmt?«
- »Die Person, die meine Post bringt, sagt immer so nette und lustige Sachen, mit der plaudere ich immer richtig gerne.«
- »Nein, ich beschäftige mich nicht mit Frauenthemen, sondern mit den Effekten von Genderismus auf die Gesellschaft und alle Individuen.«
- »Ich möchte, dass es gesellschaftliche Strukturen gibt, die Gewaltstrukturen benennen und versuchen zu verändern und nicht Opferpolitik betreiben. Dazu gehört es, statt Frauen-Rhetorikkurse Gesprächskurse zu konzipieren, in denen genderistische Vorstellungen angesprochen und herausgefordert werden – und zwar so, dass vor allem die Privilegierten sich bewegen und verändern müssen. Das würde auch bedeuten, eine Politik und gesellschaftliche Stimmung zu schaffen, in der jegliche Formen genderisti-

scher Gewalt über gegenderte Aufgabenzuteilungen, Fähigkeiten, Bewertungen und Einlesungen, gewaltvolle sogenannte Witze und die Schräglage finanzieller Ressourcen thematisiert und nachhaltig verändert werden.«

Die Beispiele zeigen: Es muss mehr passieren, als einzelne Wörter ersetzt. Es bedarf einer veränderten Haltung und Wahrnehmung und es bedarf einer veränderten Gesellschaftsanalyse und veränderten Visionen dazu, wie diskriminierungskritische Veränderungen bewerkstelligt und wie die Gesellschaft aussehen könnte.

Sprachhandeln ist ein zentrales Mittel, die eigene Wahrnehmung zu verändern, Vorstellungen von Wirklichkeit und wirklichkeitsproduzierende Vorstellungen zu verändern und diese im Kommunizieren mit anderen zu teilen. Sprachlich bewusst exgendernd oder Genderismus benennend zu handeln, bedarf keiner Lobby, keiner Politgruppen und keiner Demos, sondern ist eine Möglichkeit, sofort und aktiv Welt diskriminierungskritisch zu gestalten. Im Exit-Gender-Sprachhandeln bist du deine eigene Politbewegung und kannst dies in jedem Moment sein – und dich mit anderen verbinden und verbünden.

Wann ist genderloses Sprechen_Schreiben genderistisch, wann exgendernd?

Wie wir schon mehrfach geschrieben haben, macht genderloses Sprechen nur dann Sinn, wenn es nicht gleichzeitig zu einer Entwahrnehmung von Genderismus führt. Es muss also jeweils abgewägt werden, ob genderloses Schreiben_Sprechen Genderismus unmerkbar macht und verdeckt, oder ob genderloses Schreiben_Sprechen Genderismus verhindert und also exgendernd ist.

Wenn du Genderkategorien benutzt und überlegst, dich genderlos auszudrücken, kannst du dich also fragen:

- Stellt meine Äußerung Genderstereotype her oder bezieht sich auf solche?
- Verbindet meine Äußerung Eindrücke und Bewertungen mit Gender?

Beantwortest du diese Fragen mit ›ja‹, wäre es potentiell sinnvoll, exgendernd zu sprachhandeln, das heißt Gender loszulassen und im Ausdruck zu vermeiden.

Wenn du dich genderlos ausdrückst und befürchtest, dass du auf diese Weise die Wahrnehmung von Genderismus vermeidest, kannst du dich auch fragen:

- Wenn ich meine Äußerung betrachte: Könnte es sein, dass genderistische Gewaltstrukturen und Gender-Einlesungen eine Rolle spielen, auch wenn ich es nicht benannt habe?

Wenn du diese Frage mit ›ja‹ beantwortest, könnte es Sinn machen, die Äußerung so umzuformulieren, dass Genderismus explizit und transparent gemacht wird. Äußerungen, die in diese Kategorie gehören, könnten, ohne es konkret zu benennen, eine cis-männliche Normalvorstellung aufrufen. Dazu gehören Ausdrücke, wie ›Fußballweltmeisterschaft‹, die implizit die Fußballweltmeisterschaft der gendermäßig privilegierten Gruppe der Männer ist, oder Sätze wie: »Der Literatur-Nobelpreis wird jährlich an den besten Autor der Welt verliehen.«

Verundeutlicht werden Diskriminierungsstrukturen zudem auch durch genderloses Sprachhandeln, das pauschalisierend ist.

Neben diesen Fragen und Varianten gibt es natürlich viele weitere Entscheidungen dazu, wie du dich in der konkreten Situation Gender verlassend ausdrücken willst. Im nachfolgenden Kapitel 8 geben wir eine systematische Übersicht über Möglichkeiten des exgendernden Sprechens und Schreibens.

Was macht es so schwer, exgendernd zu sprachhandeln?

Abschließend zu diesem Kapitel möchten wir noch die Frage ansprechen, welche Gefühle und welche Stimmungen es auslösen kann, exgendernd zu kommunizieren. Im folgenden Abschnitt sprechen wir insbesondere die Personen an, die Exgenderung für sich als eine politische Strategie leben und dies auch sprachlich umsetzen wollen.

Exit Gender für sich als Lebensrealität zu wählen, bedeutet aus zwei in dieser Gesellschaft ganz grundlegenden Logiken auszusteigen oder diese für sich aufzugeben: Gender und soziale Identität als zentrale gesellschaftliche Konzepte und Voraussetzungen für soziale Anerkennung. Beide Konzepte sind grundlegend in dieser Gesellschaft. Sie für sich loszulassen, ist daher in vielen Situationen mit Angst, Unsicherheit und Unwohlsein gekoppelt. Sich exgendernd sprachlich zu verhalten, macht dich sichtbar in einem Meer gegenderter Normalität – du wirst mit deinem Sprechen und Schreiben, mit deinem Nachfragen und dich Beziehen auf andere herausstechen aus den unbewussten Kommunikationserwartungen, in denen du dich bewegst. Du wirst Fragen bekommen, du musst dich erklären, du bist nicht einfach selbstverständlich so da und verständlich für andere. Dies kann sich anstrengend anfühlen. Es kann dazu führen, dass du dich ausgesetzt fühlst, übersichtbar, weil du nicht in der Anonymität einer größeren Menge von Menschen und sprachlichen Äußerungen abtauchen kannst.

Dies ist die Herausforderung eines politischen Handelns in einer strukturellen Diskriminierung, die sich auch im eigenen Sein niederschlägt. Zweigenderung ist ein dermaßen konstantes, unverbrüchlich scheinendes gesellschaftliches System, dass jeder versuchte Ausstieg aus dieser Logik gleichzeitig auch zu einem Gefühl führt, sich ausgesetzt, exponiert zu fühlen.

Exit Gender sprachlich umzusetzen ist eine politische Strategie. Gleichzeitig ist es Ausdruck des Wunsches eines kommunizierenden Anwesend-Seins von Personen, die exgendernd Genderidentitäten als Modell und System verlassen wollen. Da dies so grundlegend und neu ist in dieser Gesellschaft, sind die sprachlichen Neuerungen auch groß. Sie bieten die Möglichkeit, sprachlich mit anderen in Kontakt zu kommen, sie eröffnen neue Horizonte und regen Nachfragen an.

Es ist immer wieder gut, sich bewusst zu machen, warum du exgendernd handelst, dass dein Handeln politisch ist und dass du dir auch immer wieder neu überlegen kannst, wo und wie du es realisieren willst und kannst.

Auf jeden Fall ist es hilfreich, sich mit anderen Personen, die exgendernd handeln, auszutauschen, um sich unterstützt und in dieser politischen Entscheidung verstanden zu fühlen.

Exgendernd zu handeln ist keine klare eindeutige Einmal-für-immer-Entscheidung, sondern ein Handeln, Wahrnehmen und Bewusst-Sein, dass sich jeden Moment immer wieder neu entfalten kann. Dies kann auch dazu führen, wechselnde Pronomina zu verwenden, unterschiedliche Substantiv-Formen (Endungen wie pers, *, ex...) – je nach Kontext und Situation, je nach Wunsch umfassend anwesend zu sein, je nach persönlichen und unterschiedlichen Bedürfnissen. Dies kann und muss variieren – so wie das Verlassen von Gendernormen neue Horizonte eröffnet, die sich erst im Sich-Bewegen herausbilden können, auch sprachlich.
Genderungen und die Stereotype, die sie aufrufen, sind nicht nur für exgendernde Menschen diskriminierend, sondern auch für Personen, die sich gendern.
Umso weniger wir also den Umweg über Genderungen wählen, umso mehr können wir wieder direkter und klarer miteinander kommunizieren und dazu beitragen, Gender-Stereotype und gewaltvolle Gender-Zuschreibungen loszulassen und aufzulösen. Genderistische Gewaltstrukturen sind nicht ein ›Problem‹ einer Minderheit, sondern konstituierend für die ganze Gesellschaft. Genderismus aufzulösen führt also zu einer diskriminierungsfreieren Gesellschaft. Exit Gender!

8 So schreibt und liest sich Exit Gender: um- und neugeschriebene Textbeispiele

In diesem Kapitel zeigen wir für konkrete Texte auf, was es heißt, Genderismus explizit zu benennen und Gender als Kategorie zu dekonstruieren. Eine systematische Darstellung von sprachhandelnden Veränderungen findet sich in den nachfolgenden Kapiteln.

Texte und ihre Aussagen sind höchst verschieden: Es kann sein, dass ein Text keine Genderungen vornimmt und dass gerade dies genderistisch ist. Zum Beispiel, wenn eine genderlose Ausdrucksweise zu einer Entwahrnehmung der Gewaltstruktur Genderismus beiträgt.

Es kann aber auch sein, dass eine Bezugnahme auf Gender und eine Genderung von Personen in einem Text Genderismus befördert. Dies ist der Fall, wenn Menschen in und durch gegenderte Benennungen genderistisch zugeschrieben werden. In einem solchen Fall kann es sinnvoll sein, zu versuchen, die Genderkategorien im Schreiben aufzulösen.

Es kann auch sinnvoll sein, zu zeigen, dass die im Text (oder im Gespräch) verwendeten Genderkategorien machtvolle Herstellungen sind. Diese Herstellungen könnten dann expliziter gemacht werden und so die Vorstellung von Gender als natürlicher Kategorie aufgelöst.

Welche Strategie wann und wie angewendet wird, ist ein Abwägen von verschiedenen Faktoren, die wir in den vorangegangenen Kapiteln erläutert haben. In diesem Kapitel werden diese jetzt für mögliche Gespräche und konkrete Texte vorgeführt und damit die voran gemachten Überlegungen konkretisiert.

Bei den nachfolgenden Beispielen haben wir teilweise zwei Strategien in verschiedenen Varianten des Textes umgesetzt. Du kannst so beim Lesen selbst beobachten, was die unterschiedlichen Formulierungsstrategien mit deiner Wahrnehmung machen – wie sich Inhalte, Zuschreibungen und Bewertungen auf diese Weise verändern.

Alle hier vorgestellten Texte und Formulierungen sind nur Beispiele unter sehr vielen unterschiedlichen Möglichkeiten. Gerade die unterschiedlichen Wirkungen und Vorstellungen, die die verschiedenen Varianten dir beim Lesen eröffnen, zeigen, wie wirkmächtig Sprachveränderungen als eine Realisierungsform von

Exit Gender sein können. Sie machen zudem deutlich, dass und wie sie immer konkret in alltäglichen Sprachhandlungen umsetzbar sind.

Gender als natürliche Zuschreibung auflösen

Der nachfolgende Text ist ein Romanauszug. Wir haben hier zwei verschiedene Umschreibungen versucht. Die erste Variante versucht einen genderlosen Text aus dem Auszug zu machen, das heißt, die Personen nicht über Gender zuzuordnen. In der zweiten Version des Textes haben wir Genderismus als zugrundeliegende Struktur der Wahrnehmung explizit gemacht. Wir haben hier also die Zuschreibung und Bewertung von Personen über gegenderte Vorstellungen herausgearbeitet.

Originaltext:
Harper Lee: Wer die Nachtigall stört. (Auszug)

»Dill […] wurde allmählich zur Plage, denn er folgte Jem auf Schritt und Tritt. Anfang der Sommerferien hatte er mir einen Heiratsantrag gemacht, bald danach aber die ganze Sache vergessen. Erst hatte er mich mit Beschlag belegt und erklärt, ich sei das einzige Mädchen, das er je lieben werde, und jetzt vernachlässigte er mich. Ich verhaute ihn zweimal, aber umsonst – er schloss sich nur noch enger an Jem an. Die beiden verbrachten Stunden und Tage im Baumhaus, wo sie Pläne schmiedeten. Mich zogen sie nur hinzu, wenn sie unbedingt einen Dritten brauchten. Aber ich hatte mit ihren tollkühnen Projekten nicht viel im Sinn und verbrachte – auf die Gefahr hin, wieder ein Mädchen genannt zu werden – die meisten Dämmerstunden jenes Spätsommers auf der Vorderveranda von Miss Maudie Atkinson.

Jem und ich hatten schon immer nach Belieben auf Miss Maudies Hof herumtoben dürfen, wenn wir nur ihre Azaleen verschonten. Trotzdem hatten wir bisher kaum Kontakt mit ihr gehabt. Bis Dill und Jem mich aus ihren Plänen ausschlossen, war Miss Maudie für mich nicht mehr als eine Nachbarin gewesen, allerdings eine verhältnismäßig angenehme.« (2015, 71-72)

Variante komplett genderlos mit individualisierten Personalpronomina

Dill (...) wurde allmählich zur Plage, denn D folgte Jem auf Schritt und Tritt. Anfang der Sommerferien hatte D mir einen Ewig-Zusammenseins-Ich liebe dich so sehr-Abgesichert-sozial Anerkannt-und-immer-füreinander-Daseins-Antrag gemacht, bald danach aber die ganze Sache vergessen. Erst wurde ich von Dill mit

Beschlag belegt und erklärt, ich sei der einzige Mensch, den D je lieben werde, und jetzt vernachlässigte D mich. Ich verhaute Dill zweimal, aber umsonst – D schloss sich nur noch enger an Jem an. Die beiden verbrachten Stunden und Tage im Baumhaus, wo sie Pläne schmiedeten. Mich zogen sie nur hinzu, wenn sie unbedingt eine dritte Person brauchten. Aber ich hatte mit ihren tollkühnen Projekten nicht viel im Sinn und verbrachte – auf die Gefahr hin, wieder schwach oder zu ängstlich genannt zu werden – die meisten Dämmerstunden jenes Spätsommers auf der Vorderveranda von Maudie Atkinson.

Jem und ich hatten schon immer nach Belieben auf dem Hof der erwachsenen benachbarten Person herumtoben dürfen, wenn wir nur die Azaleen dort verschonten. Trotzdem hatten wir bisher kaum Kontakt mit M gehabt. Bis Dill und Jem mich aus ihren Plänen ausschlossen, war Maudie für mich nicht mehr als eine benachbarte Person gewesen, allerdings eine verhältnismäßig angenehme.«

Genderlos, mit Bezugnahme auf Genderismus

Dill (…) wurde allmählich zur Plage, denn Dill folgte Jem auf Schritt und Tritt. Anfang der Sommerferien hatte Dill mir einen Ewig-als heterosexuelles Paar-Zusammenseins-Antrag gemacht, bald danach aber die ganze Sache vergessen. Erst wurde ich von Dill mit Beschlag belegt und erklärt, ich sei der einzige Mensch, den Dill je lieben werde, und jetzt vernachlässigte Dill mich. Ich verhaute Dill zweimal, aber umsonst – Dill schloss sich nur noch enger an Jem an. Die beiden verbrachten Stunden und Tage im Baumhaus, wo sie Pläne schmiedeten. Mich zogen sie nur hinzu, wenn sie unbedingt eine dritte Person brauchten. Aber ich hatte mit ihren tollkühnen Projekten nicht viel im Sinn und verbrachte – auf die Gefahr hin, wieder auf eine negativ weiblich besetzte Rolle festgelegt und so benannt und abgewertet zu werden – die meisten Dämmerstunden jenes Spätsommers auf der Vorderveranda von Maudie Atkinson.

Jem und ich hatten schon immer nach Belieben auf dem Hof der nicht-verheirateten und damit nicht institutionell heteronormativ abgesicherten benachbarten Person herumtoben dürfen, wenn wir nur die Azaleen dort verschonten. Trotzdem hatten wir bisher kaum Kontakt mit Maudie Atkinson gehabt. Bis Dill und Jem mich aus ihren Plänen ausschlossen, war Maudie Atkinson für mich nicht mehr als eine erwachsene benachbarte Person, der auch Weiblichkeit zugeschrieben wurde, gewesen, allerdings eine verhältnismäßig angenehme.«

Bezugnahme auf Genderismus, Gender-Konstruktionen explizit machend

Dill (...) wurde allmählich zur Plage, denn Dill folgte Jem auf Schritt und Tritt. Anfang der Sommerferien hatte Dill mir einen Ewig-als heterosexuelles Paar-Zusammenseins-Antrag gemacht, bald danach aber die ganze Sache vergessen. Erst wurde ich von Dill mit Beschlag belegt und erklärt, ich sei für ihn, der sich als Junge versteht, die einzige Person, die er als Mädchen einliest, und die Dill je lieben werde, und jetzt vernachlässigte Dill mich. Ich verhaute Dill zweimal, aber umsonst – Dill schloss sich nur noch enger in einer Form von männlichem Bonding an Jem an. Die beiden verbrachten Stunden und Tage im Baumhaus, wo sie Pläne schmiedeten. Mich als Person, der sie Weiblichkeit zuschrieben, zogen sie nur hinzu, wenn sie unbedingt eine dritte Person brauchten. Aber ich hatte mit ihren tollkühnen Projekten nicht viel im Sinn und verbrachte – auf die Gefahr hin, wieder auf eine negativ weiblich besetzte Rolle festgelegt und so benannt zu werden – die meisten Dämmerstunden jenes Spätsommers auf der Vorderveranda von der frauisierten Person Maudie Atkinson.

Jem und ich hatten schon immer nach Belieben auf dem Hof der nicht-verheirateten und damit nicht institutionell heteronormativ abgesicherten benachbarten frauisierten Person herumtoben dürfen, wenn wir nur die

Azaleen dort verschonten. Trotzdem hatten wir bisher kaum Kontakt mit Maudie Atkinson gehabt. Bis Dill und Jem mich aus ihren Plänen ausschlossen, war Maudie Atkinson für mich nicht mehr als eine ältere, weiblich wahrgenommene benachbarte Person gewesen, allerdings eine verhältnismäßig angenehme.«

Anmerkungen zu einigen vorgenommenen Veränderungen:

Heiratsantrag > Ewig-Zusammenseins-Ich liebe dich so sehr-Abgesichert-sozial Anerkannt-und-immer-füreinander-Daseins-Antrag > Ewig-als heterosexuelles Paar-Zusammenseins-Antrag: Heirat impliziert viele gegenderte, genderistische Normen, die mit und in dem Wort mitschwingen, aber nicht explizit sind. Die beiden Umschreibungsvarianten hier machen jeweils unterschiedliche Aspekte dieser institutionalisierten Form einer Zweierbeziehung deutlich und explizit. Sie betonen auf diese Weise, dass ein Heiratsantrag mehr ist, als eine persönliche Neigung einer Person zu einer anderen, sondern viele genderistische Elemente beinhaltet. Diese können in den Umschreibungen direkt benannt werden. Auf diese Weise wird deutlich, wie tiefgreifend sich genderistische Normalvorstellungen in Beziehungskonzepte einschreiben, die in dem Textauszug als wünschenswert und normal hergestellt werden. In den beiden letzten Versionen wird eine Realisierungsform von Genderismus, die hier relevant ist – Heterosexismus – zudem noch explizit benannt. Die letzte Variante der Umschreibungen ist damit noch stärker explizit politisch als die davor gemachten.

Wiederholung von Namen (Dill, Jem, Maudie), beziehungsweise Wiederaufnahmen mit individualisierten Personalpronomina:

Eine exgendernde Strategie kann es sein, Namen nicht mehr als gegendert einzulesen. Statt gendernde Pronomina zu benutzen, ist es möglich, den Namen jeweils zu wiederholen. Eine weitere Variante ist es, als Personalpronomen der 3. Person Singular einfach den ersten Buchstaben des jeweiligen Namens zu verwenden. Dadurch werden Pronomina individualisiert und exgegendert. Wir haben in verschiedenen der Varianten jeweils die eine oder andere Strategie angewendet, um mit ihr vertraut zu machen. Du kannst dich beim Lesen fragen, was du einfacher verständlich und klarer findest.

Genderungen auflösen, die Genderismus naturalisieren

Der nachfolgende Text ist ein Beispiel für einen Auszug aus einem Artikel, in dem Gender die ganze Zeit das zentrale Thema ist. Einen solchen Artikel genderlos umzuschreiben, würde ihm den Hauptinhalt – wie werden Genderrollen verstanden, verstetigt und naturalisiert – nehmen. Er ist also nicht umschreibbar in eine genderlose Variante. Das wäre kontraproduktiv und inhaltlich verzerrend, weil damit die Grundaussage des Textes weggenommen würde. Was hier versucht werden kann, ist die in und durch den Text vorgenommenen Naturalisierungen von Gender in der Umschreibung aufzuzeigen. Dadurch würde ein solcher Text weg von Gender als selbstverständlicher und natürlicher Wahrnehmungskategorie hin zu einem Text, der Genderismus explizit macht. Der hier gewählte Text ist ein Auszug aus einem längeren Text, den wir inhaltlich hoch problematisch finden.

Wir versuchen, den Text nicht in seinen – in unserer Lesweise – problematischen Aussagen zu verändern. Wir fokussieren uns in der Veränderung auf die Frage, inwiefern es hier um Gender als natürliche Einteilung von Menschen geht oder um ein Gewaltsystem, welches in dem Text über gegenderte Zuschreibungen und Wirklichkeiten hergestellt und durch die Einschreibungen in Gender naturalisiert wird. Durch die Umschreibung ändert sich dann auch die Aussage. Genauer gesagt werden manche der gemachten Aussagen in ihrer Absurdität noch stärker als solche verstehbar durch das Umschreiben. Einen Text umzuschreiben kann also dabei helfen zu verstehen, wie sich machtvolle und diskriminierende genderistische Normen vielschichtig in Wahrnehmungen und Einlesungen einschreiben.

Originaltext:
Feminismus – Wenn es nach uns ginge
Was wäre, wenn allein Frauen alles bestimmen würden und Männer gar nichts? Wir haben das mal durchgerechnet.

Von Marie Schmidt (ZEIT Magazin 24.8.2017)

»[…] Ja, schon klar, es gibt biologische Unterschiede zwischen weiblichen und männlichen Menschen. Aber die Entscheidungen, die sie aufgrund ihrer Hoden oder ihrer Gebärmutter fällen, betreffen doch nur einen recht kleinen Bereich.

Wenn es auch in gesellschaftlichen Fragen geschlechtsspezifische Auffassungen gibt, dann liegt das womöglich daran, dass man einem Geschlecht so lange bestimmte Verhaltensweisen zugeschrieben hat, dass diese von allen für normal gehalten werden. Diese Effekte sind massiv. Geschlechterrollen sind zwar nicht »natürlich«, sie könnten genauso gut anders sein und ändern sich mit der Zeit. Aber wenn sie einmal von vielen Menschen angenommen werden, dann fühlen sie sich so zwingend an wie etwas Natürliches und werden unhinterfragt übernommen. Und außerdem erfüllt die Unterscheidung nach Geschlecht auch nützliche Funktionen. Sie organisiert Aufgabenteilung, schafft Sicherheit in Verhalten und Weltsicht.

Das Land wäre vegetarischer, wenn nur noch die Frauen bestimmten, was auf den Tisch kommt. Heute essen 85 Prozent der Frauen jeden Tag Obst und Gemüse. Bei den Männern sind es nur 66 Prozent.

Zuschreibungen können auch entlastend sein, selbst für die Frauen: Wenn ein Mann mit 55 einen Porsche oder Tesla kauft, glauben viele, er sei in der Midlife-Crisis. Er macht sich zum Würstchen für die einen, zum echten Kerl für die anderen. Die Weiblichkeit einer Frau verbessert oder verschlechtert sich kaum durch das Auto, das sie fährt. Wahrscheinlich fahren Frauen auch deshalb eher, so was zeigen die Zahlen, in aller Ruhe mit einem alten Kleinwagen herum. Was allerdings auch zeigt, dass »weibliche« Entscheidungen nicht immer die verantwortungsvolleren sind: Alte Kleinwagen sind nicht unbedingt umweltfreundlicher als ein neuer Tesla.«

In der ersten von uns umgeschriebenen Version des Textes benennen wir Genderismus in seiner zweigendernden Variante. Das heißt, die erste Umschreibung belässt Zweigenderung bestehen und fordert diese nicht heraus. Die erste Variante benennt genderistische Diskriminierung damit zu einem gewissen Teil – und zwar zu dem, wo die Idee von Zweigenderung nicht herausgefordert wird.

Text, der Genderismus benennt

»[…] Ja, schon klar, Menschen werden über die Idee, es gäbe biologische Unterschiede in weibliche und männliche Menschen unterteilt. Aber die Entscheidungen, die diese Menschen aufgrund von körperlichen Zuschreibungen als männlich (z.B. die Person hat Hoden) oder weiblich (z.B. die Person hat eine Gebärmutter – und beides wird jeweils einem Geschlecht zugeordnet) fällen, betreffen doch nur einen recht kleinen Bereich.

Wenn es auch in gesellschaftlichen Fragen nach Genderzuordnungen einteilbare Auffassungen gibt, dann liegt das womöglich daran, dass einem Geschlecht so lange bestimmte Verhaltensweisen zugeschrieben wurden, dass diese von allen für normal gehalten werden. Diese Effekte sind massiv. Geschlechterrollen sind zwar nicht »natürlich«, sie könnten genauso gut anders sein und ändern sich mit der Zeit. Aber wenn sie einmal von vielen Menschen angenommen werden, dann fühlen sie sich so zwingend an wie etwas Natürliches und werden unhinterfragt übernommen. Und außerdem erfüllt die Unterscheidung nach Geschlecht auch nützliche Funktionen. Sie organisiert äußerst machtvoll und die diskriminierte

Gruppe benachteiligend Aufgabenteilungen, schafft so vermeintliche (die einen Personen privilegierenden und die anderen Diskriminierungen verinnerlichenden) Sicherheiten in Verhalten und Weltsicht.

Das Land wäre vegetarischer, wenn nur noch die Personen bestimmten, was auf den Tisch kommt, die als weiblich wahrgenommen werden. Heute essen 85 Prozent der frauisierten Menschen jeden Tag Obst und Gemüse. Bei den männlich-privilegierten sind es nur 66 Prozent.

Zuschreibungen können auch entlastend sein, selbst für die über Genderismus Diskriminierten: Wenn eine in diesem System genderistisch privilegierte Person mit 55 einen Porsche oder Tesla kauft, glauben viele, diese Person sei in der Midlife-Crisis. Die privilegierte Person macht sich für die einen zu einer nicht männlichen Rollen entsprechenden, schwachen Person. Für andere macht sie sich zu einer starken und positiv assoziierten männlichen Rollen entsprechenden Person. Die Erfüllung weiblicher Genderrollen-Zuschreibungen an eine Person verbessern oder verschlechtern sich kaum durch das Auto, das sie fährt. Wahrscheinlich fahren weiblich hergestellte Personen auch deshalb eher, so was zeigen die Zahlen, in aller Ruhe mit einem alten Kleinwagen herum. Was allerdings auch zeigt, dass die Entscheidungen, die statistisch einer weiblichen Rolle zugeordnet und über diese erklärt werden, nicht immer die verantwortungsvolleren sind: Alte Kleinwagen sind nicht unbedingt umweltfreundlicher als ein neuer Tesla.«

In der jetzt folgenden Umschreibung wird die im Text hergestellte Zweigenderung als eine Genderismus-Form explizit benannt und herausgefordert.

Text, der Genderismus benennt und die über Zweigenderung geschaffenen Ausschlüsse explizit macht

»[...] Ja, schon klar, Menschen werden über die Idee, es gäbe biologische Unterschiede in zwei unterschiedliche und exklusive Gendergruppen eingeteilt, als weibliche und männliche Menschen unterschieden. Aber die Entscheidungen, die diese Menschen aufgrund von körperlichen Zuschreibungen innerhalb einer zweigegenderten Matrix als männlich (z.B. Hoden) oder weiblich (z.B. Gebärmutter) fällen, betreffen doch nur einen recht kleinen Bereich.

Wenn es auch in gesellschaftlichen Fragen nach zweigegenderten Einteilungen vorgenommene Zuordnungen und Auffassungen gibt, dann liegt das womöglich daran, dass einem von zwei Geschlechtern so lange bestimmte Verhaltensweisen zugeschrieben wurden, dass diese von allen für normal gehalten werden. Diese Effekte sind massiv. Zweigeschlechterrollen sind zwar nicht »natürlich«, sie könnten genauso gut anders sein und ändern sich mit der Zeit. Aber wenn sie einmal von vielen Menschen angenommen werden, dann fühlen sie sich so zwingend an wie etwas Natürliches und werden unhinterfragt übernommen. Und außerdem erfüllt die Unterscheidung in zwei Geschlechtergruppen als exklusiver, unverbrüchlicher Rahmen auch nützliche Funktionen. Die Unterscheidung organisiert äußerst machtvoll und die diskriminierte Gruppe benachteiligend Aufgabenteilungen, schafft so vermeintliche und die einen privilegierende und die anderen diskriminierende Pseudo-Sicherheiten in Verhalten und Weltsicht.

Das Land wäre vegetarischer, wenn nur noch die Personen bestimmten, was auf den Tisch kommt, die nicht männlich privilegiert werden. Heute essen 85 Prozent der über Genderismus diskriminierten Personen jeden Tag Obst und Gemüse. Bei den männlich-privilegierten sind es nur 66 Prozent.

Zuschreibungen können auch entlastend sein, selbst für die über Genderismus Diskriminierten: Wenn eine in diesem System genderistisch privilegierte Person mit 55 einen Porsche oder Tesla kauft, glauben viele, diese Person sei in der Midlife-Crisis. Die privilegierte Person macht sich für die einen zu einer nicht männlichen Rollen entsprechenden, schwachen Person. Für andere macht sie sich zu einer starken und positiv assoziierten männlichen Rollen entsprechenden Person. Die weiblichen*, transgender und genderqueeren Genderrollen-Zuschreibungen an eine Person verbessern oder verschlechtern sich kaum durch das Auto, das sie fährt. Wahrscheinlich fahren in Bezug auf Genderismus diskriminiert sozialisierte Personen auch deshalb eher, so was zeigen die Zahlen, in aller Ruhe mit einem alten Kleinwagen herum. Was allerdings auch zeigt, dass die Entscheidungen, die statistisch diskriminierten genderistischen Rollen zugeordnet und über diese erklärt werden, nicht immer die verantwortungsvolleren sind: Alte Kleinwagen sind nicht unbedingt umweltfreundlicher als ein neuer Tesla.«

Durch die umgeschriebenen Textversionen wird deutlicher, dass Gender keine natürliche Zuordnung ist, sondern eine hergestellte Kategorisierung, die in und durch diesen Text machtvoll gefüllt wird. Die Wechselwirkung zwischen Zuschreibungen und der sich so verstetigenden Genderrolle wird in der ersten umgeschriebenen Version explizit. In der zweiten Variante, in der Zweigenderung als Konstruktion explizit gemacht wird, kommt es unweigerlich zu inhaltlichen Veränderungen. Welche Personen sind statistisch untersucht worden? Wieviele non-binäre und agender-Personen haben an der Untersuchung teilgenommen? Wo und wie sind sie eingeordnet worden? Die Undurchlässigkeit einer zweigendernden Wirklichkeitsvorstellung wird durch die Umschreibung noch mal deutlicher als in der ersten Variante. Das (Zwei)Gender-System wird jeweils zum Startpunkt genommen und nicht die individualisierten Genderzuschreibungen.

Androgendernde Texte auf ihren impliziten Genderismus hin umschreiben

Originaltext

Aus der Ausbildungsordnung der Industrie- und Handelskammer Dortmund zum Automobilkaufmann/frau:

§5 Ausbildungsplan

Der Ausbildende hat unter Zugrundelegung des Ausbildungsrahmenplanes für den Auszubildenden einen Ausbildungsplan zu erstellen.

§6 Berichtsheft

Der Auszubildende hat ein Berichtsheft in Form eines Ausbildungsnachweises zu führen. Ihm ist Gelegenheit zu geben, das Berichtsheft während der Ausbildungszeit zu führen. Der Ausbildende hat das Berichtsheft regelmäßig durchzusehen.

(https://www.dortmund.ihk24.de/bildung/ausbildung/ausbildungsordnungen/ausbildungsordnungen_index/314584, aufgerufen am 15.01.2019)

Androgenderung wird durch genderlose Formen ersetzt

§5 Ausbildungsplan

Die ausbildende Person hat unter Zugrundelegung des Ausbildungsrahmenplanes für die auszubildende Person einen Ausbildungsplan zu erstellen.

§6 Berichtsheft

Die auszubildende Person hat ein Berichtsheft in Form eines Ausbildungsnachweises zu führen. Ihr ist Gelegenheit zu geben, das Berichtsheft während der Ausbildungszeit zu führen. Die ausbildende Person hat das Berichtsheft regelmäßig durchzusehen.

Diese umgeschriebene Textversion eröffnet allen Personen, jenseits dessen, ob sie sich gegendert oder genderlos verstehen, Möglichkeiten des Gemeintseins. Diese Form der Formulierung bietet sich in Fällen an, die wenig über genderstereotype Vorstellungen geprägt sind. Hier ist es sinnvoller, die häufig impliziten Genderrollen dadurch herauszufordern, dass Texte eine größere Gendervariabilität aufzeigen, wie es die nachfolgenden Umformulierungen bieten.

Androgenderung wird durch gender-variable Formen ersetzt

§5 Ausbildungsplan
Ausbilder*innen haben unter Zugrundelegung des Ausbildungsrahmenplanes für die auszubildende Person einen Ausbildungsplan zu erstellen.

§6 Berichtsheft
Die auszubildende Person* hat ein Berichtsheft in Form eines Ausbildungsnachweises zu führen. Ihr* ist Gelegenheit zu geben, das Berichtsheft während der Ausbildungszeit zu führen. Die Ausbilder*innen haben das Berichtsheft regelmäßig durchzusehen.

Die Sternchen-Formen markieren hier, dass es nicht nur gegendert prototypische Vorstellungen für die Füllung der Position auszubildende/ausbildende Person geben muss, sondern, dass die Personen unterschiedliche Gender-Selbstvorstellungen haben können, auch jenseits von Zweigenderung. Auch wenn sich das Pronomen ›ihr‹ hier auf ›die Person‹ zurückbezieht, kann das Sternchen auch hier deutlich machen, dass die Personen unterschiedliche Selbstgenderungen haben können. Dasselbe gilt für ein Sternchen an Person*. Diese Strategie macht Sinn in Kontexten, in denen implizite prototypische Genderungen oder implizite Zweigenderungen stattfinden. Diese Form der Schreibweise eröffnet die Möglichkeit, Genderungen umfangreicher und flexibler zu denken und sich vorzustellen.

Umgeschriebene Textversion, in der Personen, die sich nicht über Gender verorten, explizit vorkommen

§5 Ausbildungsplan
Ausbild*/Ausbildex hat/haben unter Zugrundelegung des Ausbildungsrahmenplanes für die auszubildende Person einen Ausbildungsplan zu erstellen.

§6 Berichtsheft
Die auszubildende Person*_ hat ein Berichtsheft in Form eines Ausbildungsnachweises zu führen. Ihr*/ex ist Gelegenheit zu geben, das Berichtsheft während der Ausbildungszeit zu führen. Ausbild*/Ausbildex hat/haben das Berichtsheft regelmäßig durchzusehen.

In dieser Variante wird zusätzlich zu der gendermäßigen Öffnung der Sternchenform auch noch den Personen eine explizite Identifikationsmöglichkeit gegeben, die sich als agender verstehen und Exit-Gender-Strategien auf sich selbst anwenden, wie es zentraler Gegenstand dieses Buches ist. Auf diese Weise wird in der Schreibweise deutlich, dass das Sternchen Möglichkeiten zu variablen Gender-Vorstellungen eröffnet, die aber alle gleichzeitig auf Gender Bezug nehmen. Werden ex-Formen zusätzlich dazu ergänzt, wird deutlich,dass es auch Identifikationen jenseits von Gender geben kann. Dies kann zusätzlich auch noch durch einen Unterstrich betont werden, der deutlich macht, dass es neben der Auffächerung von Gender in und durch das Sternchen auch genderlose Personen gibt.

Genderlose Texte so umschreiben, dass der ignorierte oder implizite Genderismus explizit wird

Originaltext:

»Eine Gesellschaft funktioniert zu einem großen Teil nach spezifischen Wertvorstellungen und Normen. Der Mensch bzw. seine Handlungen erfahren durch sie eine gewisse Regelmäßigkeit, so dass er für andere berechenbar wird. Ein Individuum, das die in einer Gruppe geltenden Normen nicht akzeptiert, wird zu einem Außenseiter, dessen Verhalten in der Regel Sanktionen durch die übrigen Gruppenmitglieder nach sich zieht.« (https://www.wissen.de/bildwb/normen-und-werte-leitlinien-fuer-die-gesellschaft, aufgerufen am 15.01.2019)

Genderismus explizit machen

Eine genderistische Gesellschaft funktioniert zu einem großen Teil nach spezifischen, auch genderistischen Wertvorstellungen und Normen. Der als genderlos benannte und dabei implizit männlich-privilegierte Mensch bzw. seine implizit männlich verallgemeinmenschlichten Handlungen erfahren durch sie eine gewisse Regelmäßigkeit, so dass ›er‹ – der verallgemeinmenschlichte Mann – für andere berechenbar wird. Ein wiederum männlich verallgemeinmenschlichtes Individuum, das die in einer genderistische Werte re_produzierenden Gruppe geltenden Normen nicht akzeptiert, wird zu einem implizit männlichen Außenseiter, dessen Verhalten in der Regel Sanktionen durch die übrigen genderistisch privilegierten Gruppenmitglieder nach sich zieht. Personen, die durch Genderismus diskriminiert werden, müssen sich entweder an die verallgemeinmenschlichten männlichen Vorstellungen anpassen oder haben von vornherein den Status außen vor zu sein.«

Die verschiedenen Texte und die verschiedenen Umschreib-Varianten, die wir hier ausprobiert haben, haben uns dabei geholfen zu verstehen, wie tiefgreifend und normalisiert sich Genderismus und Genderrollen in Texte einschreiben und wie umfangreich Veränderungen sein müssen, um Genderismus zu benennen und Personen nicht länger zu gendern. Auf diese Weise wird für uns noch mal deutlicher, wie tiefgreifend normalisiert genderistisch Texte sind, die vielen vielleicht gar nicht besonders auffallen oder die vermeintlich ›gender-sensibel‹ wirken beim ersten Lesen.

Versuch selbst einmal einen Text umzuschreiben und schau, was das macht.

Das, was wir hier exemplarisch ausprobiert haben, wird in den beiden nachfolgenden Kapiteln nun systematisch als verschiedene Ideen zu anti-genderistischen Sprachveränderungen vorgestellt.

9 Sprachlich exgendern. Eine systematische Übersicht

In diesem Kapitel geben wir eine systematische Übersicht über Möglichkeiten sprachlich exgendernd zu handeln.

Wie du dich auf Menschen als Gruppe beziehst, ohne Gender aufzurufen

Hier und in den folgenden Tabellen stellen wir Ausdrucksmöglichkeiten, die einem Exit Gender-Ansatz entsprechen, Ausdrucksweisen gegenüber, die davon ausgehen, dass Gender existiert. Letztere nennen wir hier ›ExiSt Gender‹.

Phrasen mit »Personen, die...«, »Menschen, die...«

Exit Gender Ausdrucksweise	ExiSt Gender Ausdrucksweise
Personen/Menschen, die lesen	Leser, Leserinnen, LeserInnen
Personen/Menschen, die arbeiten	Arbeiter, Arbeiterinnen, ArbeiterInnen
Menschen/Personen, die Rad fahren	Radfahrer, Radfahrerinnen, RadfahrerInnen
Menschen/Personen, die ein Haus besitzen	Hausbesitzer, Hausbesitzerinnen, HausbesitzerInnen
Personen/Menschen, die feministisch Handeln	Feministinnen, FeministInnen, Feministen

Wie du dich auf eine einzelne Person beziehst, ohne Gender aufzurufen

Exgendernde Phrasen mit »Person, die...«, »Mensch, der...«

Exit Gender Ausdrucksweise	ExiSt Gender Ausdrucksweise
Person, die Rad fährt	Radfahrer, Radfahrerin
Person, die mit Kind(ern) lebt und für dieses/diese erziehungsberechtigt ist	Mutter/Vater, Eltern
Mensch, der eine Beziehung zu einem Kind der übernächsten Generation hat	Großmutter/Großvater, Großeltern

Exit Gender Ausdrucksweise	ExiSt Gender Ausdrucksweise
Person, die beruflich/angestellt/für Geld backt	Bäcker, Bäckerin
Person, die ihr Geld damit verdient alte Menschen zu pflegen	Altenpfleger, Altenpflegerin
Mensch, der feministisch denkt und handelt	Feminist_in, Feministin*
Person, die ich als Frau einlese/die ich als weiblich verstehe/die sich frauisiert	Frau
Person, die...	Frau, Mann, Trans*

Diese Umformulierungen einzelner Wortformen führen zugleich auch zu einer anderen Vorstellung von Menschen und ihren Handlungen. »Die Person ist Krimiles_erin«, schreibt das Krimi-Lesen der Person als Substanz zu. Es ist wie eine Identität. Stattdessen zu sagen_schreiben »die Person liest Krimis« macht Krimilesen zu einer Handlung neben anderen. Das krimi-lesende Handeln ist weniger substantiell, dadurch veränderbar, und greift nicht in die Substanz einer Person ein. Krimi-Lesen macht eine Person in der Äußerung somit nicht essentiell aus. Dass vor allem Gender, Berufsvorstellungen und Nationalitäten als substantivische Ausdrücke für Personen verwendet werden, ist dabei kein Zufall, sondern zeigt, wie stark diese sozialen Rollen und Gewaltverhältnisse die Gesellschaft momentan strukturieren. Sie scheinen unauflösbar für die Frage der eigenen sozialen Identität und bilden häufig Anfangspunkte eines interaktiven Kennenlernens und Wahrnehmens.

Dasselbe gilt auch für Benennungen wie »die Person ist Feministin«. Diese Zuschreibung schafft eine soziale Identität unabhängig von den jeweils konkreten und spezifischen Handlungen. Wird die Aussage hingegen verändert zu »die Person handelt feministisch«, dann ist es naheliegender, Feminismus mit konkreten Handlungen zu verbinden und nicht als ein unabhängiges, übergeordnetes Label zu verstehen. Dies verändert die Wahrnehmung hin zu dem tatsächlichen Agieren von Menschen und stülpt ihnen nicht allgemeine, in diesem Fall politische Labels über. Aus »die Frau« würde so »die Person, die sich als weiblich versteht« – wenn du dies nachgefragt hast oder die Person dies durch eine Pronomenrunde zu Beginn einer Gruppensitzung deutlich gemacht hat (»Ich bin Tia, mein Pronomen ist ›sie‹.«). Oder es würde daraus: »die Person, die ich als weiblich/frauisiert wahrnehme«. In letzterer Äußerung wird noch mal deutlicher, dass deine Einlesung einer anderen Person als weiblich deine Einlesung ist und nicht notwendigerweise etwas mit dem Selbstverständnis der anderen Person zu tun hat. Du kannst dich dann fragen, inwiefern es vielleicht zuschreibend und potentiell verletzend ist, deine gegenderte Einlesung so zentral zu benennen.

Wir verwenden häufig Sätze mit »Person, die...«. Mit diesen Formen werden Personen nicht nur exgegendert, sondern auch Handlungen von Personen ent-essentialisiert. Während das Backen in »Bäckerin« Teil der Substanz ist, im Substantiv gefangen, ist eine Phrase wie »der Mensch, der beruflich backt« eine Aussage über eine Handlung einer Person in einem bestimmten sozialen Setting. Handlungen werden durch die hier vorgeschlagene Ausdrucksweise also nicht zu Eigenschaften oder Persönlichkeitskriterien von Menschen, sondern verbleiben Handlungen.

Exgendernde Substantive mit der Endung -pers

Lässt sich die Phrase »Person, die...« nicht anwenden und soll auf jeden Fall ein Substantiv verwendet werden, ist es möglich »pers« als Endung an einen gedachten Wortstamm anzuhängen. »Pers« drückt aus, dass es sich bei dem benutzten Substantiv um eine Personenbenennung handelt.

Exit Gender Ausdrucksweise	ExiSt Gender Ausdrucksweise
Laufpers	Läuferin, Läufer, Läuf_erin, Läuferin*
Ärztpers	Ärztin, Arzt
Richtpers	Richterin, Richter
Autpers	Autorin, Autor
Aktivpers	Aktivistin, Aktivist

Pers-Formen, wie wir sie hier als exgendernde Bezugnahmen auf Menschen vorschlagen, sind zudem auch genuslos. Das heißt, sie sind nicht grammatikalisch feminin, maskulin oder neutrum in Bezug auf die Artikel und Pronomen, die sich aus ihnen ableiten. Wir benutzen ex als Artikel und Bestandteil von Pronomen, um diese Formen zu verwenden:

»Dex Laufpers hat ex Schuhe bei ex Kollegpers vergessen.«

Dadurch, dass diese Formen nicht nur gender-, sondern auch genuslos sind, sind sie leichter zu lernen und einfacher anzuwenden. Sie fordern zudem die immer wieder für das Deutsche diskutierte Verbindung von Gender und grammatischem Genus heraus und lösen diese hier auf.

Exgendernde Substantive mit *

Eine weitere Variante ist es, ein Sternchen an den Wortstamm anzuhängen. Das Sternchen wird aktuell bereits häufig als Sprachform angewendet, um in schriftsprachlichen Diskursen Zweigenderung aufzubrechen. Dazu auch weiter unten mehr. Wie im angeführten Beispiel angewendet, kann das Sternchen schlicht ausdrücken, dass es sich hier um eine Bezugnahme auf einen Menschen handelt. Auf diese Weise wird Zweigenderung, darüber hinaus aber auch grundlegend jegliche

Form der Genderung, vermieden. In dieser Verwendung kann das Sternchen eine einfache Form werden, die deutlich macht, dass es sich um eine Person oder um mehrere Personen handelt, ohne dass ein Bezug zu Genderung hergestellt werden müsste.

Exit Gender Ausdrucksweise	**ExiSt Gender Ausdrucksweise**
Lauf*	Läuferin, Läufer, Läuf_erin, Läuferin*
Ärzt*	Ärztin, Arzt, Ärz*tin
Richt*	Richt*erin, Richterin, Richter
Aut*	AutorIn, Autorin, Autor
Aktiv*	Akti*vistin, Aktivistin, Aktivist
Zimmer*	Zimmermann, Zimmermädchen

Das letzte Beispiel macht deutlich, dass hier eine neue Ausdifferenzierung notwendig wird, da die beiden zweigegenderten ExiSt-Gender-Varianten komplett unterschiedliche Berufe bezeichnen.

Alle hier vorgeschlagenen Formen könnten mit Stern oder Sternchen ausgesprochen werden: Lauf-Stern, Aut-Stern usw. Als Pronomina kann einfach ein Stern verwendet werden.

Autofahr* hat mit * Auto einer Person, die Rad fährt, die Vorfahrt genommen.

Ausgesprochen wäre dies dann:

Autofahr-Stern hat mit stern Auto einer Person, die Rad fährt, die Vorfahrt genommen.

Wie zu lesen ist, würde der Satz kürzer – das immer wiederkehrende Argument sprachlicher Ökonomie würde also hier nicht greifen können.

Was diese Formen besonders auszeichnet, ist zudem, dass sie genuslos sind und identisch über unterschiedliche Fälle und Pronomina hinweg. Sie sind dadurch einfach zu lernen und logisch nachzuvollziehen. Die zeitliche Kürze, in der sich die Sternform als Teil bisheriger zweigendernder Nennungen verbreitet (Radfahr*erin) zeigt zudem, dass sie relativ schnell eine hohe soziale Akzeptanz erfährt und sich also gut erlernen, umsetzen und aussprechen lässt. Im Gegensatz zu der von uns favorisierten dynamischen Verwendung findet sich fast ausschließlich die statische Verwendung zwischen der konventionell männlichen und weiblichen Form (Radfahrer*in). In der dynamischen Verwendung hat das Sternchen keinen festen Ort im Wort, sondern wandert – wie auch Gendervorstellungen und Genderdiskriminierungen sich kontinuierlich wandeln.

Dass die zuvor gegebenen Beispiele vielleicht ungewohnt und anstrengend wirken, zeigt lediglich, wie stark genderistisch bisherige Ausdrucksweisen sind, dass ihre Veränderung so einen Kraftaufwand und einen so grundsätzlichen Umbau bedeuten.

Wie du Benennungen von Gegenständen exgenderst

Gender ist häufig eine unnötige, vielleicht manchmal sogar bizarre Information. Willst du zum Beispiel in Bezug auf Radfahren eine Aussage dazu machen, dass es unterschiedliche Typen von Rädern gibt, so kannst du dies benennen, ohne unnötigerweise irrelevante, verwirrende und seltsam übertragene Informationen zu Gender mit einzubringen:

Exit Gender Ausdrucksweise	ExiSt Gender Ausdrucksweise
Rad mit einem tiefen Einstieg	Damenrad
Rad mit einer horizontalen Stange	Herrenrad
Shampoo, das nach Rosen duftet	Damenshampoo
Seife, die nach Pinienholz riecht	Herrenseife
Rosa Tornister	Mädchentornister
Blauer Strampelanzug	Jungen-Strampler
Durchsetzungskompetenz	Männlicher Führungsstil
Einfühlungsvermögen	Weibliche Kompetenz

Mit einer exgendernden Ausdrucksweise kannst du ins Staunen darüber kommen, wie viele Dinge du mit einer Genderbrille gesehen und dadurch deinen Blick eingeschränkt, verzerrt und auf Genderlogiken reduziert hast. Du konntest deswegen viel weniger damit beschäftigt sein, worum es konkret in einer Situation geht. Wann genau und warum ist es relevant, ob ein Rad einen tiefen oder einen hohen Einstieg hat? Wann brauchst du diese Information? Du kannst sie benutzen, wenn du sie brauchst und versuchen, das, was du wahrnimmst, ohne eine gendernde Zuordnung und Bewertung auszudrücken: Fahrrad. Häufig wird deine Ausdrucksweise auf diese Weise auch noch kürzer.

Manche Ausdrucksweisen werden durch den Verzicht auf Zweigenderungen länger. Dies ist dem Wunsch geschuldet, sich konkreter und präziser auszudrücken. Du kannst konkreter darüber nachdenken, was du genau sagen willst, welche Teile einer Relation beispielsweise wichtig sind und welche Leute vielleicht ausgeschlossen werden durch bestimmte Benennungen.

Vieles, was vorher in Form von Substantiven quasi Teil der Substanz einer Person war, ihrer sozialen Identität zugeordnet wurde, kann durch sprachliches Umformulieren als eine Handlung wahrgenommen werden. Diese Strategie führt gleichzeitig auch dazu, dass du Menschen weniger auf ihre vermeintliche Identität, die sich über Substantive ausdrückt, festlegst. Stattdessen benennst du genauer, was relevant ist in der konkreten Äußerungssituation. Du kannst beispielsweise genauer darüber nachdenken, ob du bestimmte Dinge nur für bestimmte Menschen als relevant setzt und für andere nicht. Wenn du an der Bushaltestelle wartest und dich mit der Person neben dir unterhältst, welche Rolle spielt da Gender? Es könnte einfach die Relation von zwei Personen sein, die sich in einer öffentlichen Wartesituation über Fahrtzeiten, Buslinien und das Wetter unterhalten. Spielt Gender eine Rolle, dann in Bezug auf gegenderte Rollen und damit also genderistische Normal- und Rollenzuschreibungen, die du in diesem Moment dann reflektieren kannst.

Du könntest also im Beschreiben von Situationen das fokussieren, was relevant ist und nicht noch weitere soziale Markierungen aufrufen, die sich so als Wahrnehmungen verfestigen. Auf diese Weise könntest du dich selbst herausfordern, genauer zu überdenken, wann und ob Genderungen überhaupt eine Rolle spielen und was du bisher vielleicht alles gegendert hast und warum du das gemacht hast.

Wie du exgendernd Pronomina-Formen veränderst

Personalpronomina, Bezugnahmen der 3. Person Singular, sind im konventionellen deutschen Sprachgebrauch zwangszweigegendert (sie/er). Hier neue Formen zu benutzen, ist ebenfalls eine wichtige exgendernde Sprachveränderungsstrategie. Wenn du den Gebrauch einer exgendernden Pronomina-Form vermeiden willst, kannst du stattdessen auch ›die Person‹ immer wiederholen.

Beispielsätze:
»Die Person, die so lebendig vorgelesen hat, wohnt in derselben Stadt wie ich. Die (vorlesende) Person/diese spielt ansonsten Bass in einer Band.«

Hast du vorher einen Vornamen benutzt, so kannst du diesen abgekürzt verwenden – im Aussprechen des ersten Buchstabens beispielsweise.
»Lim hat vorhin so lebendig vorgelesen. Lim wohnt in derselben Stadt wie ich. L (ausgesprochen ›el‹) spielt ansonsten Bass in einer Band.«

Dies wäre dann ein flexibles Pronomen der 3. Person Singular, welches sich aus dem Namen ableitet. In SMS-Kommunikationen wird diese Form der Namensabkürzung schon häufig verwendet.

Weitere Personalpronomina der 3. Person Singular, die auf Genderzuweisungen verzichten und möglichst alle Menschen meinen sollen, sind momentan einige im Gebrauch. Zu den bekannten Formen gehören: hen, nin (Baumgartinger 2008), und they, sowie person oder pers (letztere in der Übersetzung von Piercy 1976).

Beispielsätze:
»Ich war gestern mit Deni spazieren. Pers lässt dir liebe Grüße ausrichten.«
»Mel und ich wollen uns gleich treffen um zusammen auf die Demo zu gehen, aber they verspätet sich.«

Personalpronomina 3. Person Singular, abhängig von politischen Positionierungen

Dann gibt es noch Personalpronomina-Formen 3. Person Singular, die spezifisch für die Bezugnahme auf trans- oder sich non-binär verstehende Personen ausgedacht wurden. Diese sind im Moment in unserer Wahrnehmung vor allem der Gebrauch der Formen sier, si*er und si_er, für einige auch der Gebrauch von they, y und hen.

Im Schwedischen ist vor ein paar Jahren das Pronomen ›hen‹ 3. Person Singular eingeführt worden, um eine genderneutrale Form neben sie (hon) und er (han) zu etablieren. Die Form und das Pronomen gab es vorher im Schwedischen nur als politische Form, die trans* Personen unter sich verwendet haben. Für die Verwendung in einer größeren Öffentlichkeit ist es ganz neu eingeführt worden – nun als vor allem gender-umfassendes oder gender-neutrales Pronomen, viel seltener nur noch als Form für trans* Personen. Hen wird inzwischen teilweise auch im deutschsprachigen Raum genutzt.

Im englischen Sprachraum wird immer häufiger die Pluralform ›they‹ auch für den Singular als genderneutrales Pronomen benutzt. Diese Verwendungsweise von ›they‹ gab es schon im Mittelenglischen. Die Pronomina ›hen‹ im Schwedischen und ›they‹ im Englischen werden zunehmend als allgemeine Pronomina präferiert auch im Deutschen – also für alle Personen, unabhängig davon, ob sie sich als exgendernd, trans* oder non-binär, weiblich oder männlich verstehen. Der Gebrauch der Pronomina als Bezug auf einzelne Personen macht damit also nicht unbedingt eine Aussage darüber, wie Personen sich zu Gender positionieren oder ob sie exgendernd handeln. Es gibt keine klaren Unterscheidungskriterien dafür, ob ein Pronomen, welches nicht Gender aufruft, auf alle Personen angewendet wird, um Menschen grundsätzlich nicht zu gendern, oder ob es nur auf Menschen angewendet wird, die sich kritisch zu Gender verhalten und um dieses Handeln explizit zu markieren. Wie Pronomen wann und wo für welche Personen angewendet werden, ist immer auch abhängig von Entscheidungen der jeweils sprachhandelnden Person.

Personalpronomina 3. Person Singular, exgendernd

Exgendernde Personalpronomina sind aktuell x (AK Feministische Sprachpraxis 2011), xier (Anna Heger 2013), iks (Lann Hornscheidt 2014), y (wie das Englische ›why‹ ausgesprochen, Kollektiv life's a beach 2017) und ex (Lann Hornscheidt/Lio Oppenländer: in diesem Buch hier).

Alle diese Pronomina werden genauso verwendet wie ›sie‹ und ›er‹ für Personen verwendet werden, die sich als weiblich oder männlich verstehen.

Beispielsatz:

»Die Person, die so lebendig vorgelesen hat, wohnt in derselben Stadt wie ich. Ex spielt Bass in einer Band.«

Die Formen bleiben konstant in unterschiedlichen Satzpositionen und können auch als Possessivpronomina verwendet werden.

Beispielsatz:

»Die Person, die so lebendig vorgelesen hat, wohnt in derselben Stadt wie ich. In ex Band spielt ex Bass.«

Dadurch sind die Formen schnell zu lernen und einfach anzuwenden. Wie die zuvor vorgestellten exgendernden Substantive sind auch diese Formen genuslos.

Wie du dich auf Verwandtschaftsverhältnisse beziehst, ohne Gender aufzurufen

Konventionelle Benennungen von Verwandtschaftsverhältnissen sind so grundlegend gegendert, dass die jeweiligen Positionen innerhalb eines Verwandtschaftsgefüges nicht nur grammatikalisch, also über die Endung, sondern auch lexikalisch mit der jeweiligen Genderung variieren. Sie sind in den Wortstamm eingeschrieben und werden nicht nur angehängt: Frau und Mann, Tochter und Sohn, Tante und Onkel als zweigegenderte Personenbenennungen sind nicht voneinander abgeleitet, sondern eigenständige Wörter. Dies bedeutet, dass Genderungen nicht nur über Wortendungen hergestellt werden in dieser speziellen Gruppe, wie es zum Beispiel bei nicht-verwandtschaftlichen Nahbeziehungen der Fall ist (Freund/Freundin, Partner/Partnerin, mein Liebster/meine Liebste), sondern über vollständige, genderdifferenzierende Wortbildungen. So gibt es zum Beispiel nicht die Unterscheidung zwischen Vater und Vaterin oder Mutter und Mutterin, sondern die zwischen Mutter und Vater, Tante und Onkel, Tochter und Sohn. Konventionelle Benennungen von Verwandtschaftsverhältnissen sind also noch viel tiefgreifender zwangs-verzweigeschlechtlicht als die Benennungen anderer Personenrelationen und -beziehungen. Sie sind wortwörtlich und übertragen in die Substanz der Relationen und Personen eingeschrieben.

Benennungen von Verwandtschaftsverhältnissen sind darüber hinaus häufig biologistisch und basieren auf Bluts- und Abstammungslogiken (›Mutter‹, ›Stiefmutter‹). Eine exgegenderte Ausdrucksweise kann helfen, genauer darüber nachzudenken, wie eine Relation sich konkret gestaltet oder ob für deren Benennung ein Verwandschaftsverhältnis relevant ist und mit aufgerufen werden muss. So kann der Begriff ›Mutter‹ viele unterschiedliche Gefühle und Assoziationen wecken. ›Mutter‹

muss nicht die Person sein, die für ein Kind da ist, die liebevoll zugewandt ist. Mutter muss nicht die Person sein, die mit einem Kind schwanger war und es geboren hat. Dies sind lediglich die gesellschaftlich gestützten Erwartungen und Vorstellungen an die Mutterrolle. Es könnte also erleichternd sein, Erwartungen entlastend und präziser sein genau zu überlegen, um welche Relation es sich handelt. Zum Beispiel: »Die Person, mit der ich die ersten 10 Jahre meines Lebens zusammengelebt habe und die als erwachsene Person für mich als junges Kind verantwortlich war und Entscheidungen für mich treffen durfte.« »Die Person, die in meinem ersten Lebensjahr als erwachsene Person eine sorgende Nahbeziehung zu mir hatte, danach dann an Wochenenden Zeit mit mir verbracht hat.« »Die Person, die mit mir schwanger war und mich geboren hat.« Oder vieles andere mehr. Solche verbalen Bezugnahmen könnten auch dazu führen, dass Kinder, die nicht mit den Personen aufwachsen, die sie geboren haben, dies nicht immer wieder neu erklären oder verbergen müssen. Sie wären weniger stigmatisiert und ihre Nahbeziehungen normalisierter. Dies kann zu einer nachhaltigen Verbesserung des eigenen Selbstwertgefühls für Personen, die über biologistische Familienmodelle diskriminiert werden, beitragen.

Verwandtschaftsverhältnisse sind zudem wichtige Bestandteile von Metaphern und Komposita, die ebenfalls exgegendert werden können. Denn diese sekundären Verwendungen von Verwandtschaftsbezeichnungen wirken in beide Richtungen auf Vorstellungen und Assoziationen – auf das Ding/den Gegenstand/die Idee, welche so charakterisiert wird, als auch auf das zweigegenderte Verwandtschaftsverhältnis.

Exit Gender Ausdrucksweise	**ExiSt Gender Ausdrucksweise**
Erstsprache/n	Muttersprache/n
Geburtsland, Land, von dem ich bei Geburt einen Pass ausgestellt bekam	Vaterland
Geburtsschutzzeit	Mutterschutz
Elter-Kind-Kuren	Mutter-Kind-Kuren
Saft von Früchten erster Pressung	Muttersaft
Mit einer anderen Person Gedanken teilen können	Geistige Verwandtschaft
gewählte Nahbeziehungen	Wahlverwandtschaft
Betreuende Person einer Dissertation	Doktormutter/Doktorvater
Besonders nahrhafter humusreicher Boden	Mutterboden

Das Exgendern von Verwandtschaftsverhältnissen dient also nicht nur der Infragestellung von stereotypen Rollenvorstellungen, die in zweigendernden Benennungen von Familienrelationen grundsätzlich enthalten sind. Es führt darüber hinaus auch zu einer präziseren, differenzierteren und vor allem auch persönlicheren Beschreibung der Bedeutung von Personen für das eigene

Leben. Darüber hinaus ermöglicht es, dass Abstammungsverhältnisse als grundlegend Gesellschaft strukturierend entlarvt und auf Dauer dekonstruiert werden.

Ebenso führen Exgenderungen von Verwandtschaftsmetaphern zu einem konkreteren Benennen dessen, was in einem bestimmten Handlungskontext (wie Dissertation betreuen, Gedanken austauschen) relevant ist. Es macht deine Ausdrucksweise direkter und klarer und vermeidet den gewaltvollen Umweg über so immer wieder hergestellte Zwangszweigenderungen.

Wie du dich auf dir unbekannte Personen in formellen Situationen beziehst, ohne Gender aufzurufen

Generell halten wir es für respektvoll, Genderungen zu vermeiden, sofern eine Person nicht deutlich macht, dass und wie sie gegendert werden will. Du kannst, wie wir an anderer Stelle in diesem Buch ausführen, einer Person ihre eigene Genderzuschreibung nicht ansehen, kannst sie nicht hören und nicht von Personennamen ableiten. Um Gender nicht gewaltvoll Personen zuzuschreiben, versuchen wir also in der Ansprache an andere Genderungen zu vermeiden. Wobei es wichtig ist, in den konkreten Situationen und Settings genau hinzuhören und sich situativ flexibel und sensibel zu äußern.

Das Ziel ist es jeweils, anderen gegenüber respektvoll zu sein. Die konkreten Strategien können je nach Situation und Positionierung der Beteiligten stark variieren.

Für mündliche Anreden entfernter, nicht vertrauter Personen, zum Beispiel in Wartezimmer-Situationen, favorisieren wir das Aufrufen mit Vor- und Nachnamen (»Lann Hornscheidt, bitte«) oder ansonsten eine neutrale Variante (»Die nächste Person, bitte«). Auf der Straße könnte dies sein: »Hallo, Sie dahinten mit dem grünen Pullover!«

Eine besondere Herausforderung sind schriftliche Adressierungen, sowohl im Singular als auch im Plural. Diesbezüglich gibt es konventionell nur die zwangszweigendernden Formen ›Frau‹ und ›Herr‹.

Hier ist es möglich, Personen situationsbezogen und je nach Kontext so präzise wie möglich anzusprechen:

Exit Gender Ausdrucksweise	**ExiSt Gender Ausdrucksweise**
Sehr geehrte Personen, die heute zuhören	Sehr geehrte ZuhörerInnen
Sehr geehrte Anwesende	Sehr geehrte Damen und Herren
Liebe Personen, die unsere Zeitschrift lesen	Liebe Leserinnen und Leser
Hallo liebe Mitarbeit* des Projekts	Hallo liebe Mitarbeiterinnen und Mitarbeiter des Projekts

Mit situationsbezogenem Ansprechen vermeidest du pauschale Zuschreibungen und kannst genauer überlegen, wie das Verhältnis zu den Angesprochenen oder Angeschriebenen ist und was relevant ist in der konkreten Äußerungssituation.

In persönlicheren Gesprächen und schriftlichen Ansprachen macht es Sinn, alle Formen zu vermeiden, die unweigerlich wiederum zu einer Zweigenderung führen.

Exit Gender Ausdrucksweise	**ExiSt Gender Ausdrucksweise**
Guten Morgen/Tag/Abend...	Sehr geehrter Herr /sehr geehrte Frau
Sehr geehrtes Team von...	Sehr geehrte Damen und Herren
Liebe Sportgruppe/Beratungsgruppe/Firma...	Liebe/r...
Dear...	
Hallo/Hi/Hey...	
Sei gegrüßt...	
Seien Sie gegrüßt, Lio Oppenländer!	
Seid gegrüßt, liebe Leute der Reisegruppe!	
Guten Tag liebe Personen, die diese Mail lesen	
Dear all/Liebe alle	
Wie schön, [Name], dass du schreibst...	

Hier wie in allen anderen Fällen ist es möglich kreativ zu werden, sich weitere respektvolle Anreden und Ansprachen auszudenken und zu formulieren.

Wie du dich auf dich selbst beziehst, ohne Gender aufzurufen

Wie auch schon in den vorigen Fragen gibt es auch hier die Möglichkeit, von sich selbst als »Person, die dies und das macht und denkt« zu sprechen/schreiben:

Exit-Gender-Ausdrucksweise:

»Ich als Person, die lange an der Uni auf einer Professur gearbeitet hat, finde heute...«

Bei der Annahme, dass Gender existiert (ExiSt Gender):

»Ich als ehemalige Professo_rin finde heute...«

Exit-Gender-Ausdrucksweise:

»Ich als Person, die immer wieder und gerne über längere Zeiten wandern geht, würde empfehlen...«

ExiSt Gender:

»Ich als alter Wanderhase/alte Wanderhäsin würde empfehlen...«

Grundsätzlich hilft es, alle ›ich bin‹-Sätze zu vermeiden und stattdessen mehr über Handlungen zu reden/schreiben:

Exit Gender Ausdrucksweise	ExiSt Gender Ausdrucksweise
Ich schreibe Bücher und Artikel	Ich bin Autor/Autor_in/Autorin
Ich schwimme gerne und häufig	Ich bin Freizeitschwimmer_in
Ich arbeite in meiner Freizeit im Garten	Ich bin Hobby-Gärt*nerin

Diese Umstellung von ›ich bin‹- hin zu ›ich handele‹-Aussagen führt zugleich auch zu einer veränderten Selbstwahrnehmung und fokussiert sehr viel stärker eigenes Handeln und dessen ständige Veränderbarkeit gegenüber statischen sozialen Identitäten und Selbstzuschreibungen. Dementsprechend formulieren wir auch nicht, dass wir ex-gendernd *sind*, sondern dass wir ex-gendernd *handeln*. Wie vielfach in diesem Buch vorgestellt, ist Exgenderung keine Identitätskategorie, sondern eine Handlungsmöglichkeit. Konkrete Umsetzungen dieses Handlungsanspruchs kannst du dir für jeden Moment immer wieder neu erarbeiten. Dies leiten wir ab aus den Überlegungen des AK Feministisch Sprachhandeln in dem Buch *Feminismus schreiben lernen* (2011). Auch dort werden politische Selbst- und Fremdwahrnehmungen als Handlungsformen begriffen und nicht als Identitäten.

Exit Gender Ausdrucksweise	ExiSt Gender Ausdrucksweise
Ich handle feministisch, indem ich...	Ich bin Feminist_in
Ich handle anti-rassistisch, dadurch, dass ich...	Ich bin Antirassistin
Ich handele exgendernd, wenn ich Menschen nicht über Gender einlese...	Ich bin exgender/agender/gender-los/genderqueer

Durch solche veränderten Ausdrucksweisen entsteht eine stärkere Wahrnehmung von Handlungsspielräumen und eine genauere, differenziertere Auseinandersetzung damit, wie deine einzelnen konkreten Handlungen aussehen. Es gibt keine politischen Pauschalidentitäten.

Eine weitere Möglichkeit, sich auf sich selbst exgendernd zu beziehen, ist die Neubildung von Eigennamen. ›Lann‹ und ›Lio‹ sind selbstgewählte und neu erfundene Selbstbenennungen, die im Moment nicht als weiblich und männlich eingelesen werden. Eine Möglichkeit Namen zu exgendern, ist im Moment also neue Namen zu erfinden und zu verwenden.

Eine exgendernde Grundhaltung eröffnet auch Namen nicht mehr als gegendert zu verstehen. Genauso, wie wir in diesem Buch stark machen, dass Gender nicht gesehen werden kann, wenn wir es nicht mehr wollen, können Gendereinlesungen auch von Namen gelöst werden. Aus einem vermeintlich eindeutigen Vornamen würde dann nicht automatisch ein bestimmtes Gender abgeleitet werden.

Wie du dich auf dich selbst oder auf eine andere Person beziehst, wenn du explizit deutlich machen willst, dass du Gender als Zuordnungsnorm verlässt

In Kommunikationssituationen, in denen kontinuierlich Zweigenderung aufgerufen wird, kann es wichtig sein deutlich zu machen, dass du (und andere) Zweigenderung als Bezugsmodell für die eigene Person nicht übernimmst und dich nicht auf Genderungen beziehst. In diesen Fällen kann es hilfreich sein, sich selbst mit Formen zu benennen, die den Prozess des Gender-Verlassens explizit machen. Häufig ist dies eine Gratwanderung, da solche Benennungen dann eventuell doch wieder als neue Genderidentität aufgefasst werden. Wie schon weiter oben argumentiert, ist es manchmal jedoch notwendig, strategisch und situativ eine Pseudo-Identität auszudrücken, auch wenn Exit Gender für uns eine Handlungsform ist und gerade nicht eine neue weitere Genderidentität.

In Kontexten, in denen wir den Prozess des Gender-Verlassens deutlich machen und an konventionelle Identitätskonzepte anschlussfähig sein wollen, verwenden wir die Ex-Form:

Exit Gender Ausdrucksweise	ExiSt Gender Ausdrucksweise
Lesex	Leserin, Leser, Les_erin, Leserin*
Schriftstellex	Schriftstell*erin, Schriftstellerin, Schriftsteller
Kundex	Kun_din, Kundin*, Kundin, Kunde

Die Ex-Form ist sowohl im Singular als auch im Plural anwendbar. Sie wird jeweils an den (gedachten) Wortstamm angehängt und ersetzt männlich und weiblich spezifizierende Endungen. Die Ex-Form ist genuslos, der bestimmte Artikel ist dex, der unbestimmte einex. Alle Pronominaformen sind ex. Vor der ex-Form haben wir ecs-Formen mit derselben Intention benutzt. Diese erscheinen uns heute zu kompliziert.

Dies sieht konkret dann so aus:
»Dex Radfahrex hat exs Rad zur Reparatur gebracht. Ex wollte einex Freundex mit der Möglichkeit einer Radtour überraschen.«

Ex-Formen verwenden wir auch in allen Situationen, in denen so getan wird, als würde Genderismus keine Rolle spielen. Exit Gender als politische Strategie ignoriert die vielfältigen Wirkweisen von Genderismus nicht. Vielmehr erweitert Exit Gender die feministischen Bemühungen, Genderismus als Gewaltstruktur zu verändern um die Dimension der Infragestellung von Zweigenderung und auch von Gender an sich.

Wie du dich in einer kritischen Form auf Gendernormen beziehen kannst

Hier gibt es eine ganze Reihe unterschiedlicher sprachlicher Strategien. Diese sind erstens Unterstrich- und Sternchenformen, zweitens die Benennung von Gewaltverhältnissen statt sozialer Identitäten und drittens Benennungsweisen, die die Konstruiertheit von Gender explizit machen. Die hier aufgeführten Benennungsweisen haben mittlerweile bereits eine gewisse Verbreitung im öffentlichen Sprachgebrauch gefunden.

Diversifizierung von Zweigenderung: Unterstrich- und Sternchenformen integriert in bestehende Formen

Unterstrich- und Sternchenformen (integriert in bestehende Sprachformen) können angewendet werden, um sprachliche Genderbezugnahmen auf Möglichkeiten jenseits von Weiblichkeit und Männlichkeit zu erweitern. Diese Formen diversifizieren also Gender über Weiblichkeit und Männlichkeit hinaus. Gleichzeitig werden Weiblichkeit und Männlichkeit als Bezugsrahmen jedoch genauso aufrecht erhalten wie Gender insgesamt – was sich in der Beibehaltung der bestehenden zweigendernden Formen ausdrückt, die hier lediglich um Unterstriche und Sternchen ergänzt werden. Deshalb verwenden wir diese Formen, wenn eine Bezugnahme auf gegenderte Wirklichkeiten wichtig ist und es darum geht, deutlich zu machen, dass es innerhalb der Kategorie Gender mehr gibt als Frauen und Männer.

Da in vielen Kontexten Zweigenderung als unumstößliche Einteilung von Menschen gesetzt wird, kann es strategisch sinnvoll sein, dies in bestimmten Situationen sprachlich aufzunehmen und zugleich weiter zu diversifizieren. Wenn du also deutlich machen willst, dass es noch mehr gibt als Frauen oder Männer, kannst du Unterstrich- und Sternchenformen eingebaut in bestehende Sprachformen verwenden.

Eine weitere Schreibweise, die sich manchmal mit demselben Anspruch finden lässt, sind Doppelpunktformen: Präsident:in, Arbeiter:in, Aktivist:in.

Sternchenformen werden bei Begriffen, die eine weiblich und eine männlich appellierende Form haben, zwischen diese geschrieben: Preisträger*in, Vorreiter*innen, Revolutionär*innen.

Es ist genauso möglich, das Sternchen an anderen Stellen zu setzen. Das würde eine Wahrnehmung unterstützen, dass die Ver_ortung der benannten Personen nicht zwangsläufig zwischen der männlichen und weiblichen Vorstellung liegt und auch darauf hinweisen, dass Wahrnehmungen immer von vielen intersektionalen Aspekten abhängig sind: Schwim*merin, Bestsellerau*torin, Gärt*nerinnen.

Es bieten sich dafür Stellen an, die einfach auszusprechen sind. Das Sternchen wird wie das Binnen-I (GärtnerIn) und der dynamische Unterstrich (Gärt_nerin) mit einer ganz kurzen Pause im Wortfluss ausgesprochen. Angehängt an ›Trans*‹ oder ›Frauen*‹ würde es als Stern oder Sternchen ausgesprochen: ›Trans-Stern‹ oder ›Frauen-Sternchen‹. Das Sternchen an Formen wie Trans* und Frauen* macht deutlich, dass auch diese Identitäten sehr verschieden gefüllt sein können: Von Personen, die sich cis- oder trans*gendernd verstehen, die unterschiedliche Konzepte von Trans* und Frau* für sich integrieren. Das Sternchen macht also auch deutlich: es gibt keine Vereinheitlichung, sondern eine Vielfalt. Es gibt keine Natürlichkeit, sondern viele verschiedene Lebens- und Selbstvorstellungsweisen.

Das Sternchen ist ein Bild für Vielfältigkeit – es gibt viele unterschiedliche gegenderte Realitäten – und alle Handlungen, die sich aus Genderkonventionen hinausbewegen, sind grandios – auch dafür könnte der Stern stehen. Dies ist für viele zugleich auch ein schöneres Bild als die Lücke, die der Unterstrich schafft. Der Unterstrich hat das Potential, eher als ein Manko, ein Fehlen eingelesen zu werden, das Sternchen bietet sich als Ausdruck von Vielfalt und Glanz an.

Das Sternchen hat auch Eingang gefunden in Regelungen zu leichter Sprache und ist auch in deutscher Gebärdensprache kommunizierbar. Immer mehr schriftsprachliche Medien verwenden das Sternchen, um Personen in einer Vielfalt abzubilden, die über Zweigenderung hinausgeht. Es macht im Moment den Eindruck, als würde sich das Sternchen als Diversifizierung von Gendervorstellungen im Sprachgebrauch durchsetzen.

Binnen-I: Frauen und Männer sind der unverrückbar scheinende Rahmen

Wenn eine Aussage es macht- und gewaltvoll verunmöglicht, sich etwas anderes als Frauen und Männer vorzustellen, benutzen wir das Binnen-I: Bis Ende 2018 war dies noch in jedem Satz, der sich auf staatliche Einordnungen von Menschen bezieht, der Fall (›BürgerInnen‹, EinwohnerInnen‹). Erst mit Beginn 2019 gibt es eine 2017 vom Bundesverfassungsgericht angemahnte Änderung hin zu einer dritten Kategorie neben Frauen und Männern: divers. Wie diese Kategorie in Sprachformen umgesetzt wird, ist im Moment noch nicht klar. Es könnte sein, dass hier Stern(chen)-Formen etabliert werden, da mit diesen der Rahmen der Zweigenderung nicht herausgefordert oder infrage gestellt würde, sondern beibehalten bleibt. Aus BürgerInnen werden dann Bürger*innen. Gender als Bezugsrahmen wird also auf diese Weise weiter zementiert.

Spielt Gender in öffentlichen Debatten eine Rolle, so heißt dies in der Regel, dass es sich um ›Frauen‹ und

›Männer‹ handelt. Dies ist in den meisten Alltags- und medialen Diskursen der Fall. Auch in staatlichen Publikationen und Gesetzen wird Zweigenderung als selbstverständliche Norm gesetzt. Bei statistischen Erhebungen und Angaben werden bisher nur die beiden Gruppen Frauen und Männer unterschieden und damit auch immer wieder neu geschaffen. Es gibt jenseits dessen keine quantitative Wahrnehmung anderer Positionen in Bezug auf Gender.

- Es gibt Frauenförderprogramme, aber keine Anti-Genderismus-Förderprogramme, die alleine dadurch schon eine Erweiterung ihres Geltungsrahmens hätten und so auch die Diskriminierungen von Transpersonen, trans*, Interpersonen und Agender-Personen konkret und wirkungsvoll mitberücksichtigen könnten.
- Es gibt die Forderung nach mehr Frauen in Aufsichtsräten, aber nicht nach einer über Frauen und Männer hinausreichenden Diversifizierung von Anwesenheiten in Aufsichtsräten.

An diesen Beispielen wird neben der Entwahrnehmung von Trans-, Inter-, non-binären, genderqueeren und Agender-Personen zugleich auch eine weitere Problematik quotierender Politiken deutlich: Sie basieren auf einem quantitativen Modell und damit auf der Frage, wie groß Minderheiten sind und wie diese in Repräsentationslogiken berücksichtigt werden könnten oder müssten. Mit dieser Auffassung wird sozialen Gruppen ihre Diskriminierung sozusagen als Markierung eingeschrieben. Die Diskriminierung soll dadurch überwunden werden, dass die diskriminierten Gruppen eine höhere Repräsentanz bekommen. Mit Exit Gender möchten wir aber keine weitere kleine Gender-Splittergruppe schaffen, sondern die gesellschaftliche Logik einer Einteilung von Menschen nach Genderung grundsätzlicher und für die gesamte Gesellschaft infrage stellen.

Weiblichkeit zurückgeben bei der OptimizeYourLife AG

KUNDINNENBETREUER: Hust-Räusper. Guten Tag und vielen Dank für Ihren Anruf bei OptimizeYourLife AG. Sie sprechen mit Ihrem telefonischen KundInnenbetreuer, was kann ich für Sie tun?

KUNDIN_: Guten Tag. Ich möchte meine Weiblichkeit zurückgeben.

KUNDINNENBETREUER: Wie bedauerlich. Sind Sie nicht zufrieden mit dem Produkt?

KUNDIN_: Ich bin ganz und gar nicht zufrieden mit dem Produkt! Es funktioniert nicht.

KUNDINNENBETREUER: Oh, das überrascht mich. Unsere Produkte erfüllen höchste Qualitätsstandards, sind geprüft von Stiftung Normentest und erfreuen sich größter Beliebtheit bereits seit etlichen Jahrhunderten - seit wann genau weiß kein Mensch - aber das braucht Sie nicht weiter zu beunruhigen. Wo war ich gerade? Genau: höchste Qualitätsstandards! Natürlich kann in der Produktion immer einmal ein kleiner Fehler unterlaufen. Das betrifft dann allerdings nur Einzelstücke, versteht sich. Würden Sie mir bitte den Defekt ihrer Weiblichkeit beschreiben?

KUNDIN_: Ungern, mir graust es, wenn ich nur daran denke. Aber bitte. Also zuerst einmal finde ich die Inbetriebnahme unpraktisch und äußerst lästig. Die ständigen Körpernormen und Körpervorstellungen von anderen, die Regeln zu Bewegungsabläufen, Essen, Interessen, Aussehensansprüchen, die ich zu erfüllen habe. Das alles schnürt mir den Atem ab. Apropos Atem. Mein Hals ist schon ganz rau vom ständigen Sprechen in hoher Stimmlage. Außerdem bekomme ich juckenden Ausschlag vom Beine-Rasieren. Und die Angst, die ich die ganze Zeit haben muss in der Öffentlichkeit, macht mir immer mehr Angst. Des Weiteren ist Weiblichkeit bei weitem nicht so benutzungsfreundlich und flexibel handhabbar wie in der Werbung versprochen. Das Produkt scheint nur kompatibel zu sein mit dem Zusatzfeature Männlichkeit, und dieses Feature ist ja nun wirklich eine Zumutung! Ich meine, allein schon die Sache mit dem Geliebt-Werden durch Abgrenzung, Betonung von Unterschieden und so weiter. Seien Sie mir nicht böse, aber wäre es nicht naheliegender, Produktkompatibilität zu gewährleisten auf der Grundlage von, äh, Ähnlichkeiten, geteilten Themen und gegenseitigem Verständnis? Und am meisten habe ich mich darüber geärgert, dass das Produkt Lebensoptimierung verspricht. In der Bedienungsanleitung steht, meine lebensoptimierenden Möglichkeiten seien, mich um andere zu kümmern, mich um andere zu sorgen, empathisch zu anderen zu sein, sozial zu sein. Von Wertschätzung und Anerkennung ist da keine Rede, von Bezahlung und Verdienst genauso wenig. Das finde ich insgesamt sehr unoptimal, wirklich sehr unoptimal.

KUNDINNENBETREUER: Hm. Das klingt für mich jetzt erstmal, als wäre das Produkt vollkommen intakt. Vielleicht müssen Sie in der Anwendung noch ein bisschen Routine entwickeln...

KUNDIN_ [deutlich genervter]: Ich möchte meine Weiblichkeit zurückgeben!!

KUNDINNENBETREUER: Verehrte Kundin, wir leben in einer freien Marktwirtschaft und selbstverständlich haben Sie das Recht, bei OptimizeYourLife AG frei Ihre Meinung zu unseren Produkten zu äußern. Doch lassen Sie mich zumindest versuchen, Sie zu überzeugen mit unserem neuesten Werbejingle, der wird Sie eventuell umstimmen...

KUNDIN_ [genervt]: Ich möchte...

KUNDINNENBETREUER: Das ist wirklich überhaupt kein Aufwand für mich, ich kann den Jingle hier direkt vom Band abspielen, macht gar keine Umstände.

KUNDIN_: Ich...

JINGLE [beschwingte Melodie, begleitet von inbrünstigem Gesang]:

Weiblichkeit, oh, holde Weiblichkeit,
du siehst gut aus, bist grazil und einfach weiblich.
Weiblichkeit, oh holde Weiblichkeit,
du bist keck, zart, sexy und äußerst erquick-lich.
Männlichkeit machst du froooh,
und Kindlichkeit sowiesoooo.
Der Gesellschaft bist du von Nutzen,
opferst dich auf mit Lieben und Putzen,
oh, erhabene Weiblichkeit, du bist phänomenal!

KUNDIN_: Jetzt hören Sie mir mal ganz genau zu!! Ich möchte meine Weiblichkeit zurückgeben und ich fordere vollständige Rückerstattung meiner investierten Lebensenergie!

KUNDINNENBETREUER: Rückerstattung ist bei Weiblichkeit nicht möglich, bedaure. Denn Weiblichkeit zahlt ja nicht in die Versorgungskassen ein, sondern braucht sich sofort auf - was ja auch wirklich ein schöner Lohn ist! Sie könnten höchstens einen Umtausch in Betracht ziehen.

KUNDIN_: Umtausch gegen was?

KUNDINNENBETREUER: Wir hätten Männlichkeit im Angebot...

KUNDIN_: Igitt!

KUNDINNENBETREUER: Kontenance bitte, Männlichkeit ist ein großartiges Produkt, welches ich selbst nutze und ich bin hoch zufrieden. Und für Sie wäre Männlichkeit ein ganz wunderbares Upgrade. Vorausgesetzt, Sie erfüllen die medizinischen Voraussetzungen, können Sie sich natürlich auch für Divers entscheiden.

KUNDIN_: Und das wäre?
KUNDINNENBETREUER: Wie ich sagte: Divers.

KUNDIN_: Weiblichkeit, Männlichkeit und Divers. Das sind die Optionen?

KUNDINNENBETREUER: Korrekt.

KUNDIN_: Wollen Sie mich verarschen?

KUNDINNENBETREUER: Nichts läge mir ferner. Divers ist ein akzeptables Produkt. Zugegeben, für Sie als Weiblichkeitsnutzerin wäre Divers eher ein Downgrade, nahezu stigmatisiert. Außerdem ist Divers noch in der Testphase. Im Moment gibt es noch nicht mal Ansprachen und Pronomen für Divers. Es wäre also ein recht isoliertes Dasein - aber mit vielversprechenden Zukunftsaussichten. Immerhin steht Divers für unseren toleranten Staat, der auch das gestattet - ist das nicht schön?

KUNDIN_: Was kann Divers?

KUNDINNENBETREUER: Unendlich viel! Divers kann... also...
Divers ist die flexible Ausgestaltungsmöglichkeit der Basisanwendungen von Männlichkeit und Weiblichkeit, wirklich sehr vielseitig nutzbar, außerdem raumsparend - nimmt kaum Platz weg, ist dynamisch und, äh, im Allgemeinen einfach gut. Die Anschaffung ist allerdings mit viel medizinischer Begutachtung, mit Geld und Papierkram verbunden.

KUNDIN_: Behalten sie ihr Divers! Oh nein, was mache ich jetzt nur... Gibt es denn überhaupt keine Möglichkeit, einfach nur meine Weiblichkeit wieder loszuwerden?

KUNDINNENBETREUER: Loswerden ist, wie gesagt, keine Option. Aber grämen Sie sich bitte nicht!
Wir hier bei OptimizeYourLife sind offen für Ihre Kritik und unser Motto ist: »Besser werden, immer besser werden!« In spätestens einem Jahr kommt die

neueste Version von Weiblichkeit auf den Markt, mit Anwendungen, von denen Sie vermutlich schon lange geträumt haben! Bereits jetzt kann ich Ihnen, im Interesse unserer KundInnenzufriedenheit, einige spannende Extra-Special-Features für ihre Weiblichkeit anbieten! Sie könnten zum Beispiel, für einen nur geringen Mehraufwand an Lebensenergie, das Special-Feature ›Lesbe 2000‹ erhalten. Bei Stiftung Normentest hat das Produkt zwar eher suboptimal abgeschnitten, es fehlte ihm das Männlichkeits-Pendant, Sie verstehen, aber wenn Sie das Feature Männlichkeit nun mal umgehen wollen...

KUNDIN_: Schluss jetzt!! Na gut, Sie wollen meine Weiblichkeit nicht zurücknehmen. Aber was ist, wenn ich Weiblichkeit einfach außer Betrieb setze, sozusagen die Anwendung verweigere? Ex-Kundin werde? Kundex also?

KUNDINNENBETREUER: Das möchte ich Ihnen wirklich nicht empfehlen, ich meine, dann haben Sie so eine ungenutzte Weiblichkeit zu Hause rumliegen...

KUNDEX: ...ich entsorge sie als Sondermüll. Weil Biomüll ist das nicht, das ist Sondermüll!

KUNDINNENBETREUER: ...und bleiben hinter Ihren Möglichkeiten zurück, wollen Sie denn nicht besser werden und immer besser? Seien Sie doch vernünftig, ich kann Ihnen noch weitere Special-Features anbieten...

KUNDEX: Ich lege jetzt auf. Ich habe zu tun, ich muss zur Sondermüll-Entsorgung.

KUNDINNENBETREUER: Aber verehrteste Kundin... Das können Sie nicht einfach so machen!! Sind sie noch dran?... Hallo???... Hallo?

10 Sprachlich Genderismus benennen

In diesem Kapitel stellen wir dar, wie Genderismus sprachlich benannt werden kann.

Wie du Gewaltstrukturen statt sozialer Identität benennst

Eine Möglichkeit Gendernormen sprachlich herauszufordern, ist es, konkreter darüber nachzudenken, was genau der Fokus der Aussage ist. Häufig ist es nicht möglich, einfach einzelne Wortformen zu ersetzen. Stattdessen ist es oft notwendig, eine Kritik an der Naturalisierung von Identitätskategorien auch sprachlich umzusetzen. Der Wechsel von ›Frauenpreis/-Förderprogramm/-Auszeichnung und Gender-Seminar/-Studiengang/-Mainstreaming...‹ hin zu ›Anti-Genderismus-Preis/-Förderprogramm/-Auszeichnung/-Seminar/-Studiengang‹ ist eine sinnvolle Strategie, um Diskriminierungsstrukturen statt sozialer Identitäten zu benennen. Auf diese Weise wird es vermieden, Gewaltstrukturen in Form von Kategorien zu naturalisieren und damit von der Gewalt abzukoppeln und als essentiell darzustellen. Gleichzeitig öffnet eine solche Benennungsweise Räume für exgendernde Politiken.

Statt »dieses Seminar ist nur für Frauen« würde es dann heißen: »dieses Seminar ist für durch Genderismus diskriminierte Personen«. Gender-Mainstreaming und Gleichstellung von Frauen und Männern würden als Strategien wegfallen und durch anti-genderistische Politiken ersetzt. Der Idee von Gender-Mainstreaming ist es zueigen, dass Gender neutralisiert wird – als gäbe es die Möglichkeit eine Kategorie zu neutralisieren, die überhaupt erst durch die Gewaltstruktur geschaffen wurde. Wenn Gender nicht mehr als Identität begriffen wird, verschiebt sich der Fokus auf die Strukturen, die asymmetrische Machtverhältnisse erzeugen, statt an den Individuen anzusetzen, die diese Strukturen vermeintlich re_präsentieren und in Re_präsentationslogiken von Gleichheit und Quotierung aufgehen sollen. Mit dem Loslassen von Konzepten, die Gender-Vorstellungen nicht grundlegend anrühren, sondern bestätigen, wird zugleich auch vermieden, weiterhin monolithisch genderistische Diskriminierung anzunehmen, die dann nachträglich manchmal ergänzt wird um eine Beachtung von weiteren Diskriminierungsformen wie Rassismus, Klassismus oder Alter. Ein solches Vorgehen bezeichnen wir als entdependierend, wenn also Diskriminierungsdimensionen als einzeln betrachtet werden. Diskriminierungsstrukturen kommen aber nicht getrennt vor. Individuen sind konstituiert durch alle diese zusammenspielenden Diskriminierungsformen, die Menschen in komplexer Weise gleichzeitig privilegieren und diskriminiert positionieren. Präziser ist es also, von den komplexen Diskriminierungsstrukturen zu sprechen, statt von einzelnen diskriminierten Individuen, die gefördert, betreut und unterstützt werden müssten. Nicht die Diskriminierten sind das Problem in einer Gesellschaft, sondern die Diskriminierung und die Unsichtbarmachung von Privilegien. Für nachhaltige Interventionen, sowohl in Diskriminierung, als auch in die oft unzureichende Benennung von Diskriminierung, müssen andere politische Maßnahmen ergriffen werden als eine weitere Zu- und Festschreibung von Diskriminierten auf Diskriminierungsformen.

Exgenderndes Handeln eröffnet – für Individuen wie auch in Folge für die Gesellschaft – neue Möglichkeiten an der Destabilisierung von Genderismus mitzuwirken. Exgendernd zu handeln kann dazu führen, dass du dich weniger als ›du bist‹ verstehst und stärker als ›du handelst‹. Vielleicht kennst du solche Selbstgespräche: »Als trans*/genderqueere/non-binäre/agender Person wage ich nicht schwanger zu werden/ins Schwimmbad zu gehen/in einen Schminkworkshop zu gehen/alleine eine Gruppenreise mit Doppelzimmerbelegung zu buchen, weil ich die öffentliche Hinterfragung von mir nicht aushalten würde.« Das Problem bist nicht du in diesen Beispielsituationen. Das Problem ist eine gesellschaftliche Wirklichkeit, die alles und dich zwei- und cisgegendert, dich engführt und zuschreibt auf gegenderte Einlesungen, Angebote und Handlungsoptionen. Es kann also durchaus überlebenswichtig sein, bestimmte Situationen zu meiden oder Handlungsvarianten darin ausführlich zu überdenken. Gleichzeitig eröffnet ein Exgendern hier größere Fragen danach, warum diese Orte und Situationen gegendert sein müssen, da dadurch genau die Ausschlüsse hergestellt werden, die dann für Individuen, die in Systeme von Cis- und Zweigenderung oder Genderung überhaupt nicht hineinpassen, diskriminierend und beschädigend sind.

Das würde also heißen die Perspektive umzudrehen. Wenn du dich in potentiell gewaltvollen Situationen bewegst, dich selbst nicht zu problematisieren, sondern den Fokus auf die Strukturen zu richten. Die obigen Sätze könnten dann umformuliert sein in: »Als trans*/genderqueere/non-binäre/agender Person werde ich so grundlegend diskriminiert, dass schwanger zu werden zu einer unglaublich starken öffentlichen Stigmatisierung führen würde/ins Schwimmbad zu gehen mir gesellschaftlich verunmöglicht wird/in Workshopausschreibungen ignoriert wird, dass auch ich in einen Schminkworkshop gehen können will – auf diese Weise wird gewaltvoll gehandelt/überhaupt nicht darüber nachgedacht, dass es nicht für alle Personen gleichermaßen möglich ist, eine Gruppenreise mit Doppelzimmerbelegung zu buchen.« Das Problem ist so nicht die diskriminierte Person – also du in diesen Beispielen – sondern die Struktur und die Akteu*rinnen, die häufig unüberlegt die gewaltvollen Strukturen aufrechterhalten.

Weiterführende Fragen, die das Problem von Genderlogiken ansprechen würden, könnten dann lauten: Warum sind die Umkleidekabinen gegendert, warum werden Doppelzimmerbelegungen nach Zweigenderung vorgenommen und nicht danach, welche Personen durch Genderismus diskriminiert werden? Warum sind Schwangerschaftsvorbereitungskurse gegendert und nicht einfach Schwangerschaftsvorbereitungskurse? Warum wird Gender an Schwangerschaft gekoppelt? Warum müssen Angebote von Gruppenereignissen, Gesetzen und Formularen gegendert sein und damit immer zu Ausschlüssen führen?

Jede weitere Errichtung auch zusätzlicher gegenderter Kategorien wie eine dritte Option im Pass oder einer

Trans*umkleide im Schwimmbad verbleiben in der Logik von Gender als unhintergehbar. Sie werden in der Konsequenz immer wieder neue Stigmatisierungen und Ausschlüsse schaffen. Gender für Pässe und Umkleiden abzuschaffen würden demgegenüber eine ganz neue Dimension von Inklusion schaffen können.

Die so veränderte Perspektive des Nachdenkens und Nachfragens auf die Sinnhaftigkeit von Gender überhaupt und die gesellschaftliche Gewaltstruktur, statt auf dich als Ausnahme, hilft dir in konkreten Situationen einen neuen Ansatz zu entwickeln. Es befreit dich im Moment noch nicht von der umfassenden normalisierten Gewalt. Diese ist zu normal und dadurch zu stark da. Dies bedeutet, das eigene Handeln strategisch manchmal daran anpassen zu müssen. Es eröffnet dir aber eine neue Perspektive auf dich und strukturelle Gewalt. Den Fokus auf die Diskriminierungsstruktur zu richten, statt auf dich selbst, hilft dir auch, verinnerlichte Diskriminierungen ablegen zu können.

Wie du den Konstruktionscharakter von sozialen Kategorien benennst

Eine weitere Strategie Genderismus explizit zu machen, ist es, soziale Kategorien als gemacht zu benennen. Dadurch wird die Annahme ihrer Natürlichkeit hinterfragt. So ist es mit dem hier gewählten konstruktivistischen Ansatz präziser, von ›Frauisierten‹ zu sprechen, statt von ›Frauen‹.

Beispielsätze:

Frauisierte werden in westlichen Gesellschaften nach wie vor als verantwortlich für Care- und Reproarbeit hergestellt.
Der Prototyp von Frauisierten ist in eurozentrischen feministischen Diskursen *weiß*, cis_ und heteragegendert und wird nicht be_Hindert.

Die Verwendung des Begriffs ›Frauisierte‹ beziehungsweise ›Frauisierung‹ betont den Herstellungscharakter der sozialen Positionierung ›Frau‹, und macht darüber deutlich, dass weiblich besetzte Eigenschaften und Tätigkeiten – wie Care- und Reproarbeit – Produkte von Diskriminierungsstrukturen sind und nicht Ausdruck einer natürlichen und angeborenen ›Weiblichkeit‹.

Diese Ausdrucksweise ermächtigt Menschen zudem, über ihre eigenen Anteile an der Herstellung sozialer Identitäten nachzudenken und diese als veränderbar und dynamisch zu verstehen. Menschen können so die eigenen Handlungen daraufhin befragen, inwiefern sie Zweigenderung herstellen und bestätigen.

Die Ausdrucksweise ›Frauisierung‹ kann von Personen auch zur Selbstbenennung verwendet werden, wenn Personen sich als Frauen* verstehen und zugleich aber auch ein konstruktivistisches Verständnis der Kategorie Frau* ausdrücken wollen. Ebenso können Menschen den Begriff für sich benutzen, die sich nicht als Frauen verstehen. Es macht Sinn ihn in Situationen zu benutzen, in denen sie deutlich machen wollen, dass sie gesellschaftlich oft als Frauen wahrgenommen und über diese Zuschreibung diskriminiert werden. Dies können trans*, inter*, agender Personen sein – denn auch wenn sie sich vielleicht anders verstehen, werden sie doch auch immer wieder als ›Frauen‹ angesprochen.

Beispielsätze:

»Ich wurde gestern auf der Straße genderistisch angesprochen und frauisiert, indem eine Person mich Mäuschen nannte.«
»Vielleicht denkt meine Lehrpers in der Schule, ich sei nicht gut in Mathe, weil sie mich frauisiert/als weiblich einliest.«

Die Konstruiertheit von Genderidentitäten zu benennen, macht es möglich, dich selbst immer wieder in eine kritische Distanz zu Weiblichkeitszuschreibungen zu setzen und dabei eine differenzierte Wahrnehmung für die vielschichtigen Handlungs- und Situationskontexte zu entwickeln, in denen Weiblichkeitszuschreibungen gewaltvoll ausgeübt werden.

Referenzen und Quellen

Ahmed, Sara 2004 Cultural Politics of Emotion. Edinburgh/London.

AK Feministische Sprachpraxis 2011 Feminismus schreiben lernen. Frankfurt/Main.

Axster, Lilly 2014 Atalanta Läufer_in. Wien.

Bassichis, Morgan; Alex Lee, Dean Spade 2011 Building an abolitionist trans & queer movement with everything we've got. In Stanley, Eric und Nat Smith (Hrsg.) Captive genders. Edinburgh/Oakland/Baltimore, 15-40.

Baumgartinger, Persson Percy 2008 Lieb[schtean] Les[schtean], [schtean] du das gerade liest... Von Emanzipation und Pathologisierung, Ermächtigung und Sprachveränderungen. Liminalis 2008/2, 24-39.

binaohan, b. 2014 decolonizing trans/gender 101. Toronto.

Butler, Judith 1990 Gender Trouble. New York/London.

Butler, Judith 2004a Introduction: Acting in Concert. In Judith Butler Undoing Gender. New York, 1-16.

Butler, Judith 2004b Gender Regulations. In Judith Butler Undoing Gender. New York, 40-56.

Butler, Judith 2004c Beside Oneself: On the limits of sexual autonomy. In Judith Butler Undoing Gender. New York, 17-39.

Enke, Finn 2012 Transfeminist perspectives in and beyond Transgender and Gender Studies. Philadelphia.

Feinberg, Leslie 1993 Stone Butch Blues. Ann Arbor.

Feinberg, Leslie 2006 Drag King Dreams. New York.

Frank, Karsta 1991 Sprachgewalt. Tübingen.

Garréta, Anne 2016 Sphinx. Hamburg.

Gates, Henry Louis jr. 2018 Vorwort. In Stuart Hall Das verhängnisvolle Dreieck. Rasse, Ethnie, Nation, hrsg. von Kobena Mercer, Berlin, 9-24.

Haritaworn, Jin 2005 Am Anfang war Audre Lorde. Weißsein und Machtvermeidung in der queeren Ursprungsgeschichte. femina politica 14 (1), 23-36.

Haritaworn, Jin; Tamsila Tauquir, Esra Erdem 2007 Queer-Imperialismus: Eine Intervention in die Debatte über ›muslimische Homophobie‹. In Ha, Kien Nghi et al. (Hg.) re/visionen. Postkoloniale Perspektiven von People of Color auf Rassismus, Kulturpolitik und Widerstand in Deutschland. Münster, 187-206.

Hausherr-Mälzer, Michael 1991 Die Sprache des Patriarchats. Frankfurt/Main.

Heger, Anna http://www.annaheger.de/pronomen, abgerufen am 15.1.2019.

Hines, Sally 2018 Is Gender Fluid? A Primer for the 21st Century. London.

Hornscheidt, Lann 2006 Die sprachliche Benennung von Personen aus konstruktivistischer Sicht. Genderspezifizierung und ihre diskursive Verhandlung im heutigen Schwedisch. Berlin/New York (Linguistik – Impulse und Tendenzen 15).

Hornscheidt, Lann 2008 Gender resignifiziert. Schwedische Aushandlungen in und um Sprache. Berlin.

Hornscheidt, Lann 2012 feministische w_orte. ein lern-, denk- und handlungsbuch zu sprache und diskriminierung, gender studies und feministischer linguistik. Frankfurt/Main.

Hornscheidt, Lann 2017 Gender – Was soll das ganze Theater. Berlin.

Hornscheidt, Lann 2018 Sprachgewalt und wie wir sie verändern können. Berlin.

Ingendahl, Gesa 2006 Witwen in der frühen Neuzeit: Kulturhistorische Studie. Frankfurt/Main.

Lee, Harper 2015 Wer die Nachtigall stört. Reinbek bei Hamburg.

Leu, Lucy 2005 Gewaltfreie Kommunikation. Das 13-Wochen-Übungsprogramm. Paderborn.

Life is a beach 2017 Why Gender http://lifesabeach.blogsport.de/2017/01/22/why-gender, aufgerufen am 15.01.2019.

Livia, Anna 2001 Pronoun envy. Literary uses of linguistic gender. New York.

Lorde, Audre 2015 Vertrauen, Kraft & Widerstand. Kurze Texte und Reden, herausgegeben von AnouchK Ibacka Valiente. Berlin.

Neue Gesellschaft für Bildende Kunst (Hrsg.) 2005 1-0-1 [one o one] intersex. Das Zweigeschlechtersystem als Menschenrechtsverletzung. Berlin.

Oyěwùmí, Oyèrónké 1997 The Invention of Women. Making an African sense of Western gender discourses. Minnesota.

Piercy, Marge 1986 Die Frau am Abgrund der Zeit. München.

Pohlkamp, Ines 2015 Genderbashing. Diskriminierung und Gewalt an den Grenzen der Zweigeschlechtlichkeit. Münster.

Pusch, Luise F. 1984 Das Deutsche als Männersprache. Frankfurt/Main.

Queeres Netzwerk Niedersachsen (Hrsg.) 2018 Abinäre Personen in der Beratung. Göttingen.

Roche, Juno 2018 Queer Sex. A trans and non-binary guide to intimacy, pleasure and relationships. London/Philadelphia.

Roig, Emilia 2019 Zitat auf der Facebook-Seite des Center for Intersectional Justice https://www.facebook.com/CIJBerlin/?tn-str=k*F, aufgerufen am 26.2.2019.

S_he: Performing the Gap. Queere Gestalten und geschlechtliche Aneignung. In: arranca! linke zeitschrift, Nr. 28, Berlin http://arranca.nadir.org/arranca/article.do?id=245, aufgerufen am 14.01.2019.

Shlasko, Davey 2014 Trans* Ally Workbook. Getting pronouns right and what it teaches us about gender. New York.

Spade, Dean 2011 Normal life. Administrative violence, critical trans politics, and the limits of law. New York.

Spoon, Rae, Ivan Coyote 2016 Goodbye Gender (engl. Original: Gender failure 2015). Berlin.

Tudor, Alyosxa 2011 feminismus w_orten lernen. Praktiken kritischer Ver_Ortung in feministischen Wissensproduktionen. In AK Feministische Sprachpraxis 2011 Feminismus schreiben lernen. Frankfurt/Main.

von Braun, Christina 2018 Blutsbande. Berlin.

Wehling, Elisabeth 2016 Politisches Framing. Wie eine Nation sich ihr Denken einbildet – und daraus Politik macht. Köln.